中国粮食经济研究报告

2024

韩卫江　肖春阳◎编著

经济管理出版社

ECONOMY & MANAGEMENT PUBLISHING HOUSE

图书在版编目（CIP）数据

中国粮食经济研究报告 2024 / 韩卫江，肖春阳编著 . —北京：经济管理出版社，2024.
—ISBN978-7-5096-9815-0

Ⅰ. F326.11

中国国家版本馆 CIP 数据核字第 2024N8Z759 号

组稿编辑：勇　生
责任编辑：勇　生　李光萌
责任印制：张莉琼
责任校对：陈　颖

出版发行：经济管理出版社
　　　　　（北京市海淀区北蜂窝 8 号中雅大厦 A 座 11 层　　100038）
网　　　　址：www. E-mp. com. cn
电　　　话：（010）51915602
印　　　刷：唐山昊达印刷有限公司
经　　　销：新华书店
开　　　本：720mm×1000mm/16
印　　　张：18.75
字　　　数：325 千字
版　　　次：2024 年 12 月第 1 版　　2024 年 12 月第 1 次印刷
书　　　号：ISBN978-7-5096-9815-0
定　　　价：68.00 元

前　言

　　中国粮食经济学会（以下简称"学会"）于 2023 年 10 月 14 日上午在北京召开了第八届第一次会员代表大会。国家发展和改革委员会党组成员，国家粮食和物资储备局党组书记、局长刘焕鑫同志出席会议并讲话。学会第七届理事会会长，原国家粮食局首任党组书记、局长聂振邦同志，国家粮食和物资储备局党组成员、副局长卢景波同志，国家粮食和物资储备局原党组成员、副局长韩卫江同志出席会议。会议选举产生了学会第八届理事会理事。随后，学会召开了第八届第一次理事会议暨第一次常务理事会议，会议选举产生了学会第八届理事会常务理事、会长、副会长、秘书长，韩卫江同志全票当选为学会第八届理事会会长。参加会议的代表和嘉宾共 200 多人。

　　2023 年 10 月 14 日下午，学会召开了保障粮食安全研讨会。

　　刘焕鑫同志 2023 年 11 月 28 日下午听取学会 2023 年工作情况和 2024 年工作计划汇报后，明确指示：办好中国粮食经济学会，要提质量、上水平、扩影响。专家是中国粮食经济学会的宝贵财富，要利用这些资源积极开展活动。

　　遵照刘焕鑫同志的指示，学会将刘焕鑫同志在换届会议上的讲话、换届会议材料和保障粮食安全研讨会上专家学者的报告，以及学会专家学者刊发在《中国粮食经济》杂志的部分文章等一起结集出版，书名为《中国粮食经济研究报告 2024》，具有一定的参考价值。韩卫江、肖春阳编著。参与本书编辑、约稿的有学会综合部武彦，书刊编辑部张馨元。

　　在本书的约稿、编辑、出版过程中，得到了相关各方的大力支持和帮助，我们表示衷心的感谢。

中国粮食经济学会

2024 年 7 月 28 日

目　录

第一章
中国粮食经济学会第八届第一次会员代表大会

第二章
中国粮食经济学会第八届第一次理事会议暨
第一次常务理事会议

第三章
保障粮食安全

第四章
粮食经济论坛

第五章
粮食市场预测

第六章
节粮减损

第七章
古代粮食

第八章
物资储备

附　录

第一章

中国粮食经济学会第八届
第一次会员代表大会

第一节　国家粮食和物资储备局局长讲话

继往开来　乘势而为
不断开创中国粮食经济工作新局面

——刘焕鑫同志在中国粮食经济学会第八届第一次会员代表大会上的讲话

（2023 年 10 月 14 日）

同志们：

在第 43 个世界粮食日和全国粮食安全宣传周临近之际，中国粮食经济学会召开第八届第一次会员代表大会，这是全国粮食经济学术领域的一件大事。在此，我代表国家粮食和物资储备局，对会议的召开表示祝贺！向关心和支持粮食安全事业发展的各位专家学者，表示敬意和感谢！

党的十八大以来，以习近平同志为核心的党中央高度重视社会团体和智库建设。习近平总书记深刻指出，智力资源是一个国家、一个民族最宝贵的资源；要加强中国特色新型智库建设，建立健全决策咨询制度。中国粮食经济学会作为粮食领域的重要智库，近年来，认真学习贯彻习近平总书记关于保障国家粮食安全的重要论述和关于智库建设的重要指示精神，积极团结组织广大会员，大力发扬理论联系实际学风，围绕服务国家粮食宏观调控、服务粮食企业改革发展、服务粮食产业高质量发展，开展了一系列专题研究，组织了一些专业性论坛活动，形成了一批有价值的调研成果，充分发挥了智库参谋的积极作用。在各位领导、专家学者的共同努力下，中国粮食经济学会已经成为粮食行业专家学者合作交流、激发智慧、凝聚共识、贡献力量的重要平台和纽带。

这次大会是学会承前启后的一次重要会议。新形势新任务，需要新担当新作为。在前七届理事会打下的良好基础上，这次大会选举产生的第八届理事会，一定能够团结带领广大会员，乘势而为、创造佳绩。借此机会，就如何开展好学会工作，我提出以下四点希望和要求。

一、增强政治意识，坚定政治方向

党的二十大报告明确指出，理顺行业协会、学会、商会党建工作管理体制。党的坚强领导是粮食事业发展、行业协会及学会建设的根本保证。要深入学习习近平新时代中国特色社会主义思想，深刻领悟"两个确立"的决定性意义，增强"四个意识"、坚定"四个自信"、做到"两个维护"，确保学会发展的正确政治方向和鲜明价值导向。要严守纪律规矩，加强党的建设，肩负起团结引领会员听党话、跟党走的政治责任，认真履行维护粮食经济学领域意识形态安全的重要职责，强化对主办的论坛、研讨会和书刊等意识形态阵地建设和管理，针对错误言行敢于发声、亮剑，牢牢掌握粮食经济学领域意识形态工作的领导权、主导权。

二、心怀"国之大者"，强化使命担当

党中央高度重视粮食工作。党的十八大以来，习近平总书记多次在中央重要会议上就粮食安全发表重要讲话、作出重要部署。我们从事粮食工作，开展粮食经济研究，使命光荣、责任重大。要深入学习领会习近平总书记关于粮食安全的重要讲话和重要指示批示精神，增强忧患意识，强化底线思维，把思想和行动统一到党中央对保障国家粮食安全的分析判断和总体部署上来。要牢记初心使命，厚植家国情怀，坚守社会责任，把政策研究咨询做在田野大地上，拿出更多站位高、着眼新、落脚实的研究成果，为粮食经济高质量发展提供智力支撑。

三、强化问题导向，服务中心工作

当前，国际形势深刻变化，粮食问题越来越受关注。我国作为14亿多人口的大国，解决好吃饭问题，既具有良好基础，又面临诸多挑战。这次

参会的各位代表，有的是对粮食经济管理工作有丰富经验和领导能力的老前辈、老领导，有的是全国粮食和农业领域的领导干部、领军人才，有的是粮食行业龙头企业的高管、精英。大家都具备很高的理论水平和专业素养，有着丰富的实践经验和广泛的社会影响，可以也应当在保障国家粮食安全各个环节、诸多方面发挥更大作用。希望各位专家发挥在理论创新、政策研究、综合协调等方面的突出优势，在重要专题上深化研究，在重点工作上提供咨询，在重大事项上凝聚共识，为保障国家粮食安全做出新的更大贡献。

四、加强自身建设，营造良好环境

学会作为全国性、学术性、非营利性社会组织，要围绕"成为专业水平高、粮食行业影响力强的国家级智库"的目标，坚持共建共享，提升广泛性代表性，打造一支政治立场坚定、理论功底深厚、熟悉中国国情和粮情的高水平粮食经济学专家队伍，把学会建成"粮食经济工作者之家"。要在谋划选题、开展研究、成果运用的全过程，加强统筹协调服务，提供学术交流机会，营造有利于智库发挥作用、积极健康向上的良好环境。要加强制度建设，坚持民主、公开办会，形成职能定位更加清晰明确、服务体系更加健全科学、管理机制更加灵活高效、人力资源更加专业优秀的社会组织体制，全面提高履职能力和服务水平。

国家粮食和物资储备局将一如既往关心支持学会的工作，在承担课题项目、开展学术交流、编辑书籍刊物、提供咨询服务、进行国际合作等方面创造良好条件。对学会专家学者形成的课题成果、提出的意见建议，充分研究、积极采纳，更好发挥智力支撑作用，推动形成各方聪明才智竞相迸发的生动局面。

共同的粮食安全事业把我们凝聚到一起，国家粮食和物资储备局对粮食经济学会的发展充满期待和信心。我们深信，有各位领导、专家、学者的共同努力，学会一定能够百尺竿头更进一步，为扛稳保障国家粮食安全重任做出更大贡献、发挥更大作用！

第二节　大会表决事项

开展粮食课题研究　发挥学术团体作用

——肖春阳同志作中国粮食经济学会第七届理事会工作报告

（2023 年 10 月 14 日中国粮食经济学会第八届第一次
会员代表大会通过）

各位代表：

我代表中国粮食经济学会（以下简称"学会"）第七届理事会作工作报告，请审议。

学会第七届理事会从 2013 年 8 月 28 日组建以来，以习近平新时代中国特色社会主义思想为指导，深刻领悟"两个确立"的决定性意义，增强"四个意识"、坚定"四个自信"、做到"两个维护"，始终在思想上、政治上、行动上同以习近平同志为核心的党中央保持高度一致。坚持正确政治方向，坚持服务国家粮食和物资储备中心工作，坚持推进组织体制、工作机制、运行方式创新，主动在保障国家粮食安全、促进粮食流通体制改革发展、完善国家粮食储备制度等方面建言献策，发挥了智库不可替代的重要作用。国家粮食和物资储备局刘焕鑫、丛亮、卢景波、黄炜、刘小南、曾丽瑛、韩卫江、梁彦、贾骞等领导在学会呈送的请示报告上 150 多次作出批示指示，对于学会工作给予肯定。

一、组织研究粮食经济，形成一批专项成果

新中国成立 70 多年来，中国粮食流通体制逐步实现了从社会主义计划经济向社会主义市场经济转轨。粮食，从中华人民共和国成立初期的"吃

不饱",到改革开放后的"吃得饱",目前走向"吃得好"。因此,认真总结新中国 70 多年粮食工作具有重要的现实意义和深远的历史意义。对于粮食前瞻性、前沿性、战略性等问题,学会按照国家粮食和物资储备局要求,组织各级粮食和物资储备部门领导、粮食院校和科研机构专家、粮食企业和交易所负责人等进行认真研究,产生了一批高质量的研究报告。

（一）完成了 10 多个高水平的专题研究报告

1.《我国粮食流通体制改革开放历程的初步回顾与探索》,原国内贸易部副部长兼任国家粮食储备局首任局长、中国粮食经济学会原会长白美清撰写。

2.《中央储备粮垂直管理体系的建立与完善》,原国家粮食储备局局长、原中国储备粮管理总公司首任总经理、中国粮食经济学会原名誉会长高铁生撰写。

3.《粮食现代物流体系建设》,原国内贸易部外贷办主任、中国粮食经济学会副会长宋廷明撰写。

4.《改革开放 40 年与保障国家粮食安全》,国家粮油信息中心原主任、中国粮食经济学会副会长尚强民撰写。

5.《粮食市场体系建立与完善》,原中国郑州粮食批发市场首任主任,郑州商品交易所原首任总裁、首任理事长李经谋撰写。

6.《不忘初心增信心　不忘本来创未来》,中国人民大学中国合作社研究院首席研究员,中国粮食经济学会常务理事丁声俊撰写。

7.《新中国 70 年粮食安全的伟大成就与构建国家粮食安全保障新体系》,国务院发展研究中心学术委员会原秘书长、中国粮食经济学会副会长程国强撰写。

8.《新中国 70 年粮食安全主要指标回顾与展望》,中国粮食经济学会党支部书记肖春阳撰写。

9.《新中国解决粮食问题的 70 年探索》,中国社会科学院农村发展研究所研究员李国祥撰写。

10.《扛稳首都粮食安全重担　精心服务粮食行业 70 年》,北京市粮食和物资储备局副局长王德奇撰写。

11.《深化京津冀粮食行业合作　共担保障粮食安全重任》,河北省粮食和物资储备局局长杨洲群撰写。

12.《担当保障粮食安全重任》，江苏省粮食和物资储备局局长夏春胜撰写。

13.《中国历史上粮食法律若干问题的研究》，这是学会完成的国家粮食和物资储备局 2021 年度软科学课题，课题对中国历史上粮食法律若干问题进行梳理、研究，研究成果供粮食安全保障立法参考。

14.《宋代常平仓制度若干问题的研究》，这是学会完成的国家粮食和物资储备局 2022 年度软科学课题，研究成果供粮食安全保障立法参考。

（二）完成了多个高质量的调查报告

1.《我国玉米主食产业发展现状及趋势研究的报告》，2018 年 7 月 31 日至 8 月 4 日，学会和中国粮食经济杂志社、北京工商大学组成调研组赴东北三省开展玉米主食产业发展现状的调查研究，形成了本报告。

2.《全国地方粮食经济学会现状的调查报告》，2018 年 10 月，学会采取发文形式对 31 个省（区、市）粮食经济学会或粮食行业协会（学会、协会合署办公）进行了调查。通过调查，形成了本报告。

3.《全国粮食老字号企业的调查报告》，2019 年，为研究粮食老字号企业的生存状况，提出发展对策，学会对全国粮食老字号企业（存续历史均在 50 年以上）进行了调查，共收到 14 个省（区、市）31 家企业填写的调查表。9 月，学会组织专人深入山东省、重庆市粮食老字号企业调查。在此基础上，形成了本报告。

4. 参与全国重点粮油企业专项调查。为培育粮油骨干企业和知名品牌，推动企业转型升级、高质量发展，学会与中国粮食行业协会、中国粮油学会共同组织了 2017 年、2018 年重点粮油企业专项调查。

5.《我国 2020 年玉米和大豆供求形势分析》，学会请中国粮食经济学会原名誉会长高铁生牵头，会同中共中央党校（国家行政学院）经济学教研部、国贸工程设计院、中国粮食经济杂志社组成东北三省粮食调研组。2020 年 9 月 5 日至 13 日赴东北三省开展调查研究，形成了本报告。国家粮食和物资储备局党组成员、副局长卢景波、黄炜分别在这个报告上作出批示。

6.《我国玉米深加工产业高质量发展的调查报告》，学会请中国粮食经济学会原名誉会长高铁生牵头，组成学会课题组。学会课题组于 2021 年6 月 4 日至 10 日先后到山东省、河北省 10 多家玉米深加工企业进行调研，通过调查研究，形成了本报告。国家粮食和物资储备局党组成员、副局长卢景波、黄炜分别在这个报告上作出批示。

7.《2022 年全国夏粮生产和收购情况的调查报告》2022 年学会对全国夏粮生产和收购情况进行了调查。调查结果显示，2022 年全国夏粮产量高、质量好、收购进度快，夏粮丰收为保障全年国家粮食安全奠定了基础。

（三）出版专著 6 本

1. 2019 年，出版《中国粮食改革开放 40 年》。

2. 2020 年，出版《新中国粮食流通发展 70 年》。

3. 2022 年，出版《赓续辉煌成就 谱写粮安新篇》。

4. 与郑州粮食批发市场有限公司合作，出版《2018 中国粮食市场发展报告》《2019 中国粮食市场发展报告》《2020 中国粮食市场发展报告》。

二、借助外力开展活动，成功举办会议论坛

学会主动与有关各方协商，请有关机构人员帮助开展学术交流等活动。

（一）召开会议

1. 2019 年 3 月 15 日，为增加绿色农产品供给、促进粮食绿色消费发展，学会与中国食品（农产品）电商研究院联合在北京工商大学举办"中国粮食绿色发展研讨会"。中国粮食经济学会原名誉会长高铁生，北京工商大学、中央财经大学、对外经济贸易大学、中华粮网、五得利集团、正大集团、北京古船米业有限公司等单位学者负责人，共计 20 多人参加了会议。

2. 2019 年 10 月 22 日，学会在河南省郑州市组织召开新中国 70 年粮食流通体制改革开放学术座谈会，中国粮食经济学会原会长白美清、中国粮食经济学会原名誉会长高铁生等 40 多名粮食部门领导、粮食企业和交易所负责人、粮食院校和科研机构专家参加。与会人员围绕我国粮食流通体制改革开放的回顾与探索、中央储备粮垂直管理体系的建立与完善、粮食现代物流体系建设、粮食市场体系建立与完善、担当保障粮食安全重任等议题，发表个人观点。会后形成了会议纪要，国家粮食和物资储备局多

位领导在会议纪要上作出批示。

（二）举办论坛

1. 学会与《粮油市场报》等单位在北京举办 2018、2019、2020 中国粮油财富论坛。采取主题演讲、论坛对话形式，对宏观经济形势、粮油市场供求趋势、品牌培育、科技成果转化等问题开展交流。专家学者、粮油企业负责人等 300 多人参加了论坛。

2. 2020 年 9 月 7 日，2020 年中国国际服务贸易交易会粮食现代供应链发展及投资国际论坛（以下简称"粮食论坛"）在北京举行。学会经商粮食论坛组委会等单位同意，直接一一与在粮食论坛发表讲话的嘉宾联系确认，同意在《中国粮食经济学会简讯》全文刊发。全文刊发了北京市人民政府副市长杨晋柏，中国国际经济交流中心常务副理事长执行局主任张晓强，中国粮食行业协会会长、中粮集团有限公司副总裁栾日成，联合国粮食及农业组织总干事屈冬玉，联合国世界粮食计划署副执行干事阿米尔·穆哈默德·阿卜杜拉，联合国驻华协调员洪腾，联合国亚洲及太平洋经济社会委员会可持续农业机械化中心项目官员森柯柯，乌克兰驻华使馆一等秘书斯蒂潘·娜塔莉娅，嘉吉公司全球执行副总裁施孟泽，路易达孚集团谷物油籽平台全球总经理安德烈·罗斯等先生、女士的讲话稿。这是学会参加的一次重要国际组织活动，大大提高了学会在国际上的知名度。

（三）恢复内刊

2019 年 1 月以来，《中国粮食经济学会简讯》恢复办刊。发行范围：国家粮食和物资储备局领导及各司局单位、各省（区、市）粮食和物资储备局（粮食局）、各省（区、市）粮食经济学会、中国粮食经济学会会员。截至 2022 年 12 月底，编辑发行 44 期，刊发稿件 126 篇，发行量 5.1 万份。

（四）参与脱贫攻坚

2019～2022 年，学会印发参与脱贫攻坚工作计划，指导地方粮食经济学会把脱贫攻坚纳入年度工作计划，主动对接贫困地区扶贫需求，做好精准扶贫工作。2019 年 5 月，学会派人参加民政部举办的"2019 年第一期社会组织负责人培训暨助力脱贫攻坚交流班"，帮助湖北省五峰县粮油企业参加了第二届中国粮食交易大会贫困地区优质特色产品展销会。

三、加强学会自身建设，建立健全工作机制

学会从建章立制着手，用制度管人管事。

（一）学习借鉴其他社会团体经验

学会于 2016 年 4 月与中国粮食经济杂志社合署办公后，2018 年 9 月 3 日，学会派人赴中央农业广播电视学校、中国农民体育协会，就中央事业单位与社会团体合署办公做法开展专题调查研究。通过调查，借鉴中央农业广播电视学校与中国农民体育协会合署办公经验，向国家粮食和物资储备局提出了建议。国家粮食和物资储备局领导已批示有关部门认真研究。

（二）建立秘书处内设机构

学会秘书处内设综合部、学术交流部、书刊编辑部、咨询培训部、稻谷事业部、国际合作部 6 个部门，工作人员岗位 35 名，参照部委正司级中央事业单位管理。同时，指定了各部门负责人。

（三）健全规章制度

根据工作需要，学会制定了《内部控制制度》《固定资产管理办法》《差旅费管理办法》等 10 多项规章制度。依靠制度规范学会工作。

学会上述工作成绩的取得，是在国家粮食和物资储备局党组领导下，有关各方全力支持、关心、帮助，各位理事共同努力的结果。在此，学会向国家粮食和物资储备局党组、民政部、有关各方表示衷心感谢！

资产优良　总额增加

——肖春阳同志作中国粮食经济学会第七届理事会财务报告

（2023 年 10 月 14 日中国粮食经济学会第八届第一次会员代表大会通过）

各位代表：

中国粮食经济学会（以下简称"学会"）第七届理事会期间，学会秘书处每年编制课题项目经费预算，编制各期财务报表，进行年度决算。现将第七届理事会期间财务收支情况报告如下，请审议。

一、第六届理事会资产结余情况

截至 2013 年 8 月 31 日，第六届理事会资产结余总额 384 万元，其中流动资产 374 万元（全部是货币资金）；固定资产净值 10 万元（固定资产原值 21 万元）。

二、第七届理事会资产增加情况

2013 年 9 月 1 日至 2023 年 6 月 30 日，第七届理事会资产增加总额 62 万元，其中流动资产 67 万元（全部是货币资金）；固定资产净值 –5 万元（按固定资产原值计，购置 14 万元，报废 21 万元）。

（一）流动资产

总收入 956 万元，总支出 889 万元，增加 67 万元。

1. 总收入 956 万元。国家粮食和物资储备局拨给课题研究经费 637 万元，服务收入 262 万元，银行存款利息收入 52 万元，其他收入 5 万元。

2. 总支出 889 万元。其中：

（1）秘书处工作人员津贴、补贴、劳务费 181 万元。

（2）办公室房租、物业费、维修费 310 万元。

（3）办公费、印刷费、邮电费 155 万元。

（4）稿费 32 万元。

（5）差旅费、交通费、会议费 32 万元。

（6）购置固定资产支出 14 万元。

（7）会计、审计、评估等第三方服务费 76 万元。

（8）税费 83 万元。

（9）其他费用 6 万元。

（二）固定资产

固定资产净值 –5 万元，其中购置 14 万元，报废 21 万元（原值）。

三、第七届理事会资产结余情况

截至 2023 年 6 月 30 日，第七届理事会资产总额 446 万元，比上届增加 62 万元。其中流动资产 441 万元，比上届增加 67 万元；固定资产净值 5 万元，比上届减少 5 万元。

四、接受审计情况

第七届理事会严格按照《社会团体登记管理条例》和《民间非营利组织会计制度》规定编制财务报表，认真执行财务管理办法，完成财务收支工作目标。

2014 年，经过中兴华会计师事务所审计。2016 年、2017 年，经过北京瑞华会计师事务所审计。2018 年，经过北京中青瑞会计师事务所审计。2019 年，经过北京永坤会计师事务所审计。2022 年，经过北京嘉润会计师事务所有限公司审计。2023 年，经过北京嘉信达盛会计师事务所有限公司审计。通过上述审计，没有发现第七届理事会期间违反财务制度的问题，账表真实、客观、公正反映了财务状况和业务活动成果。

中国粮食经济学会
第八届第一次会员代表大会会员代表产生办法

（2023 年 10 月 14 日中国粮食经济学会第八届第一次
会员代表大会通过）

一、根据《中国粮食经济学会章程》，中国粮食经济学会（以下简称"学会"）制定第八届第一次会员代表大会会员代表（以下简称"会员代表"）提名和推荐办法。

二、会员代表是指有关单位从学会会员中通过提名和推荐方式产生，参加会员代表大会的单位会员、个人会员。

三、会员代表的原则。

（一）学会会员。

（二）履行会员代表的权利和义务。

四、会员代表通过提名和推荐方式产生的办法

（一）学会秘书处提名。

（二）各省（区、市）粮食经济学会推荐。

（三）自荐。

五、会员代表的权利。

（一）学会的选举权、被选举权和表决权。

（二）对学会工作的批评建议权和监督权。审议会员代表大会的议案、报告，参加会员代表大会的选举和罢免，联合其他会员代表提出动议等。

（三）获得学会服务的优先权，如获取学会印发的资料、图书、刊物。

（四）其他权利。

六、会员代表的义务。

（一）遵守学会的章程和规章制度，执行学会的决议。

（二）完成学会交办的工作。出席会员代表大会，参加学会的活动。

（三）向学会反映情况，提供有关资料。

（四）其他义务。

七、根据工作需要，学会秘书处可以调整会员代表的数量。

八、本办法经中国粮食经济学会第八届第一次会员代表大会表决通过。

九、本办法解释权属中国粮食经济学会秘书处。

中国粮食经济学会
第八届理事会理事和常务理事产生办法

（2023 年 10 月 14 日中国粮食经济学会第八届第一次
会员代表大会通过）

成立中国粮食经济学会第八届理事会换届工作领导小组（以下简称"学会换届工作领导小组"），具体负责中国粮食经济学会第八届理事会换届工作。组长由国家粮食和物资储备局原副局长、学会会长候选人担任。成员有国家粮食和物资储备局人事司负责人、国家粮食和物资储备局宣传教育中心负责人、学会党组织代表、理事候选人代表、会员代表候选人代表等。

一、理事候选人的原则。

（一）坚持中国共产党领导，拥护习近平新时代中国特色社会主义思想，坚决执行党的路线方针政策。作风优良，遵纪守法，勤勉尽职，个人社会信用记录良好。热心学会工作，履行理事义务，积极参加和支持学会活动。

（二）长期从事粮食经济研究、粮食和物资储备行政管理、粮食企业经营管理工作的专家学者和有实践经验的负责人。

（三）各省（区、市）粮食和物资储备局（粮食局）局长、副局长、处长。市县粮食和物资储备局局长、副局长、科长。

（四）各省（区、市）粮食经济学会、企业、事业单位等组织的负责人。

二、理事候选人名额分配、推选原则、推选办法。

中国粮食经济学会第八届理事会理事总人数不超过 300 人。

（一）名额分配。学会换届工作领导小组根据中央事业单位、中央企业、各省（区、市）粮食经济学会会员数量、活动开展情况和学术研究水平等，参考往届理事名额，统筹进行理事候选人名额分配。各省（区、市），原则提出 8 名左右理事候选人。中央事业单位、中央企业，原则提出 2 名左右理事候选人。

（二）推荐原则。理事候选人推选应体现老中青相结合的原则，中青年理事候选人所占比例不低于理事候选人总数的 1/3。

（三）推选办法。

1. 理事候选人从学会第八届第一次会员代表大会代表中产生。

2. 各省（区、市），根据名额分配数量推选理事会候选人。

3. 中央事业单位、中央企业，学会换届工作领导小组提名理事候选人。

三、常务理事候选人名额分配原则及推选办法。

（一）常务理事从理事中选举产生，常务理事人数不超过理事人数 1/3，总数原则上为奇数。

（二）常务理事候选人由学会换届工作领导小组从理事候选人中提名。

四、理事和常务理事通过选举产生。

（一）理事。会员代表大会，采取无记名投票方式选举产生。须经到会的 2/3 以上会员代表投票表决同意。

（二）常务理事。理事会议，采取无记名投票方式从理事中选举产生。须经到会的 2/3 以上理事投票表决同意。

五、本办法经中国粮食经济学会第八届第一次会员代表大会表决通过。

六、本办法解释权属中国粮食经济学会秘书处。

中国粮食经济学会
第八届第一次会员代表大会表决和选举办法

（2023 年 10 月 14 日中国粮食经济学会第八届第一次
会员代表大会通过）

一、中国粮食经济学会根据《中国粮食经济学会章程》和社会组织管理有关规定，制定第八届第一次会员代表大会（以下简称"会员代表大会"）表决和选举办法。

二、表决和选举的事项。

（一）理事由会员代表大会选举产生。会员代表大会须有 2/3 以上的会员代表出席方能召开，当选的理事须经到会会员代表半数以上表决通过。

（二）常务理事和会长、副会长、秘书长由理事会选举产生。理事会须有 2/3 以上理事出席方能召开，当选的常务理事和会长、副会长、秘书长须经到会理事 2/3 以上表决通过。

（三）向会员代表大会提交的《中国粮食经济学会第七届理事会工作报告》《中国粮食经济学会第七届理事会财务报告》《中国粮食经济学会发展规划纲要（2023 年—2028 年)》，须经到会会员代表半数以上表决通过。

（四）向会员代表大会提交修订的《中国粮食经济学会章程》《中国粮食经济学会会费管理办法》，须经到会会员代表半数以上表决通过。

三、表决和选举的方式。

（一）表决工作报告、财务报告、规划、章程、会费管理办法等事项，采取举手表示同意、不同意，或无记名投票的方式进行。

（二）等额选举理事、常务理事和会长、副会长、秘书长，采取无记名投票的方式进行。

四、选举的程序。

（一）通过总监票人、监票人、计票人名单。总监票人、监票人、计票人不能从理事、常务理事和会长、副会长、秘书长候选人中产生。

（二）总监票人负责组织清点确认到会的会议代表人数并向大会报告应到人数和实到人数，确认会议召开有效。

（三）公布候选人名单。

（四）采取纸质投票，监票人当场检查票箱并组织分发选票。总监票人向大会说明填写选票的注意事项。选举人按照纸质投票规定要求填写选票、进行投票。选举人可以对候选人填写赞成、反对、弃权的意见，也可以另选他人，但所选实际人数不得超过规定的应选人数。投票结束后，由总监票人、监票人进行验票、点票，计票人进行计票。

或采取电子投票，以电子方式进行投票，通过电子投票系统统计票数。

（五）计票完毕，由总监票人履行确认和签字手续，并提交大会主持人当场宣布选举结果。

五、本办法经中国粮食经济学会第八届第一次会员代表大会表决通过。

六、本办法解释权属中国粮食经济学会秘书处。

中国粮食经济学会第八届第一次会员代表大会
总监票人、监票人、计票人名单

（2023 年 10 月 14 日中国粮食经济学会第八届第一次
会员代表大会通过）

一、总监票人

谢　刚　北京东方孚德技术发展有限公司副总经理

二、监票人

刘　筱　北京东方孚德技术发展有限公司综合办职工
张　竹　北京东方孚德技术发展有限公司综合办职工
刘芳芳　北京东方孚德技术发展有限公司市场运营中心主任
杨柯伟　北京东方孚德技术发展有限公司市场运营中心副主任
赵文芃　北京东方孚德技术发展有限公司市场运营中心主任助理

三、计票人

刘　莫　北京东方孚德技术发展有限公司职工
蔡绿林　北京东方孚德技术发展有限公司职工
崔佳慧　北京东方孚德技术发展有限公司职工
姬　翔　北京东方孚德技术发展有限公司职工
李彦勇　北京东方孚德技术发展有限公司职工
任　崇　北京东方孚德技术发展有限公司职工
陆　畅　北京东方孚德技术发展有限公司职工
张　潇　北京东方孚德技术发展有限公司职工
张光祥　北京东方孚德技术发展有限公司职工
苍雨涵　北京东方孚德技术发展有限公司职工

中国粮食经济学会发展规划纲要
（2023—2028 年）

（2023 年 10 月 14 日中国粮食经济学会第八届第一次
会员代表大会通过，自 2023 年 10 月 14 日起公布施行）

一、前言

党中央、国务院高度重视中国特色新型智库建设工作。习近平总书记在党的十九大报告提出"加强中国特色新型智库建设"；多次对智库建设作出重要批示，指出智库是国家软实力的重要组成部分，要高度重视、积极探索中国特色新型智库的组织形式和管理方式等。党的二十大报告指出，"理顺行业协会、学会、商会党建工作管理体制"。这些重要论述既表明智库建设是推进国家治理体系和治理能力现代化的重要内容，又为建设中国特色新型智库指明了根本方向、提出了总体要求。这是新时代中国粮食经济学会（以下简称"学会"）深化改革转型发展的行动指南和根本遵循。学会作为全国性、学术性、非营利性社会组织，按照国家粮食和物资储备局党组的工作部署，科学编制规划纲要，明确未来五年发展的方向和重点。

2023 年是全面贯彻落实党的二十大精神的开局之年，是中国共产党团结带领全国各族人民全面建成社会主义现代化强国、实现第二个百年奋斗目标，以中国式现代化全面推进中华民族伟大复兴的重要一年。在这样一个重要的历史起点上，我们要准确把握新发展阶段，贯彻新发展理念，构建新发展格局，推动高质量发展。学会的新任务是，开展学习贯彻习近平新时代中国特色社会主义思想主题教育，要用习近平新时代中国特色社会主义思想凝心铸魂，更加自觉深刻领悟"两个确立"的决定性意义，增强"四个意识"、坚定"四个自信"、做到"两个维护"，始终在思想上、政治上、行动上同以习近平同志为核心的党中央保持高度一致。全面学习、全面把握、全面落实党的二十大精神。认真执行党中央、国务院关于粮食工作方针政策，大兴调查研究，深入探讨粮食经济理论、粮食政策和粮食产业发展等问题，为新时代保障国家粮食安全做贡献。

二、指导思想、基本原则和主要目标

（一）指导思想

坚持以习近平新时代中国特色社会主义思想为指导，开展学习贯彻习近平新时代中国特色社会主义思想主题教育，坚持把全面贯彻落实党的二十大精神作为当前和今后一个时期的首要政治任务，弘扬伟大建党精神，牢记"三个务必"，推进党建和业务深度融合发展。认真执行党中央、国务院关于粮食工作方针政策，紧紧围绕国家粮食和物资储备局党组中心工作，发扬实事求是、理论联系实际的优良学风，打造共建共享平台，提升组织力，增强创新力、执行力和公信力，团结组织会员，注重调查研究、深入探讨粮食经济理论、粮食政策和粮食产业发展等问题。

（二）基本原则

1. 坚持党的全面领导。要明确党组织履行党的全面领导职责，在国家粮食和物资储备局党组领导下，学会党支部肩负起团结引领广大粮食经济工作者听党话、跟党走的政治责任，开展工作既要坚定地总揽全局，把方向、谋大局、定政策；又要善于协调各方，调动方方面面的积极性。

2. 坚持服务宗旨。服务是学会的生命线，坚持服务政府、服务行业、服务社会；为耕者谋利、为食者造福、为业者护航。

3. 坚持共建共享。充分发扬民主，把共建共享作为学会深化改革转型发展的出发点和落脚点，以共建共享理念引领学会发展，把学会打造成会员共建共享的开放性平台。

（三）主要目标

组织会员研究国家粮食安全战略、乡村振兴战略以及新时代粮食流通体制的特点，积极主动建言献策，为保障新时代国家粮食安全做贡献。

三、学会使命和愿景

（一）使命

服务政府、服务行业、服务社会。促进粮食行业高质量发展，保障新时代国家粮食安全。

（二）愿景

将学会打造成为专业水平高、粮食行业影响力强的国家级智库。

四、主要任务

未来五年，学会将按照"围绕一个中心、构建两个体系、打造三个平台、抓好十项工作"的方向开展工作，全面提升学会的服务水平和能力。

（一）一个中心

保障新时代国家粮食安全。

（二）两个体系

1. 构建政策决策服务体系，为政府决策建言献策。围绕国家粮食和物资储备局党组中心工作，对国家粮食和物资储备工作中的重大理论问题、实践问题开展前瞻性、针对性、基础性研究，形成一批课题研究成果，供政府有关部门参考。

2. 构建粮食行业服务体系，为粮食行业发展助力。发挥学会了解国家政策、掌握粮食行业动态的优势，研究粮食行业发展趋势，供粮食行业参考。

（三）三个平台

1. 粮食经济书刊平台。编辑出版《中国粮食经济》杂志和《中国粮食经济学会简讯》内刊。办好学会刊物，刊发高质量的政策建议、专题报告、理论文章，供国家粮食和物资储备局领导、省（区、市）粮食和物资储备局（粮食局）负责人、省（区、市）粮食经济学会以及会员参考。

2. 粮食经济论坛平台。根据国家粮食和物资储备局党组重点工作，每年举办 1～3 次研讨会，邀请国家相关部门领导、国内外专家就相关专题进行政策解读、分析。

与中国粮食行业协会、国家粮食和物资储备局粮食交易协调中心、郑州粮食批发市场有限公司等单位联合举办粮食政策与供求形势研讨会、中国粮油财富论坛等，对年度的粮食宏观调控、粮食行业发展、粮食市场供求等重点、热点问题进行权威解读、分析。把论坛打造成国内外具有影响力的论坛。

3. 粮食经济专家库平台。发挥学会人才荟萃的优势，在粮食部门内外选聘对粮食宏观调控、粮食流通改革、粮食市场分析、粮食物流等方面具有较高理论造诣的专家学者，以及有实践经验的企业负责人，形成专家库，为粮食行业开展政策研究、专题调研、学术课题、规划制订等工作，提供专业的咨询、论证、评审等服务。

（四）十项工作

1. 研究如何实施国家粮食安全战略和乡村振兴战略，提出新时代保障国家粮食安全的措施。

2. 研究我国粮食流通体制的特点和规律，提出促进粮食流通体制改革发展的对策。

3. 研究粮食储备改革发展，提出国家粮食储备总体发展规划、完善体制机制规范粮食储备管理的建议。

4. 研究如何监测、预测、预警中外粮食市场供求变化，提出加强国家粮食宏观调控的方法。

5. 研究如何科学合理划分中央和地方粮食工作事权，提出完善省级党委和政府落实耕地保护与粮食安全责任制考核的机制。

6. 研究如何根据各地粮食生产、流通、消费的变化，提出建立健全全国现代粮食物流体系的方案。

7. 研究中外粮食期货市场、批发市场、集贸市场的特点作用，提出培育完善全国粮食市场体系的意见。

8. 研究中外国资、民资、外资粮食企业的历史现状，提出这三类粮食企业如何互相促进发展的设想。

9. 研究粮食文化，提出促进粮食行业职业道德建设和诚信体系建设的思路。

10. 研究和介绍世界粮食行业发展状况，开展粮食经济对外学术交流的活动。

五、实施保障

在国家粮食和物资储备局党组的领导下，按照学会理事会、常务理事会、会长办公会的要求，秘书处统筹谋划、精心组织、扎实推进各项工作。

（一）加强党的领导

开展学习贯彻习近平新时代中国特色社会主义思想主题教育，发挥学会党支部在学会重大事项决策中的政治核心作用，重大事项要及时向国家粮食和物资储备局党组报告请示；重要问题要经过学会党支部研究决定，充分发挥基层党组织战斗堡垒作用和党员先锋模范作用，团结凝聚会员力量，推动学会事业发展。

（二）完善制度建设

坚持民主、公开办会，健全会员代表大会、理事会和常务理事会、会长办公会、秘书长办公会制度，建立和完善权责明确、运转协调、制衡有效的法人治理结构，形成职能定位更加清晰明确、服务体系更加健全科学、管理机制更加灵活高效、人力资源更加专业优秀的社会组织体制。

（三）强化队伍建设

结合"十四五"时期粮食行业发展的新形势，发挥与国家粮食和物资储备局宣传教育中心合署办公的优势，采用专职兼职结合的形式，充实和加强学会秘书处的人员力量，加强学会内部专家型、管理型、复合型人才梯队建设，提高专业化水平；建立健全岗位责任制、业绩导向制，调动工作人员积极性、主动性、创造性，营造干事创业的良好氛围。

（四）加强服务指导

按照《社会团体登记管理条例》和《中国粮食经济学会章程》要求，理顺学会与会员、地方学会的关系，加强会员服务，指导地方学会，通过发挥会员、地方学会的作用，凝聚粮食行业的智慧、力量。

（五）实施动态管理

建立发展规划实施和滚动调整机制，根据国家粮食宏观经济形势、粮食行业发展和学会工作变化等，秘书处及时向会员代表大会、理事会、常务理事会、会长办公会提出意见和建议，报请国家粮食和物资储备局党组批准后，对发展规划进行修改完善。

肖春阳同志作编制《中国粮食经济学会发展规划纲要（2023—2028 年）》的说明

（2023 年 10 月 14 日）

各位代表：

现就编制《中国粮食经济学会发展规划纲要（2023 年—2028 年）》的有关情况向大会作说明。

一、审议稿的起草过程

2020 年 10 月 30 日，中国粮食经济学会（以下简称"学会"）决定成立文件起草组，国家粮食和物资储备局原党组成员、副局长韩卫江担任组长；学会党支部主要负责人肖春阳担任副组长，学会副会长、常务理事、理事、会员代表、有关专家和相关部门参与。结合修订《中国粮食经济学会章程》一起进行，草案稿起草工作正式启动。

大家一致认为，"十四五"时期是我国全面建成小康社会、实现第一个百年奋斗目标之后，乘势而上开启全面建设社会主义现代化国家新征程、向第二个百年奋斗目标进军的第一个五年。站在这样一个重要的历史起点上，我们要准确把握新发展阶段，深入贯彻新发展理念，加快构建新发展格局，推动高质量发展。学会的新任务是，以习近平新时代中国特色社会主义思想为指导，认真执行党中央、国务院关于粮食工作方针政策，落实国家粮食和物资储备局党组的决策部署，为新时代保障国家粮食安全做贡献。大家普遍希望，通过制定规划，明确"十四五"时期以及今后一个时期学会的基本思路、主要目标，提出重要工作任务，实施前瞻性、基础性、针对性的重大举措。

文件起草组广泛听取各方面意见和建议，认真做好草案稿起草工作。2020 年 12 月 30 日，形成了《中国粮食经济学会发展规划纲要（2021 年—2026 年）（草案）》。2021 年 1 月 25 日，学会秘书处召开 2021 年第 1 次办公会，会议审议并原则通过《中国粮食经济学会发展规划纲要（2021 年—2026 年）（草案）》。

2021 年 3 月 25 日，学会决定，草案稿印发国家粮食和物资储备局 9 个司室、5 个事业单位、9 个省粮食和物资储备局、3 个粮食院校、14 个省（区）粮食经济学会征求意见。2021 年 4 月，从征求意见情况看，各单位对草案稿给予充分肯定。同时，提出了许多好的意见和建议。文件起草组逐条分析各方面意见和建议，做到了能采纳的尽量采纳，对草案稿增写、改写、精简文字共计 11 处。修改完善后，形成了提交这次大会的《中国粮食经济学会发展规划纲要（2023 年—2028 年）（审议稿）》。

二、审议稿的基本框架

规划纲要由前言，指导思想、基本原则和主要目标，学会使命和愿景，主要任务，实施保障五部分组成。

（一）前言

"十四五"时期，是"两个一百年"奋斗目标的历史交汇期，是我国全面建成小康社会后的第一个五年。在这样一个重要的历史起点上，明确了学会的新任务。

（二）指导思想、基本原则和主要目标

指导思想是，坚持以习近平新时代中国特色社会主义思想为指导，开展学习贯彻习近平新时代中国特色社会主义思想主题教育，坚持把全面贯彻落实党的二十大精神作为当前和今后一个时期的首要政治任务，弘扬伟大建党精神，牢记"三个务必"，推进党建和业务深度融合发展。基本原则是，坚持党的全面领导，坚持服务宗旨，坚持共建共享。主要目标是，积极主动建言献策，为保障新时代国家粮食安全做贡献。

（三）学会使命和愿景

学会的使命是服务政府、服务行业、服务社会，愿景是将学会打造成为专业水平高、粮食行业影响力强的国家级智库。

（四）主要任务

学会将按照"围绕一个中心、构建两个体系、打造三个平台、抓好十项工作"的方向，全面提升学会的服务水平和能力开展工作。

（五）实施保障

在国家粮食和物资储备局党组的领导下，学会从加强党的领导、完善制度建设、强化队伍建设、加强服务指导、实施动态管理五个方面确保规划纲要实施。

中国粮食经济学会章程

（2023 年 10 月 14 日中国粮食经济学会第八届第一次会员
代表大会通过。2023 年 12 月 12 日民政部核准，
自 2023 年 12 月 12 日起生效）

第一章　总　则

第一条　本会的名称：中国粮食经济学会，英文名称：China Grain Economy Association，缩写：CGEA。

第二条　本会是由从事粮食经济和粮食政策研究的社会组织、企业事业单位，以及从事粮食经济研究、粮食和物资储备相关管理工作的专家、学者等自愿结成的全国性、学术性、非营利性社会组织。

第三条　本会宗旨：坚持以马克思列宁主义、毛泽东思想、邓小平理论、"三个代表"重要思想、科学发展观、习近平新时代中国特色社会主义思想为指导，认真执行国家粮食方针政策和有关决定，发扬实事求是、理论联系实际的优良学风，团结组织会员，注重调查研究、深入探讨粮食经济理论、粮食政策和粮食产业发展等问题。服务国家粮食宏观调控，服务广大粮食企业和"三农"，促进粮食企业的改革发展和转型升级，为新时代保障国家粮食安全做贡献。

本会遵守宪法、法律、法规和国家政策，践行社会主义核心价值观，弘扬爱国主义精神，遵守社会道德风尚，自觉加强诚信自律建设。

第四条　本会坚持中国共产党的全面领导，根据《中国共产党章程》的规定，设立中国共产党的组织，开展党的活动，为党组织的活动提供必要条件。

第五条　本会接受业务主管单位国家粮食和物资储备局和社团登记管理机关民政部的业务指导和监督管理。

第六条　本会的住所设在北京市。

第二章　业务范围

第七条　本会业务范围：

（一）研究如何实施国家粮食安全战略和乡村振兴战略，提出新时代保障国家粮食安全的措施；

（二）研究我国粮食流通体制的特点和规律，提出促进粮食流通体制改革发展的对策；

（三）研究粮食储备改革发展，提出国家粮食储备总体发展规划、完善体制机制规范粮食储备管理的建议；

（四）研究如何监测、预测、预警中外粮食市场供求变化，提出加强国家粮食宏观调控的方法；

（五）研究如何科学合理划分中央和地方粮食工作事权，提出完善省级党委和政府落实耕地保护和粮食安全责任制考核的机制；

（六）研究如何根据各地粮食生产、储备、流通、消费的变化，提出建立健全全国现代粮食物流体系的方案；

（七）研究中外粮食期货市场、批发市场、集贸市场的特点作用，提出培育完善全国粮食市场体系的意见；

（八）研究中外国资、民资、外资粮食企业的历史现状，提出这三类粮食企业如何互相促进发展的设想；

（九）研究粮食文化，提出促进粮食行业职业道德建设和诚信体系建设的思路；

（十）研究和介绍世界粮食行业发展状况，开展粮食经济对外学术交流活动；

（十一）依照有关规定，编辑出版粮食刊物和有关图书资料，交流学术思想和研究成果；

（十二）开展和参与粮食人才培训工作；

（十三）组织各省（区、市）粮食经济学会、科研院校、企业事业单位等开展学术交流；

（十四）接受政府和有关单位的委托，承担和参与粮食经济理论、粮食政策课题的研究；

（十五）承担与本会宗旨相关的其他业务活动。

业务范围中属于法律法规规章规定须经批准的事项，依法经批准后开展。

第三章　会　员

第八条　本会的会员种类：单位会员和个人会员。

第九条　申请加入本会会员，必须具备下列条件：

（一）拥护本会章程；

（二）有加入本会意愿；

（三）在本会的业务范围内具有一定的影响。

第十条　会员入会的程序：

（一）提交入会申请书；

（二）经理事会或常务理事会讨论通过；

（三）由理事会或理事会授权的机构发给会员证。

第十一条　会员享有下列权利：

（一）本会的选举权、被选举权和表决权；

（二）参加本会的活动；

（三）获得本会服务的优先权，如获取本会印发的资料、图书、刊物；

（四）对本会工作的批评建议权和监督权；

（五）入会自愿，退会自由。

第十二条　会员履行下列义务：

（一）遵守本会的章程，执行本会的决议；

（二）维护本会合法权益；

（三）完成本会交办的工作；

（四）按规定交纳会费；

（五）向本会反映情况，提供有关资料。

第十三条　会员退会应书面通知本会，并交回会员证。会员如果1年不交纳会费或不参加本会活动的，视为自动退会。

第十四条　会员如有严重违反本章程的行为，经理事会或常务理事会表决通过，予以除名。

第四章　组织机构和负责人产生、罢免

第十五条　本会的最高权力机构是会员代表大会。会员代表大会的职权：

（一）制定和修改章程；

（二）选举和罢免理事；

（三）审议理事会的工作报告和财务报告；

（四）制定和修改会费标准；

（五）决定终止事宜；

（六）决定其他重大事宜。

第十六条　会员代表大会须有 2/3 以上的会员代表出席方能召开，其决议须经到会会员代表半数以上表决通过方能生效。

第十七条　会员代表大会每届 5 年。因特殊情况需提前或延期换届的，须由理事会表决通过，报业务主管单位审查并经社团登记管理机关批准。延期换届最长不超过 1 年。

第十八条　理事会是会员代表大会的执行机构，在闭会期间领导本会开展日常工作，对会员代表大会负责。

第十九条　理事会的职权：

（一）执行会员代表大会的决议；

（二）选举和罢免会长、副会长、秘书长和常务理事；

（三）筹备召开会员代表大会；

（四）向会员代表大会报告工作和财务状况；

（五）决定会员的吸收和除名；

（六）决定办事机构、分支机构、代表机构和实体机构的设立、变更和终止；

（七）决定副秘书长、各机构主要负责人的聘任；

（八）领导本会各机构开展工作；

（九）制定内部管理制度；

（十）决定名誉职务的设立及人选；

（十一）根据会员代表大会的授权，理事会在届中可以增补、罢免部分理事，最高不超过原理事总数的 1/5；

（十二）决定其他重大事项。

第二十条　理事会须有 2/3 以上理事出席方能召开，其决议须经到会理事 2/3 以上表决通过方能生效。

第二十一条　理事会每年至少召开 1 次会议，情况特殊的，也可采用通讯形式召开。

第二十二条　本会设立常务理事会。常务理事会由理事会选举产生，人数不超过理事的 1/3，在理事会闭会期间行使第十九条第一、三、五、六、七、八、九项的职权，对理事会负责。

第二十三条　常务理事会须有 2/3 以上常务理事出席方能召开，其决议须经到会常务理事 2/3 以上表决通过方能生效。

第二十四条　常务理事会至少每半年召开 1 次会议，情况特殊的，也可采用通讯形式召开。

第二十五条　本会的会长、副会长、秘书长必须具备下列条件：

（一）坚持党的路线、方针、政策、政治素质好；

（二）在本会业务领域内有较大影响；

（三）最高任职年龄不超过 70 周岁，秘书长为专职；

（四）身体健康，能坚持正常工作；

（五）未受过剥夺政治权利的刑事处罚的；

（六）具有完全民事行为能力。

第二十六条　本会会长、副会长、秘书长如超过最高任职年龄的，须经理事会表决通过，报业务主管单位审查并经社团登记管理机关批准后，方可任职。

第二十七条　本会会长、副会长、秘书长每届任期 5 年，连任不得超过两届。因特殊情况需延长任期的，须经会员代表大会 2/3 以上会员代表表决通过，报业务主管单位审查并经社团登记管理机关批准后，方可任职。

第二十八条　本会会长为本会法定代表人。因特殊情况，经会长委托，理事会同意，报业务主管单位审查并经社团登记管理机关批准后，可以由副会长或秘书长担任法定代表人。

法定代表人代表本会签署有关重要文件。

本会法定代表人不兼任其他团体的法定代表人。

第二十九条　本会会长行使下列职权：

（一）召集和主持理事会、常务理事会；

（二）检查会员代表大会、理事会和常务理事会决议的落实情况。

第三十条　本会秘书长行使下列职权：

（一）主持办事机构开展日常工作，组织实施年度工作计划；

（二）协调各所属机构开展工作；

（三）提名副秘书长以及各所属机构主要负责人，交理事会或常务理事会决定；

（四）决定各所属机构专职工作人员的聘用；

（五）处理其他日常事务。

第五章　资产管理、使用原则

第三十一条　本会经费来源：

（一）会费；

（二）捐赠；

（三）政府资助；

（四）在核准的业务范围内开展活动和提供服务的收入；

（五）利息；

（六）其他合法收入。

第三十二条　本会按照国家有关规定收取会员会费。

第三十三条　本会经费必须用于本会章程规定的业务范围和事业的发展，不得在会员中分配。

第三十四条　本会建立严格的财务管理制度，保证会计资料合法、真实、准确、完整。

第三十五条　本会配备具有专业资格的会计人员。会计不得兼任出纳。会计人员必须进行会计核算，实行会计监督。会计人员调动工作或离职时，必须与接管人员办清交接手续。

第三十六条　本会的资产管理必须执行国家规定的财务管理制度，接受会员代表大会和财政部门的监督。资产来源属于国家拨款或者社会捐赠、资助的，必须接受审计机关的监督，并将有关情况以适当方式向社会公布。

第三十七条　本会换届或更换法定代表人之前必须进行财务审计。

第三十八条　本会的资产，任何单位、个人不得侵占、私分和挪用。

第三十九条　本会专职工作人员的工资和保险、福利待遇，参照国家对事业单位的有关规定执行。

第六章　章程的修改程序

第四十条　对本会章程的修改，须经理事会表决通过后报会员代表大会审议。

第四十一条　本会修改的章程，须在会员代表大会通过后 15 日内，经业务主管单位审查同意，并报社团登记管理机关核准后生效。

第七章　终止程序及终止后的财产处理

第四十二条　本会完成宗旨或自行解散或由于分立、合并等原因需要注销的，由理事会或常务理事会提出终止动议。

第四十三条　本会终止动议须经会员代表大会表决通过，并报业务主管单位审查同意。

第四十四条　本会终止前，须在业务主管单位及有关机关指导下成立清算组织，清理债权债务，处理善后事宜。清算期间，不开展清算以外的活动。

第四十五条　本会经社团登记管理机关办理注销登记手续后即为终止。

第四十六条　本会终止后的剩余财产，在业务主管单位和社团登记管理机关的监督下，按照国家有关规定，用于发展与本会宗旨相关的事业，或者捐赠给宗旨相近的社会组织。

第八章　附　则

第四十七条　本章程经 2023 年 10 月 14 日第八届第一次会员代表大会表决通过。

第四十八条　本章程的解释权属本会的理事会。

第四十九条　本章程自社团登记管理机关核准之日起生效。

程国强同志
作修订《中国粮食经济学会章程》的说明

（2023 年 10 月 14 日）

各位代表：

现行《中国粮食经济学会章程》（2013 年 8 月 28 日，以下简称"《章程》"）于 2013 年 8 月 28 日经中国粮食经济学会（以下简称"学会"）第七届第一次会员代表大会表决通过后实施。近 10 年来，对于规范开展课题研究、学术交流等活动起到了重要作用。

学会为深入学习贯彻习近平新时代中国特色社会主义思想，增强学会的政治性、先进性、群众性，按照民政部《社会团体章程示范文本》（1998 年 11 月 26 日）、《民政部关于督促指导全国性社会组织在章程中增加党建有关内容的函》（民便函〔2020〕110 号）的要求，对《章程》进行了修订。

一、修改的必要性

（一）新时代赋予粮食经济新内涵

粮食安全是国家安全的重要基础，党的十八大以来，以习近平同志为核心的党中央把粮食安全作为治国理政的头等大事，提出了"确保谷物基本自给、口粮绝对安全"的新粮食安全观，确立了以我为主、立足国内、确保产能、适度进口、科技支撑的国家粮食安全战略，走出了一条中国特色粮食安全之路。因此，研究粮食经济，不仅是一个重要的经济问题，而且是一个重要的政治问题。

（二）国家对社会团体组织提出的新要求

学会是党和政府联系与团结广大粮食经济工作者的桥梁纽带。在实施国家粮食安全战略和乡村振兴战略的新形势新任务下，学会要以习近平新时代中国特色社会主义思想为指导，坚持党的领导，坚持正确政治方向，自觉服从党的领导，贯彻党的意志和主张，严守政治纪律和政治规矩，认真贯彻落实党中央、国务院关于粮食工作的方针政策，服务国家粮食和物资储备局中心工作。

（三）学会自身的发展需要新担当新作为

近10年来，学会第七届理事会受会员和常务理事单位的代表性不广、权威性不够、学术性不强等多因素影响，研究粮食经济问题不深，开展活动不多，影响力不大，没有发挥应有的作用。今后，学会为了服务国家粮食和物资储备工作大局，要聚焦国家粮食和物资储备安全核心职能，亟待提高政治站位，重新进行工作定位，增强会员代表的广泛性、学术性、权威性。

总之，《章程》有关条款内容相应要作修改。

二、修改的过程

学会于2019年1月5日决定成立文件起草组，时任国家粮食和物资储备局党组成员、副局长韩卫江担任组长，时任中国粮食经济学会党支部主要负责人肖春阳担任副组长。学会副会长、常务理事、理事、会员代表、有关专家和相关部门参与。秘书处于2019年1月至2020年3月在征求有关各方意见的基础上起草了《章程》（2020年3月，征求意见稿）。

2020年10月，再次征求部分副会长、常务理事、理事的意见和建议后，形成《章程》（2020年10月30日，征求意见稿）。

2021年3月25日，《章程》（2020年10月30日，征求意见稿）印发国家粮食和物资储备局9个司室、5个事业单位、9个省粮食和物资储备局、3个粮食院校、14个省（区）粮食经济学会征求意见后，形成《章程》（2021年4月15日，送审稿）。

2022年6月24日，《章程》（2021年4月15日，送审稿）报送国家粮食和物资储备局审查，会前预审通过。

2022年6月28日，《章程》（2021年4月15日，送审稿）报送民政部审查。2022年7月25日，民政部会前预审通过。2022年7月28日，依据民政部审核意见进行了修改，形成《章程》（2023年，审议稿）。

三、修改的主要内容

民政部《社会团体章程示范文本》（1998 年 11 月 26 日）共八章四十八条。根据《民政部关于督促指导全国性社会组织在章程中增加党建有关内容的函》（民便函〔2020〕110 号）的要求，在《章程》第一章总则增加了一条"党建有关内容"。修改后《章程》共八章四十九条，部分其他条的内容进行了修改。

（一）第一章总则的修改

1. 原第一条"中国粮食经济学会是经中华人民共和国民政部批准登记的社团法人。"

修改为现第一条"本会的名称：中国粮食经济学会，英文名称：China Grain Economy Association，缩写：CGEA。"

2. 第三条本会宗旨增加了"坚持以马克思列宁主义、毛泽东思想、习近平新时代中国特色社会主义思想为指导；本会遵守宪法、法律、法规和国家政策，践行社会主义核心价值观，弘扬爱国主义精神，遵守社会道德风尚，自觉加强诚信自律建设"等内容。

3. 新增第四条，增加"第四条　本会坚持中国共产党的全面领导，根据《中国共产党章程》的规定，设立中国共产党的组织，开展党的活动"等内容。

4. 原第四条"本会接受国家粮食局和民政部的业务指导和监督管理。"

修改为现第五条"本会接受业务主管单位国家粮食和物资储备局和社团登记管理机关民政部的业务指导和监督管理。"《章程》修订前，本会行业管理部门是原国家粮食局。2018 年，根据中共中央《深化党和国家机构改革方案》精神，不再保留国家粮食局，组建国家粮食和物资储备局。

（二）第二章业务范围的修改

原第六条，修改为现第七条。第七条本会业务范围，依据国家粮食和物资储备局的职责，修改后增加"研究如何实施国家粮食安全战略和乡村振兴战略，提出新时代保障国家粮食安全的措施；研究我国粮食流通体制的特点和规律，提出促进粮食流通体制改革发展的对策；研究粮食储备改革发展，提出国家粮食储备总体发展规划、完善体制机制规范粮食储备管理的建议"等内容。

原第七条，修改为现第八条。"第八条　本会的会员种类：单位会员和个人会员。"

（三）第四章组织机构和负责人产生、罢免的修改

1. 原第二十二条"本会的会长、副会长、秘书长必须具备下列条件：（三）最高任职年龄不超过 70 周岁。"

修改为现"第二十五条　本会的会长、副会长、秘书长必须具备下列条件：（三）最高任职年龄不超过 70 周岁，秘书长为专职："增加了"秘书长为专职"的内容。

2. 原第二十五条"本会会长、副会长或秘书长为本会法定代表人。本会法定代表人不兼任其他团体的法定代表人。"

修改为现第二十八条，增加了"因特殊情况，经会长委托，理事会同意，报业务主管单位审查并经社团登记管理机关批准后，可以由副会长或秘书长担任法定代表人。法定代表人代表本会签署有关重要文件"等内容。

（四）第五章资产管理、使用原则的修改

原第二十七条"本会专职工作人员的工资和保险、福利待遇，参照国家对国有事业单位的有关规定执行。"

修改为现第三十九条"本会专职工作人员的工资和保险、福利待遇，参照国家对事业单位的有关规定执行。"删除了"国有"两字。

（五）第七章　终止程序及终止后的财产处理

原第四十六条增加了"或者捐赠给宗旨相近的社会组织"的内容。

修改为现第四十六条"本会终止后的剩余财产，在业务主管单位和社团登记管理机关的监督下，按照国家有关规定，用于发展与本会宗旨相关的事业，或者捐赠给宗旨相近的社会组织。"

中国粮食经济学会会费管理办法

（2023年10月14日中国粮食经济学会第八届第一次
会员代表大会通过，自2023年10月14日起公布施行）

第一条　中国粮食经济学会（以下简称"学会"）根据民政部《社会团体登记管理条例》、《民政部　财政部关于取消社会团体会费标准备案规范会费管理的通知》（民发〔2014〕166号）、《中国粮食经济学会章程》等规定，为加强会费收取和使用管理，制定本办法。

第二条　会费收取和使用管理工作，学会秘书处具体负责。

第三条　会费收取范围为全体会员，包括个人会员和单位会员。

第四条　会费收取标准。学会依据《中国粮食经济学会章程》规定的业务范围、工作成本等因素，合理制定会费收取标准。

（一）会费标准。个人会员：每年60元，每届300元。

单位会员：普通单位会员每年2000元，每届1万元。理事单位会员每年1万元，每届5万元。常务理事单位会员每年2万元，每届10万元。会长、副会长、秘书长单位会员每年4万元，每届20万元。

（二）同一单位会员担任不同职务按就高不就低原则交纳会费。

第五条　会费收取管理。

（一）会费原则上采取按届收取方式，会员应于学会换届之日起3个月内一次性交纳本届会费，并办理新的会员证书。

（二）新批准入会的会员应在批准入会之日起3个月之内交纳当年（7个月至12个月按一年计算）会费，不足一年（1个月至6个月）的按剩余年限交纳。

（三）会费由学会秘书处统一收取，汇至学会账户。

开户名称：中国粮食经济学会

开户银行：中国农业银行股份有限公司北京金融大街支行

账　　号：11020101040000079

学会收取会费后，开具财政部门印（监）制的社会团体会费收据。

（四）特殊情况下减免会员会费，秘书长办公会议研究决定。

（五）会员不按规定交纳会费的，学会秘书处当年发出《交纳会费通知书》通知会员，会员收到通知后超过一年仍不交纳会费的，视为自动退会。

第六条　会费使用管理。会费的使用本着取之于会员、用之于会员的原则。

（一）会费主要用于为会员提供服务以及按照学会宗旨开展的各项业务活动等支出。

1. 为会员提供相关服务的开支。

2. 学会办公、工作人员等费用开支。

3. 召开会议、举办活动等补贴开支。

4. 秘书长办公会议研究决定的其他开支。

（二）学会秘书处每年应向理事会报告会费收支情况，定期接受会员代表大会审查，并在社会团体年检时填报会费收支情况。

（三）会费管理，严格执行国家规定的财务管理制度和社会组织管理制度，接受财政、税务、审计、民政、粮食和物资储备等部门的监督管理。

第七条　本办法经学会会员代表大会表决通过后当日施行。

第八条　本办法学会授权秘书处负责解释。

程国强同志
作修订《中国粮食经济学会会费管理办法》的说明

（2023 年 10 月 14 日）

各位代表：

中国粮食经济学会（以下简称"学会"）的《中国粮食经济学会会费管理办法》（2009 年 4 月 2 日）从 2009 年 4 月 2 日至今没有修订。为保障学会工作正常运转，亟待修订。

一、修订原则

（一）严格遵守国家相关法律和财务制度，遵守国家对社会组织的相关规定。

（二）取之于会员，用之于会员。保证学会正常运行，服务会员。

二、修订依据

（一）民政部《社会团体登记管理条例》。

（二）《民政部　财政部关于取消社会团体会费标准备案规范会费管理的通知》（民发〔2014〕166 号）。

（三）《中国粮食经济学会章程》。

三、修订主要内容

过去，中国粮食经济学会与中国粮食行业协会合署办公，会员、理事共同管理，会费共同收取。2013 年 8 月 28 日至 2023 年 6 月 30 日，学会没有收取会费。学会会费收取标准，参照现行《中国粮食行业协会会费收缴管理办法》进行了修订。

（一）会费收取和使用管理工作，学会秘书处具体负责。

（二）会费收取标准。

1. 个人会员，2009 年 4 月 2 日标准 50 元 / 年，2023 年提高到 60 元 / 年。

2. 单位会员，2009 年 4 月 2 日标准 1000 元 / 年，2023 年分为四类进行调整。普通单位会员 2000 元 / 年；理事单位会员 1 万元 / 年；常务理事单位会员 2 万元 / 年；会长、副会长、秘书长单位会员 4 万元 / 年。

3. 同一单位会员担任不同职务按就高不就低原则交纳会费。

（三）会费收取管理。

1. 会费原则上按届收取，会员应于学会换届之日起 3 个月内一次性交纳本届会费。

2. 新批准入会的会员应在批准入会之日起 3 个月之内交纳当年（7 个月至 12 个月按一年计算）会费，不足一年（1 个月至 6 个月）的按剩余年限交纳。

3. 学会秘书处统一收取会费，会员汇款至学会账户。

（四）会费使用管理。会费使用本着取之于会员、用之于会员的原则。会费主要用于为会员提供服务以及按照学会宗旨开展的各项业务活动等支出。

第三节　大会选举事项

中国粮食经济学会第八届理事会理事名单

（184人，按行政区划排序。2023年10月14日中国粮食经济学会第八届第一次会员代表大会通过）

（略）

第二章

中国粮食经济学会第八届第一次
理事会议暨第一次常务理事会议

第一节　会议表决事项

中国粮食经济学会第八届理事会负责人产生办法

（2023 年 10 月 14 日中国粮食经济学会第八届
第一次理事会议暨第一次常务理事会议通过）

一、中国粮食经济学会（以下简称"学会"）第八届理事会负责人指会长、副会长、秘书长。其中设会长 1 名，副会长 20 名以内，秘书长 1 名。

二、中国粮食经济学会第八届理事会负责人候选人由学会换届工作领导小组提名。

三、中国粮食经济学会第八届理事会负责人候选人的原则。

（一）会长候选人的原则，对粮食经济管理工作有丰富经验和能力的领导，熟悉学会工作。按照往届惯例，由现任国家粮食行政管理部门领导兼任，或者由离任退休后的国家粮食行政管理部门领导担任。

（二）副会长候选人的原则。

1. 学会党组织负责人。民政部强调，在换届过程中要坚持党建引领，健全党的组织、推行交叉任职、落实党建入章。

2. 国家智库，全国粮食和农业领域领军专家、研究员。

3. 教育部直属高校和粮食高校，全国粮食和农业领域一流学者、教授、博士生导师。

4. 粮食企业（国资、民资粮食企业），所在粮食企业在全国粮食行业处于龙头地位，粮食企业高管。

5. 粮食市场，所在粮食市场对全国粮食市场有公认的影响力，粮食市场高管。

6. 国家机关和有关单位，对粮食和农业经济管理工作有一定研究、熟悉学会工作、司局级干部。

（三）秘书长候选人的原则。按照国家粮食和物资储备局宣传教育中心（以下简称"宣传教育中心"）负责人担任学会秘书长的惯例，宣传教育中心负责人担任学会秘书长。

（四）法定代表人候选人的原则。《中国粮食经济学会章程》规定，会长为学会法定代表人。因特殊情况，经会长委托，理事会同意，报业务主管单位国家粮食和物资储备局审查并经社团登记管理机关民政部批准后，可以由副会长或秘书长担任法定代表人。

四、学会换届工作领导小组提名的第八届理事会负责人候选人名单须请示国家粮食和物资储备局党组审核同意。

五、学会会长、秘书长不得兼任其他社会团体会长（理事长）、秘书长。

六、会长、副会长、秘书长通过选举产生。理事会议，采取无记名方式从理事（常务理事）中选举产生。须经到会的2/3以上理事投票表决同意。

七、本办法经中国粮食经济学会第八届第一次会员代表大会表决通过。

八、本办法解释权属中国粮食经济学会秘书处。

第二节　会议选举事项

中国粮食经济学会第八届理事会常务理事名单

（45人，按行政区划排序。2023 年 10 月 14 日中国粮食经济学会第八届第一次理事会议暨第一次常务理事会议通过）

（略）

中国粮食经济学会第八届理事会负责人
名单和简历

（16人。2023年10月14日中国粮食经济学会第八届第一次
理事会议暨第一次常务理事会议通过。2024年7月15日
中国粮食经济学会第八届第三次理事会议通过）

会长

韩卫江，男，汉族，1959年10月出生，甘肃省宁县人，1982年7月参加工作，1987年4月加入中国共产党，甘肃农业大学农学系农学专业毕业，大学学历，农学学士学位。先后在甘肃农业大学、原甘肃省计委、甘肃省人民政府办公厅、张掖地区行署、张掖市人民政府、原甘肃省粮食局、原国家粮食局、国家粮食和物资储备局工作。2017年12月至2018年3月，任国家粮食局党组成员、副局长。2018年3月至2020年4月，任国家粮食和物资储备局党组成员、副局长。2023年10月至今任中国粮食经济学会会长。

常务副会长、法定代表人

肖春阳，男，汉族，1963年2月出生，湖北省仙桃市人，1981年10月参加工作，1986年1月加入中国共产党，中国社会科学院研究生院商业经济学专业毕业，研究生学历，经济学博士学位，管理学博士后，是分配到原国家粮食储备局的第一位博士、第一位博士后。先后在湖北省仙桃市粮食局、原国家粮食储备局、原中南财经大学博士后科研流动站、原国家粮食局、国家粮食和物资储备局工作。2022年3月至2023年4月，任中国粮食经济学会党支部书记，国家粮食和物资储备局宣传教育中心党支部书记、副主任。2023年10月至今任中国粮食经济学会常务副会长、法定代

表人。

副会长

熊本国，男，汉族，1967年1月出生，湖北省黄冈市人，1991年7月参加工作，1996年5月加入中国共产党，中国人民大学农业与农村发展学院农业经济管理专业毕业，研究生学历，管理学博士，高级会计师。先后在原商业部、原国家粮食储备局，中国储备粮管理集团有限公司工作，2022年1月至今任中国储备粮管理集团有限公司党组成员、副总经理。2024年7月至今任中国粮食经济学会副会长。

徐光洪，男，汉族，1970年2月出生，重庆市璧山区人，1992年8月参加工作，2004年11月加入中国共产党，上海财经大学审计学专业毕业，大学学历，经济学学士学位。先后任中国粮油油脂部总经理助理、中国粮油油脂部副总经理、中粮油脂副董事长（主持工作）、中粮油脂党委书记、总经理。2023年11月至今任中粮集团有限公司党组成员、副总经理兼中粮油脂董事长。2024年7月至今任中国粮食经济学会副会长。

由伟，男，汉族，1969年4月出生，山东省海阳市人，1991年7月参加工作，1997年6月加入中国共产党，南京粮食经济学院统计学专业毕业，大学学历，经济学学士学位，北京大学工商管理硕士学位。先后在原商业部、原国家粮食储备局，中国储备粮管理集团有限公司、中粮集团有限公司、中国融通资产管理集团有限公司工作。2024年1月至今任中国融通资产管理集团有限公司党组成员、副总经理。2023年10月至今任中国粮食经济学会副会长。

程国强，男，汉族，1963年5月出生，湖北省仙桃市人，1984年7月参加工作，1993年5月加入中国共产党，华中农业大学经济管理学院农业经济管理专业毕业，研究生学历，农业经济学博士学位。国家杰青、享受国务院政府特殊津贴专家，国家文化名家暨四个一批人才（理论界）。先后在中国农业科学院农业经济与发展研究所、国务院发展研究中心工作。2021年4月至今，任中国人民大学吴玉章讲席教授、国家粮食安全战略研究院院长。2013年8月至2023年10月，任中国粮食经济学会第七届理事会副会长。2023年10月至今任中国粮食经济学会副会长。

杜志雄，男，汉族，1963年2月出生，安徽省铜陵市人，1985年8月参加工作，1983年12月加入中国共产党，日本东京大学农学部农业与资源经济学专业毕业，研究生学历，农学博士学位。享受国务院政府特殊津贴专家。第十四届全国政协委员。先后在中国社会科学院农村发展研究所、中国社会科学院财经战略研究院工作。2018年11月至今，任中国社会科学院农村发展研究所党委书记、副所长、研究员。2023年10月至今任中国粮食经济学会副会长。

程永波，男，满族，1972年5月出生，黑龙江省安达市人，1994年7月30日参加工作，西北工业大学系统工程专业毕业，研究生学历，工学博士学位。第十四届全国政协常委。先后在南京航空航天大学、南京师范大学工作。现为江苏省社科联副主席，民革江苏省委会副主席、南京市委会主席，南京市政协副主席，南京财经大学校长。2023年10月至今任中国粮食经济学会副会长。

李成伟，男，汉族，1972年3月出生，河南省民权县人，1993年7月参加工作，1997年12月加入中国共产党，中国农业科学院作物遗传育种专业毕业，荷兰瓦格宁根大学植物科学专业毕业，研究生学历，农学、植物学双博士学位。第十四届全国人大代表。先后在商丘师范学院、周口师范学院、河南科技学院工作。2021年1月至2023年9月，任河南工业大学党委副书记、校长。2023年9月至今，任河南农业大学党委书记，教授。2023年10月至今任中国粮食经济学会副会长。

吴智深，男，汉族，1961年5月出生，江苏省镇江市人，1990年4月参加工作。原南京工学院（现东南大学）土木工程专业毕业，研究生学历，1990年获得日本名古屋大学工学博士学位。第十三届全国政协委员，中央组织部国家科技创新领军人才，日本工程院院士（外籍），欧洲科学与艺术院（外籍）院士，国家杰青，教育部长江学者及创新团队领军人，国务院学位委员会学科评议组成员，东南大学首席教授。先后任日本名古屋大学助理教授，美国西北大学访问学者，日本埼玉大学副教授，日本茨城大学副教授、教授、名誉教授；东南大学校长特别助理、校务委员会副主任。2024年1月至今任河南工业大学校长，小麦和玉米深加工国家工程研究中心主任。2024年7月至今任中国粮食经济学会副会长。

王立兵，男，汉族，1965 年 6 月出生，湖北省广水市人，1990 年 7 月参加工作，1985 年 6 月加入中国共产党，武汉大学哲学系辩证唯物主义与历史唯物主义专业毕业，研究生学历，哲学硕士学位。先后在湖北省社会主义学院、湖北省纪委监察厅、黄冈市委、黄冈师范学院工作。2022 年 1 月至今，任武汉轻工大学党委书记。2023 年 10 月至今任中国粮食经济学会副会长。

程郁，女，汉族，1978 年 12 月出生，重庆市人，2007 年 9 月参加工作，2003 年 12 月加入中国共产党，中国人民大学农业经济学专业毕业，研究生学历，管理学博士学位。先后在中国科学院科技政策与管理科学研究所、国务院发展研究中心农村经济研究部工作。2020 年 4 月至今，任国务院发展研究中心农村经济研究部副部长、研究员。2023 年 10 月至今任中国粮食经济学会副会长。

毛世平，男，汉族，1968 年 9 月出生，山东省平度市人，1995 年 7 月参加工作，1993 年 5 月加入中国共产党，中国人民大学会计学专业毕业，研究生学历，管理学博士学位。参加工作后，一直在中国农业科学院农业经济与发展研究所工作。2022 年 6 月至今，任中国农业科学院农业经济与发展研究所党委书记、副所长。2023 年 10 月至今任中国粮食经济学会副会长。

司伟，男，汉族，1978 年 11 月出生，安徽省太和县人，2005 年 7 月参加工作，2001 年 11 月加入中国共产党，中国农业大学农业经济管理专业毕业，研究生学历，管理学博士学位。参加工作后，一直在中国农业大学工作。2020 年 9 月至今，任中国农业大学经济管理学院院长，教授。2023 年 10 月至今任中国粮食经济学会副会长。

刘鸿君，男，汉族，1972 年 8 月出生，河南省商丘市人，1994 年 7 月参加工作，2004 年 6 月加入中国共产党，南开大学金融学专业经济学学士，武汉理工大学工商管理硕士。先后在郑州商品交易所结算部、监察部、市场部、交割部、研发部、品种部、非农产品部、农产品部、商品二部等部门工作，曾在天津金融局挂职，现任郑州商品交易所商品二部党支部书记、总监。2024年7月至今任中国粮食经济学会副会长。

秘书长

陈玲，女，汉族，1980年9月出生，重庆市人，2005年7月参加工作，2001年11月加入中国共产党，中国政法大学法学院刑法学专业毕业，研究生学历，刑法学硕士学位。先后在天津经济技术开发区人民法院、原国家粮食局、国家粮食和物资储备局工作。2023年1月至今，任国家粮食和物资储备局新闻发言人；2023年3月至今，任国家粮食和物资储备局宣传教育中心副主任。2023年10月至今任中国粮食经济学会秘书长。

第三节　会议表决事项

中国粮食经济学会第八届理事会
聘任副秘书长名单

（6 人。2023 年 10 月 14 日中国粮食经济学会第八届第一次
理事会议暨第一次常务理事会议通过。）

智振华　国家粮食和物资储备局宣传教育中心副总编辑

何义仁　国家粮食福建交易中心党支部书记、主任

曹宝明　南京财经大学粮食安全与战略研究中心主任

孙中叶（女）河南工业大学经济贸易学院院长

祁华清　武汉轻工大学粮食经济研究中心主任

刘鸿君　郑州商品交易所商品二部总监

第四节　会长讲话

坚持党的全面领导　深入研究粮食问题

——韩卫江同志在中国粮食经济学会第八届第一次
理事会议暨第一次常务理事会议上的讲话

（2023 年 10 月 14 日）

同志们：

非常感谢党组织和中国粮食经济学会（以下简称"学会"）第八届第一次会员代表的信任，选举我为学会第八届理事会会长。现在，我代表学会向国家粮食和物资储备局党组，特别是国家发展和改革委员会党组成员，国家粮食和物资储备局党组书记、局长刘焕鑫同志表示感谢！向国家粮食和物资储备局党组成员、副局长卢景波、黄炜、刘小南同志表示感谢！向民政部表示感谢！向有关企业、事业单位和机构表示感谢！向学会第八届第一次会员代表表示感谢！

自 1987 年 2 月 16 日以来，学会在第一届（1987 年 2 月至 1991 年 11 月）理事会会长，原粮食部党组副书记、副部长赵发生同志；第二届至第六届（1991 年 11 月至 2013 年 8 月）理事会会长，原商业部党组成员、副部长，原国内贸易部党组副书记、副部长，兼任原国家粮食储备局首任党组书记、局长白美清同志；第七届（2013 年 8 月至 2023 年 10 月）理事会会长，原国家粮食局首任党组书记、局长聂振邦同志；学会党支部书记（2022 年 3 月至 2023 年 4 月）肖春阳同志的领导下，坚持推进组织体制、工作机制、运行方式创新，主动在保障国家粮食安全、促进粮食流通体制改革发展、完善国家粮食储备制度、推动粮食行业转型升级等方面建言献策，很多报告和请示，得到了党中央、国务院领导同志，国家发展和改革委员会、国家粮食和物资储备局领导同志的多次重要批示指示，发挥了智库不可替代的重要作用，也为学会未来的工作与发展打下了良好的基础。在此，我代表学会向白美清会长、聂振邦会长、肖春阳书记表示感谢！

新时代需要新担当，新征程呼唤新作为。2023 年是中国共产党团结带领全国各族人民全面建成社会主义现代化强国、实现第二个百年奋斗目标，以中国式现代化全面推进中华民族伟大复兴的重要一年。站在这样一个重要的历史起点上，我们要准确把握新发展阶段，深入贯彻新发展理念，加快构建新发展格局，推动学会工作高质量发展。刚才，刘焕鑫同志发表了讲话，对学会今后工作指明了前进方向，提出了明确要求，我们要认真领会，抓好落实。学会的工作要以习近平新时代中国特色社会主义思想为指导，贯彻落实党的二十大精神，深入开展学习贯彻习近平新时代中国特色社会主义思想主题教育，紧紧围绕国家粮食和物资储备局党组中心工作，组织会员大兴调查研究，服务增强粮食、能源资源、重要产业链供应链安全保障能力。

我到学会工作后，深感责任重大。在国家粮食和物资储备局党组的领导下，有学会会员支持，有相关各方帮助，我有信心与大家共同努力奋进，做好学会工作。下面，我讲几点意见。

一、坚持党的全面领导

2019 年 10 月 31 日，习近平总书记在党的十九届四中全会第二次全体会议上讲话强调，"必须坚持党政军民学、东西南北中，党是领导一切的，坚决维护党中央权威，健全总揽全局、协调各方的党的领导制度体系，把党的领导落实到国家治理各领域各方面各环节"。这是党领导人民进行革命、建设、改革最宝贵的经验。

坚持党的全面领导，学会会员要深刻领悟"两个确立"的决定性意义。更加深化对"两个确立"的政治认同、思想认同、理论认同、情感认同，更加自觉增强"四个意识"、坚定"四个自信"、做到"两个维护"，始终在思想上政治上行动上同以习近平同志为核心的党中央保持高度一致。

坚持党的全面领导，要明确学会党支部履行党的全面领导职责。在国家粮食和物资储备局党组领导下，学会党支部肩负起团结引领会员听党话、跟党走的政治责任，始终对党绝对忠诚，任何时候任何情况下都要以党的旗帜为旗帜、以党的方向为方向、以党的意志为意志，做到党中央提倡的坚决响应、党中央决定的坚决执行、党中央禁止的坚决不做，在大是大非面前立场坚定，勇于同一切错误言行作斗争。

坚持党的全面领导，要把发挥领导作用贯穿于学会工作全过程。学会要按照新时代党的建设总要求，把党的全面领导贯彻落实到学会全面推进党的政治建设、思想建设、组织建设、作风建设、纪律建设、制度建设和反腐败斗争之中。学会既要实行民主的科学的决策，又要做好党的组织工作和宣传教育工作，发挥党员先锋模范作用，保证党的路线方针政策全面落实。改进领导方式，以科学的体制、机制和方式保证党的全面领导。

二、开展粮食课题研究

学会要紧紧围绕国家粮食和物资储备局党组中心工作，接受地方政府、企业、事业单位、机构等委托，开展粮食课题研究，形成一批高质量研究成果，作为政策储备，成为决策依据，供政府有关部门、企业、事业单位等参考。

今后一个时期，学会重点从 10 个方面研究问题。

1.研究如何更好地实施国家粮食安全战略和乡村振兴战略，提出新时代保障国家粮食安全的措施。

2.研究我国粮食流通体制的新特点，提出促进粮食流通体制改革发展的对策。

3.研究如何完善中央储备粮、地方储备粮、社会储备粮三者互相联通、余缺调剂、动态管理的体制机制，提出国家粮食储备总体发展规划的建议。

4.研究如何监测、预测、预警中外粮食市场供求变化，提出加强国家粮食宏观调控的方法。

5.研究如何科学合理划分中央和地方粮食工作事权，提出完善省级党委和政府落实耕地保护和粮食安全责任制考核的机制。

6.研究如何根据各地粮食生产、流通、消费的变化，提出建立健全全国现代粮食物流体系的方案。

7.研究中外粮食期货市场、批发市场、集贸市场的特点作用，提出培育完善全国粮食市场体系的意见。

8.研究中外国资、民资、外资粮食企业的历史现状，提出这三类粮食企业如何互相促进发展的设想。

9.研究粮食文化，提出促进粮食行业职业道德建设和诚信体系建设的思路。

10.研究和介绍世界粮食行业发展状况与动态趋势，开展粮食经济对外学术交流的活动。

三、加强学会统筹协调

做好学会统筹协调工作，一要有计划地谋划好选题。"预则立，不预则废"。学会要做到粮食课题研究协调顺利，必须在深入细致调查的基础上，认真分析研究，超前谋划，选准选好题目。超前谋划是做好粮食课题研究协调工作的关键，不但要知晓昨天和今天，还应该把握好明天和后天，下好先手棋、打好主动仗。任何工作想要顺利推进，离不开良好的沟通协调。在上下同心、齐心协力的环境里，学会内外之间才能统一思想、统一目标，让粮食课题研究有序展开，少绕弯路，做到事半功倍。二要把握好粮食课题研究的关键环节。粮食课题研究是可以分解成一个个子课题的，但是并非每个子课题都需要平均对待。在下好"一盘棋"的全局观念中统筹谋划粮食课题研究，才能避免进入钻牛角尖的误区，才能确保粮食课题研究各项工作朝着正确的方向发展，既有广度，又有深度。三要把握好粮食课题研究的与时俱进和及时推进。形势是在不断变化的，要立足当前，着眼长远。及时看到影响粮食课题研究的重大问题，带着预见性去科学系统地谋划整体推进，积极主动，及时有效地抓好粮食课题研究。

对于粮食课题研究，学会要承担起主体责任，正确引导社会力量主动参与，加强与有关各方的沟通联系，明确学会内部和粮食课题研究承办单位责任分工。确保粮食课题研究按时保量完成，形成一批高质量粮食课题研究报告。

要充分调动学会理事会常务理事、理事和会员各方工作积极性；尽力发挥学会理事会常务理事、理事和会员各方独特作用。学会理事会常务理事、理事和会员各方要加强协作合作，齐抓共管，形成合力，共同推动。

要主动汇报学会工作，争取国家发展和改革委员会、国家粮食和物资储备局、民政部等上级部门的大力支持，为学会开展学术研究等工作提供有力保障。要积极做好与中国粮油学会、中国粮食行业协会等业务相关社会团体的沟通、交流、合作，互相取长补短，发挥各自优势，提高学会整体工作水平。与此同时，恳请社会各界继续关心、大力支持学会工作。

同志们，我们要坚决贯彻党中央、国务院关于粮食和物资储备工作的决策部署，坚持服务国家粮食和物资储备工作大局，在新征程中展现新担当、实现新作为！

第三章

保障粮食安全

深入贯彻落实党的二十大精神
全方位夯实粮食安全根基

陈锡文　第十三届全国人大农业与农村委员会主任委员

习近平总书记在党的二十大报告中再次对全面推进乡村振兴作出部署。报告中关于"全面推进乡村振兴"这一节共 400 多字，有 1/3 的篇幅是在阐述粮食安全和食物供给问题，并明确提出要全方位夯实粮食安全根基，确保中国人的饭碗牢牢端在自己手中。这再次说明，在习近平总书记心目中，不仅有着民族要复兴，乡村必振兴的全局性谋划，更有着必须把粮食安全和食物供给放在乡村振兴首要位置的战略考虑。习近平总书记对乡村发展的关切和对粮食安全的关注，在他的治国理政理念中是一以贯之的。因此，落实好党的二十大报告中关于全方位夯实粮食安全根基的要求，必须与学习习近平总书记对"三农"问题的一系列论述结合起来，这样才能更透彻地理解"全方位夯实粮食安全根基"的深刻含义。

一、清醒认识我国粮食安全和食物供给的现实状况

我国解放前粮食总产量最高的是 1936 年，约 3000 亿斤；1949 年约为 2264 亿斤；1968 年为 6095 亿斤；1996 年首次突破 10000 亿斤，2015 年突破 13000 亿斤，2021 年为 13657 亿斤（其中谷物为 12655 亿斤，占 92.66%）。新中国成立以来，我国粮食产量的增长有目共睹。可以说，在粮食产量持续增长的背景下，作为口粮的稻谷和小麦，保证我国 14 亿多人吃饱饭没有问题。正如习近平总书记指出的那样"经过艰苦努力，我国以占世界 9% 的耕地、6% 的淡水资源，养育了世界近 1/5 的人口，从当年 4 亿人吃不饱到今天 14 亿多人吃得好，有力回答了'谁来养活中国'的问题。这就是自力更生，我们自己养活自己。这一成绩来之不易，要继续巩固拓

展。"① 同时他还指出，"当前，全球粮食产业链供应链不确定风险增加，我国粮食供求紧平衡的格局长期不会改变。在粮食安全这个问题上不能有丝毫麻痹大意，不能认为进入工业化，吃饭问题就可有可无，也不要指望依靠国际市场来解决。如果我们端不稳自己的饭碗，就会受制于人。要未雨绸缪，始终绷紧粮食安全这根弦，始终坚持以我为主、立足国内、确保产能、适度进口、科技支撑"。② 他还说："我反复强调，粮食多一点少一点是战术问题，粮食安全是战略问题。我国之所以能够实现社会稳定、人心安定，一个很重要的原因就是我们手中有粮，心中不慌。"③ "我国粮食供求紧平衡的格局没有改变，结构性矛盾刚着手解决，总量不足问题又重新凸显。今后一个时期粮食需求还会持续增加，供求紧平衡将越来越紧，再加上国际形势复杂严峻，确保粮食安全的弦要始终绷得很紧很紧，宁可多生产、多储备一些，多了的压力和少了的压力不可同日而语。粮食生产年年要抓紧，面积、产量不能掉下来，供给、市场不能出问题。"④ 在我国粮食连续 19 年增产、丰收的背景下，习近平总书记为何还要如此强调我国的粮食安全？这是因为确实存在着远虑和近忧。远虑，是我国人口规模巨大，且正处于生活水平不断提高阶段，对高质量食物的需求还在不断增长；近忧，是尽管我国粮食不断增产，口粮自给有余，但饲料以及油、糖、肉、奶等重要食物的供给都存在明显缺口。

（一）农业资源不足是我国粮食安全和食物保障的软肋

我国人均农业自然资源相对稀缺，尤其是耕地和淡水。据国土"三调"的结果，全国 2019 年底的耕地总面积为 19.179 亿亩，只占国土总面积的 13.32%，按 2021 年底全国总人口 141260 万计，人均耕地面积不足 1.36 亩，不及世界人均水平的 50%。我国耕地不仅人均数量少，而且质量不高，一至三等优质耕地只占 31.2%，四至六等耕地占 46.8%，七等至十等耕地占 22%；处于山地丘陵的耕地约 7 亿亩，占耕地总面积的 36.5%。我国人口

---

① 习近平：《论"三农"工作》，中央文献出版社，2022 年版，第 330 页。

② 习近平：《论"三农"工作》，中央文献出版社，2022 年版，第 330-331 页。

③ 习近平：《论"三农"工作》，中央文献出版社，2022 年版，第 331 页。

④ 习近平：《论"三农"工作》，中央文献出版社，2022 年版，第 7 页。

与资源之间的矛盾之大，粮食安全与食物供给的压力之大，都可想而知。

党中央历来高度重视农业发展和粮食安全，粮食生产形势总体长期向好，2021年又创历史新高，达13657亿斤（68285万吨）。但要看到，2021年粮食进口的数量也创历史新高，达16453.9万吨，比上年增加18.1%，相当于国内总产量的24.1%。同时，国家还销售了库存粮食7846.8万吨，这意味着2021年我国粮食的总供给达到了92585.7万吨，是当年粮食总产量的135.6%。在粮食进口数量不断增长的同时，油、糖、肉、奶等重要食物的进口量也在持续增长。由于资源禀赋的制约，在现有农业科技水平和生产方式下，可以说，我国目前农业的总体水平，只具备保障国民温饱生活水平的能力，要保障小康生活水平已是力不从心。因此，在迈向全面建设社会主义现代化国家的征程中，如何确保我国粮食和食物供给的安全，已成为保障总体国家安全必须解决好的一个突出问题。

（二）我国食物供给的软肋，主要在口粮以外的其他食物

党中央明确，确保国家粮食安全，我们必须做到"谷物基本自给，口粮绝对安全"。目前，作为口粮的稻谷和小麦分别具备2.1亿吨和1.3亿吨以上的国内生产能力，能够保障人均口粮240千克（原粮）以上的占有水平。近年来，稻谷、小麦每年都产大于需、库存充裕。所以，只要其他重要食物能够满足供给，口粮绝对安全是有保证的。问题在于，我国目前除口粮以外的其他食物对国际市场的依赖程度正在不断提高，进而导致了整个食物供给的不确定性在增大。例如，为了弥补饲料粮供给的不足，2021年用于饲料的小麦达3300万吨，占当年国内产量（13695万吨）的24.1%，占当年国内消费量的（14857万吨）22.2%。这说明，在口粮与其他食物之间，存在着很强的替代和转换关系。现有口粮供给的绝对安全，是建立在其他食物供给充裕的基础之上的，如果其他食物的供给出了问题，也必将影响口粮的供给安全。因此，尽管当前口粮供给充裕，但仍不能高枕无忧，必须在确保口粮绝对安全的前提下，着力改善其他食物的供给状况。

2021年我国农产品进出口总额达3046亿美元，其中出口848亿美元，进口2198亿美元，农产品贸易逆差达1350亿美元，比上年的逆差948亿美元扩大了42.4%。在历史上，农产品出口曾经是我国外汇收入的重要来源，但从2004年首次出现了逆差，此后，除了2007年、2008年，其余

年份都是逆差。2009 年逆差突破 100 亿美元，2013 年突破 500 亿美元，2021 年突破了 1000 亿美元。日前，我国大宗农产品的国际贸易，净出口的品种只有蔬菜和水产品，其他的大宗农产品，包括大米、小麦、玉米、大麦、高粱等谷物，大豆、棉花、食糖、油料和食用植物油，猪肉、牛肉、羊肉、禽肉、奶类以及水果等都是净进口。

我国进口规模大的农产品，除了棉花，主要集中在饲料、食用植物油、食糖、肉类和奶类等食物上。进口 1 亿吨左右的大豆（2020 年进口 10033 万吨，2021 年进口 9652 万吨），主要是为了弥补国内食用植物油和饲料中植物蛋白的供给缺口；国家粮油信息中心的数据显示，我国 2020/2021 年度，以各类国产油料榨取的油脂产量约为 1234.8 万吨，而同期国内食油的消费量为 4254.5 万吨，食用植物油对国际市场的依赖程度为 71%；2020/2021 年度制糖期，国内食糖产量 1066 万吨，国内食糖消费量为 1580 万吨，进口 527 万吨，食糖对国际市场的依赖度为 33.35%；2020 年，我国生鲜奶产量 3529.6 万吨，国内消费量 5354 万吨，进口乳制品折成生鲜奶约为 1823 万吨，对国际市场的依赖度为 34%；2020 年我国进口肉类 991 万吨（含杂碎），其中猪肉 439.22 万吨，相当于国内产量 10.68%，牛肉 211.83 万吨，相当于国内产量的 31.5%，鸡肉 145.3 万吨，相当于国内产量的 5.88%，羊肉 36.5 万吨，相当于国内产量的 7.41%。

有专家测算，如以我国国内的生产水平计算，我国进口的农产品数量，相当于在境外利用了 13 亿亩以上的农作物播种面积。我国目前每年的农作物播种总面积约为 25 亿亩，而要保持国内目前的食物消费水平，实际上需要 38 亿亩以上的播种面积，因此，从资源角度看，我国农产品的综合自给率，目前大约为 2/3。

（三）国际粮食与食物供给链面临的主要风险

当前这些风险主要表现在五个方面：

1. 自然灾害和气候变化对农产品国际贸易的影响。

2. 新冠疫情导致农产品国际供应链的不确定性。

3. 生物质能源对化石能源的替代。

4. 资本炒作对大宗农产品引发的价格波动。

5. 地缘政治对大宗农产品国际贸易的冲击。

上述因素交织在一起，使全球食物供应链的不确定性进一步加大。近两年多来，全球已经出现两次部分国家限制农产品出口的现象。第一次是新冠疫情暴发后的 2020 年春，先后有 18 个国家限制农产品出口；第二次是俄乌冲突爆发之后，到目前已有 30 多个国家采取了限制农产品出口的措施。据国际食物政策研究所分析，到 2022 年第 16 周（4 月中旬），各国采取的限制出口措施，可能影响到全球 35.9% 的小麦、17.2% 的玉米、55% 的棕榈油、78.2% 的葵花籽油、5.8% 的豆油出口。

从气候角度看，2021 ~ 2022 年的气候状况对全球农业生产明显不利。南美洲、北美洲的干旱天气可能影响美国、巴西等国的玉米、大豆产量和加拿大的油菜籽产量；马来西亚的台风和洪水以及新冠疫情影响下的劳动力短缺，可能影响棕榈油的产量。欧洲的干旱导致农作物减产，西班牙今年橄榄油可能减产 35%，导致市场价格暴涨。

从俄乌冲突看，两国合计占全球小麦出口的 30%、玉米的 20%、大麦的 19%、菜籽油的 15%、葵花籽油的 63%，以及矿物肥料的 20%，发生冲突后，势必影响这些产品的出口量和国际市场的价格。

从能源市场的变化看，俄乌冲突发生后，国际能源市场价格大幅度上涨，这将从两方面影响农产品的价格。一是影响农业生产资料的价格，导致农业成本上升、农产品价格上涨。二是能源价格上涨，必然带动更多的农产品转为生产生物质能源的原料，从而减少全球农产品的贸易量。美国总统拜登在 2022 年 4 月 12 日宣布采取紧急措施，扩大使用更多来自本土作物生产的生物燃料，以遏制不断飙升的汽油价格。2021 年美国燃料酒精和生物柴油的产量分别为 4500 万吨和 1100 万吨，至少耗费 1.37 亿吨玉米和 2461 万吨大豆。目前，巴西每年生产 2340 万吨生物酒精，欧盟每年生产 1700 万吨生物柴油。这三家合计，一年生产的生物质燃料，折合耗费粮食 3 亿吨以上。据测算，当石油价格高于每桶 60 美元时，以玉米和甘蔗生产燃料酒精、以大豆和油菜籽生产生物柴油就有利可图。当前国际市场油价早已超过这一临界点，因此，以粮、油、糖等农作物为原料生产生物质燃料的趋势将进一步发展，这将带来国际贸易中食物供给量的减少和价格上涨。

此外，在当今形势下，资本对大宗农产品的炒作不可避免。世界上四大粮商，三家是美国的（ADM、嘉吉、邦吉），一家是法国的（路易达孚），它们掌控了全球 65% 左右的粮油贸易，现在正是它们发财的好机会。2022 年春季，我国部分进口粮油的到岸完税成本价格，已经高于国内批发价格，这是近十余年来所罕见的。由于我国有比较充裕的库存，因此国内粮油价格的上涨幅度明显低于国际市场。但随着国际局势的进一步发展和我国库存逐步下降，国际市场的价格上涨必然会传导到国内。2022 年 10 月，国内主要农产品集贸市场的粮油和肉蛋价格与 2021 年同比都有上涨，其中籼稻 2.93 元 / 千克，上涨 1.74%，粳稻 3.24 元 / 千克，上涨 1.57%，小麦 3.32 元 / 千克，上涨 16.49%，玉米 2.90 元 / 千克，上涨 7.81%，大豆 7.91 元 / 千克，上涨 7.77%，花生仁 14.06 元 / 千克，上涨 3.08%，油菜籽 6.33 元 / 千克，上涨 6.21%，生猪 27.22 元 / 千克，上涨 75.16%，活鸡 23.14 元 / 千克，上涨 11.73%，鸡蛋 13.51 元 / 千克，上涨 16.27%。对后期粮油和畜产品价格的走势，我们应有足够的关注和政策储备。

（四）根本措施是增强国内稳产保供的确定性

习近平总书记在党的二十大报告中指出："我国改革发展稳定面临不少深层次矛盾躲不开、绕不过，党的建设特别是党风廉政建设和反腐败斗争面临不少顽固性、多发性问题，来自外部的打压遏制随时可能升级。我国发展进入战略机遇和风险挑战并存、不确定难预料因素增多的时期，各种'黑天鹅''灰犀牛'事件随时可能发生。我们必须增强忧患意识、坚持底线思维，做到居安思危、未雨绸缪，准备经受风高浪急甚至惊涛骇浪的重大考验。"对可能面临的这种复杂严峻局面，习近平总书记早有预见。他在2020 年底的中央农村工作会议上就指出："从世界百年未有之大变局看，稳住农业基本盘、守好'三农'基础是应变局、开新局的'压舱石'。对于我们这样一个拥有 14 亿人口的大国来说，'三农'向好，全局主动。当前，国际环境日趋复杂，不稳定性不确定性日益增加，新冠肺炎疫情影响广泛深远，经济全球化遭遇逆流，世界进入动荡变革期。对此，我们要有清醒认识，做好打持久战的准备。"①"粮食安全是'国之大者'。悠悠万事，吃饭

---

① 习近平：《论"三农"工作》，中央文献出版社，2022 年版，第 4 页。

为大。民以食为天。实施乡村振兴战略，必须把确保重要农产品特别是粮食供给作为首要任务，把提高农业综合生产能力放在更加突出的位置，把'藏粮于地、藏粮于技'真正落实到位。"①他还说，"我反复强调要办好自己的事，其中很重要的一个任务就是始终立足自身抓好农业生产，以国内稳产保供的确定性来应对外部环境的不确定性"。②在党的二十大报告中，更是明确提出了全方位夯实粮食安全根基的五大举措。

1. 首先是"全面落实粮食安全党政同责"。

2. 牢牢守住 18 亿亩耕地红线，逐步把永久基本农田全部建成高标准农田。

习近平总书记指出："古人说：'民非谷不食，谷非地不生。'耕地是粮食生产的命根子，是中华民族永续发展的根基。对这个问题，我一直高度重视、反复强调，但占用耕地乱象仍然屡禁不止。比如，一些地方借生态建设之名占用基本农田大搞绿化造林、挖湖造景；一些地方借农业结构调整之机占用大量良田挖鱼塘、建养殖场、种花卉果木；一些地方在耕地占补平衡中弄虚作假，搞'狸猫换太子'；一些地方放任乱占耕地建房，农村一户多宅、超标占地现象普遍。从最新的国土调查结果看，全国耕地面积比十年前减少了 1 亿多亩。如果任由这个趋势发展下去，18 亿亩耕地红线还怎么能保得住？14 亿多人饭碗还怎么能端得牢？农田就是农田，只能用来发展种植业特别是粮食生产，要落实最严格的耕地保护制度，加强用途监管，规范占补平衡，强化土地流转用途管制，推进撂荒地利用，坚决遏制耕地'非农化'、基本农田'非粮化'。农田必须是良田，要建设国家粮食安全产业带，加强农田水利建设，实施黑土地保护工程，分类改造盐碱地，努力建成 10 亿亩高标准农田。要采取'长牙齿'的硬措施，全面压实各级地方党委和政府耕地保护责任，中央要和各地签订耕地保护'军令状'，严格考核、终身追责，确保 18 亿亩耕地实至名归，决不允许任何人在耕地保护问题上搞变通、做手脚，'崽卖爷田心不痛'！"③

① 习近平：《论"三农"工作》，中央文献出版社，2022 年版，第 330 页。

② 习近平：《论"三农"工作》，中央文献出版社，2022 年版，第 4 页。

③ 习近平：《论"三农"工作》，中央文献出版社，2022 年版，第 331–332 页。

　　保护耕地的紧迫性已是刻不容缓。从国土"二调"到"三调"的 10 年间，全国除东北三省和内蒙古、新疆 5 省（区）外，其余 26 省（区、市）耕地面积都是减少的，其中有 8 个省（区）减少的耕地面积超过 1000 万亩。我国现有的耕地面积乘上复种指数，全国常年农作物播种面积在 25 亿亩上下。粮食播种面积 17.6 亿多亩，棉花播种面积 5000 万亩，油料播种面积 2 亿亩，糖料播种面积 2500 万亩，烟叶播种面积 1600 万亩，蔬菜播种面积 3.3 亿亩，仅这 6 大作物每年的播种面积就已超过 23.8 亿亩，占总播种面积的 95% 以上，总还要再种些别的作物吧？所以，耕地面积已是退无可退！必须按照习近平总书记的要求，坚决采取"长牙齿"的硬措施，落实最严格的耕地保护制度。

　　3. 深入实施种业振兴行动，强化农业科技和装备支撑。习近平总书记指出："解决吃饭问题，根本出路在科技。我国农业科技进步有目共睹，但也存在短板，其中最大的短板就是种业。种源安全关系到国家安全，必须下决心把我国种业搞上去，实现种业科技自立自强、种源自主可控。"[1]2020 年，我国大豆平均亩产 132.4 千克，为历史最高水平，但只相当于世界平均水平 188.7 千克的 70.16%，分别相当于美国 225 千克、巴西 230 千克的 58.84% 和 57.57%。我国玉米平均亩产虽高于世界平均水平，但与发达国家相比还有很大差距，如 2020 年我国玉米平均亩产 421 千克，只相当于美国 720 千克的 58.47%。在畜禽、水产品、蔬菜、水果等种业的研发上，我们比发达国家落后得更多。同时，农业的技术装备也存在明显不足。因此，要提高我国粮食安全和食物保障的水平，根本出路只能是依靠科技进步。

　　4. 健全种粮农民收益保障机制和主产区利益补偿机制。习近平总书记指出："调动农民种粮积极性，关键是让农民种粮有钱挣。这几年种粮成本增加、效益不高，不少地方甚至连年亏损。要稳定和加强种粮农民补贴，提升收储调控能力，坚持完善最低收购价政策，扩大完全成本保险和收入保险范围。现在，粮食生产一大软肋是生产成本偏高，解决办法还是要创

---

　　① 习近平：《论"三农"工作》，中央文献出版社，2022 年版，第 332 页。

新经营方式，要培育好家庭农场、农民合作社，发展适度规模经营，健全专业化社会化服务体系，把一家一户办不了、办起来不划算的事交给社会化服务体系来办。要加强农民农业生产技术和管理能力培训，促进管理现代化。"① 此外还必须采取多种措施，解决好产粮大县大多是财政穷县的现状，否则就难以调动地方政府抓好粮食生产的积极性。

5. 树立大食物观，发展设施农业，构建多元化食物供给体系。强调国内粮食和食物的稳产保供，决不是要关起门来搞自给自足。习近平总书记指出："在国内粮食生产确保谷物基本自给、口粮绝对安全的前提下，为了减轻国内农业资源环境压力、弥补部分国内农产品供求缺口，适当增加进口和加快农业走出去步伐是必要的，但要把握好进口规模和节奏，防止冲击国内生产，给农民就业和增收带来大的影响。"② "首先要搞清楚哪些农产品是国内必保的，然后再去搞清楚进口到底进什么、进多少、从哪里进、以什么方式进。"③ "有一点必须讲清楚，我们说适当扩大国内紧缺农产品进口和加快农业走出去步伐，绝不意味着立足国内基本解决吃饭问题的大政方针有任何改变，决不能将此误读为可以放松国内粮食生产，那就会误大局、误大事。"④

二、从国情和发展阶段的实际出发，推进农业经营体系创新

宪法规定"农村集体经济组织实行家庭承包经营为基础、统分结合的双层经营体制"，这就是我们讲的农村基本经营制度。党的二十大报告再次强调要"巩固和完善农村基本经营制度。"对农村基本经营制度，党中央的文件中曾先后用过三个概念：稳定和完善、坚持和完善、巩固和完善，用词的分量一次比一次重，充分反映了党中央对长期稳定实行农村基本经营制度的决心和信心。

（一）要全面理解坚持和完善农村基本经营制度的政策含义

1984 年的"中央 1 号文件"，首次提出延长土地承包期，鼓励农民增

---

① 习近平：《论"三农"工作》，中央文献出版社，2022 年版，第 9 页。

② 习近平：《论"三农"工作》，中央文献出版社，2022 年版，第 80 页。

③④ 习近平：《论"三农"工作》，中央文献出版社，2022 年版，第 81 页。

加投资，培养地力，实行集约经营，并明确土地承包期一般应在 15 年以上。1993 年，"中央 11 号文件" 又提出，十五年承包到期后，再延长 30 年不变。2017 年，党的十九大报告再次明确，第二轮土地承包到期后再延长 30 年。人们对这个问题很关注，习近平总书记对此说，"明确再延长土地承包期 30 年，从农村改革之初的第一轮土地承包算起，土地承包关系将保持稳定长达 75 年，既体现长久不变的政策要求，又在时间节点上同实现第二个百年奋斗目标相契合"。① 可见，在迈向全面建成社会主义现代化强国的整个进程中，我们都要坚持实行农村基本经营制度。

为什么要坚持、怎样坚持农村基本经营制度，习近平总书记对此有深刻、精辟的论述。他说："农村基本经营制度是党的农村政策的基石。坚持党的农村政策，首要的就是坚持农村基本经营制度。坚持农村基本经营制度，不是一句空口号，而是有实实在在的政策要求。具体讲，有三个方面的要求。第一，坚持农村土地农民集体所有。这是坚持农村基本经营制度的'魂'。农村土地属于农民集体所有，这是农村最大的制度。农村基本经营制度是农村土地集体所有制的实现形式，农村土地集体所有权是土地承包经营权的基础和本位。坚持农村基本经营制度，就要坚持农村土地集体所有。第二，坚持家庭经营基础性地位。家庭经营在农业生产经营中居于基础性地位，集中体现在农民家庭是集体土地承包经营的法定主体。农村集体土地应该由作为集体经济组织成员的农民家庭承包，其他任何主体都不能取代农民家庭的土地承包地位。农民家庭承包的土地，可以由农民家庭经营，也可以通过流转经营权由其他经营主体经营，但不论承包经营权如何流转，集体土地承包权都属于农民家庭。这是农民土地承包经营权的根本，也是农村基本经营制度的根本。第三，坚持稳定土地承包关系。现有农村土地承包关系保持稳定并长久不变，这是维护农民土地承包经营权的关键。任何组织和个人都不得剥夺和非法限制农民承包土地的权利。要强化对土地承包经营权的物权保护，完善土地承包经营权权能，依法保障农民对承包地占有、使用、收益、流转及承包经营权抵押、担保权利。建立土

① 习近平：《论"三农"工作》，中央文献出版社，2022 年版，第 245 页。

地承包经营权登记制度，是实现土地承包关系稳定的保证，要把这项工作抓紧抓实，真正让农民吃上'定心丸'。"①

从习近平总书记的重要论述中，可以清楚地看到，农村基本经营制度，实际上是农村土地集体所有制和农村集体经济组织这两大制度的具体实现形式，即农民集体所有的土地由作为集体经济组织成员的农民家庭承包经营。这表明，要坚持农村基本经营制度，首先就必须坚持农村土地集体所有制度、坚持农村集体经济组织的制度，离开了这两项制度，农村基本经营制度就会成为无本之木、无源之水。

我国农村实际上有四项基本制度，即农民土地集体所有的制度、农村集体经济组织的制度、农村基本经营制度，以及党组织领导的村民自治的农村社会治理制度。由于这四项基本制度的存在，就产生了农民作为集体经济组织成员所享有的四项基本权利：土地承包经营权、宅基地使用权、集体收益分配权、参与农村基层社会治理的自治权。改革开放以来我国农村所形成的这四项基本制度和农民所享有的这四项基本权利，确保了在经济体制深入变革和社会快速转型的过程中，农民这个最大的社会群体没有发生两极分化，确保了农民家家有地种、户户有房住、人人有饭吃，这就保证了农村社会的稳定，并为整个国家顺利推进改革开放提供了强有力的支撑，也为实现农村农民共同富裕提供了重要的制度保证。

但只靠一家一户小规模、分散的、粗放的生产经营，怎么能发展现代农业？于是，在工业化、城镇化不断推进的背景下，中央又及时提出了农村承包土地"三权分置"的制度创新和发展新型农业经营形式的要求。

（二）要使农村基本经营制度更加充满持久的制度活力

习近平总书记指出："20 世纪 80 年代初搞包产到户时，99% 以上的农业经营主体都是承包户，土地承包者就是经营者。现在，承包经营权流转的农民家庭越来越多，土地承包主体同经营主体发生分离，这是我国农业生产关系变化的新趋势。这个变化对完善农村基本经营制度提出了新的要求。要不断探索农村土地集体所有制的有效实现形式，落实集体所

① 习近平：《论"三农"工作》，中央文献出版社，2022 年版，第 82-83 页。

有权、稳定农户承包权、放活土地经营权，加快构建以农户家庭经营为基础、合作与联合为纽带、社会化服务为支撑的立体式复合型现代农业经营体系。"①

据农业农村部统计，到 2020 年底，农村集体经济组织耕地总面积 17.75 亿亩，其中承包到户的面积 15.62 亿亩，承包农户 2.3 亿户，户均承包耕地面积 6.8 亩。已转出承包耕地经营权的农户约 7600 万户，约占承包农户总数的 33%，其中有约 3200 万户已不再经营耕地；转出经营权的承包地面积 5.32 亿亩，约占农户承包耕地总面积的 34.06%。从目前情况看，经营耕地面积在 10 亩以下的农户仍有 2 亿户，10～30 亩的有 2923 万户，30～50 亩的有 700.8 万户，50～100 亩的有 291.7 万户，100～200 亩的有 109.4 万户，200 亩以上的有 50.6 万户。有些人认为这似乎不够理想，几十亩地、一两百亩地的经营规模，能发展现代农业吗？但是，看问题必须从中国的实际国情出发，对于承包耕地经营权的流转，既要考虑农民的切身利益，又要考虑国家所处的发展阶段。习近平总书记说："创新农业经营体系，放活土地经营权，推动土地经营权有序流转，是一项政策性很强的工作。要把握好土地经营权流转、集中、规模经营的度，要与城镇化进程和农村劳动力转移规模相适应，与农业科技进步和生产手段改进程度相适应，与农业社会化服务水平提高相适应，不能片面追求快和大，不能单纯为了追求土地经营规模强制农民流转土地，更不能人为垒大户。要尊重农民意愿和维护农民权益，把选择权交给农民，由农民选择而不是代替农民选择，不搞强迫命令、不刮风、不一刀切。"② 他还说："我多次强调，农村土地承包关系要保持稳定，农民的土地不要随便动。农民失去土地，如果在城镇待不住，就容易引发大问题。这在历史上是有过深刻教训的。这是大历史，不是一时一刻可以看明白的。在这个问题上，我们要有足够的历史耐心。"③

发展现代农业，并非只有土地经营权流转、集中、规模经营这一条路，

---

① 习近平：《论"三农"工作》，中央文献出版社，2022 年版，第 83-84 页。

② 习近平：《论"三农"工作》，中央文献出版社，2022 年版，第 86 页。

③ 习近平：《论"三农"工作》，中央文献出版社，2022 年版，第 200-201 页。

还有发展农业社会化服务另一条路。习近平总书记指出："我国人多地少矛盾十分突出，户均耕地规模仅相当于欧盟的 1/40、美国的 1/400。'人均一亩三分地，户均不过十亩田'，是我国许多地方农业的真实写照。这样的资源禀赋决定了我们不可能各地都像欧美那样搞大规模农业、大机械作业，多数地区要通过健全农业社会化服务体系，实现小规模农户和现代农业发展有机衔接。"①

发展土地规模经营和农业社会化服务，都是我国现阶段推进农业现代化的有效途径，但从当前情况看，农业社会化服务可能具有更广泛的适应性。第一，引导承包土地经营权的流转、集中、规模经营需要相应的时间和条件。习近平总书记指出："一方面，我们要看到，规模经营是现代农业发展的重要基础，分散的、粗放的农业经营方式难以建成现代农业。另一方面，我们也要看到，改变分散的、粗放的农业经营方式是一个较长的历史过程，需要时间和条件，不可操之过急，很多问题要放在历史大进程中审视，一时看不清的不要急着去动。"② 第二，在相当长时期内，小规模经营的农户还将占多数。习近平总书记指出："创新农业经营体系，不能忽视了普通农户。要看到的是，经营自家承包耕地的普通农户毕竟仍占大多数，这个情况在相当长时期内还难以根本改变。"③ "我国小农生产有几千年的历史，'大国小农'是我们的基本国情农情，小规模家庭经营是农业的本源性制度，人均一亩三分地、户均不过十亩田的小农生产方式，是我国农业发展需要长期面对的现实。"④ 第三，通过承包流转耕地形成的新型农业经营主体的耕地规模也很有限。到 2020 年底，全国经营土地面积超过 30 亩的主体只有 1152.5 万户，只占全部耕地经营户总数的 4.79%，而从事粮食种植的家庭农场，平均耕地经营规模也只有 129 亩。这样的经营规模，仍然很难购置得起耕、种、管、收等全套现代农业的技术装备，仍然需要农业社会化服务体系的支撑和帮助。由此可见，在现阶段，土地流转、集

---

① 习近平：《论"三农"工作》，中央文献出版社，2022 年版，第 279 页。
② 习近平：《论"三农"工作》，中央文献出版社，2022 年版，第 200 页。
③ 习近平：《论"三农"工作》，中央文献出版社，2022 年版，第 87 页。
④ 习近平：《论"三农"工作》，中央文献出版社，2022 年版，第 245 页。

中、规模经营覆盖不到的地方，农业社会化服务体系可以覆盖。据农业农村部统计，2020 年各种形式农业社会化服务的作业面积已经达到 16.7 亿亩次，服务的农户达到 7800 万户。据农业农村部对 2672 个样本的抽样调查，接受农业社会化服务的生产经营方式，与农民自种相比，稻谷、小麦、玉米单季亩均成本分别降低 7.3%、8.2%、0.7%，亩均产量分别增长 8.7%、9.8%、10.4%，亩均纯收益分别提高 23.0%、26.5%、20.2%；与流转土地的规模经营户相比，稻谷、小麦、玉米单季亩均成本分别降低 35.5%、50.4%、48.0%，亩均产量分别增长 5.7%、4.1%、4.0%，亩均纯收益分别提高 94.1%、195.5%、76.3%。这是因为社会化服务这种方式，使小农户通过购买服务就能使用现代农业技术装备，而相对于土地流转，它又规避了地租成本。这说明，在我国现阶段，农业社会化服务，不仅具有更广的适应性，还具有更强的生命力。当然，如果能将土地适度规模经营与农业社会化服务结合起来，效果将会更好。

但是，无论是发展土地规模经营还是农业社会化服务，它的前提都必须是巩固和完善农村基本经营制度，而农村基本经营制度的"魂"在于农民土地的集体所有、"根"在于农村集体经济组织。

三、实施乡村振兴战略与加快形成新型工农城乡关系

处理好城乡关系始终是治国理政要面对的重大问题。习近平总书记指出："我们一定要认识到，城镇和乡村是互促互进、共生共存的。能否处理好城乡关系，关乎社会主义现代化建设全局。"[①] "城镇化是城乡协调发展的过程，不能以农业萎缩、乡村凋敝为代价。"[②] "要坚持以工补农、以城带乡，推动形成工农互促、城乡互补、全面融合、共同繁荣的新型工农城乡关系。"[③] 实施乡村振兴战略，正是基于这样一种理念而提出来的。

（一）全面认识实施乡村振兴战略的必要性

实施乡村振兴战略的必要性，至少要从两方面看：一是正如习近平总书记所指出的那样："必须看到，我国幅员辽阔、人口众多，大部分国土

---

①②③ 习近平：《论"三农"工作》，中央文献出版社，2022 年版，第 242 页。

面积是农村，即使将来城镇化水平到了70%，还会有四五亿人生活在农村。"① 因此，必须建设农民的宜居宜业和美乡村，才能使广大农民与全国人民一道，实现对幸福生活的向往。二是乡村具有城镇不具备但却是国家（包括城镇）发展不可或缺的特有功能。例如，粮食和重要农产品的供给功能、为整个国家提供生态环境保护的功能、传承和弘扬中华民族优秀传统文化的功能等。所以，习近平总书记说："确保重要农产品特别是粮食供给，是实施乡村振兴战略的首要任务。"② "随着时代发展，乡村价值要重新审视。现如今，乡村不再是单一从事农业的地方，还有重要的生态涵养功能，令人向往的休闲观光功能，独具魅力的文化体验功能。"③ 因此，乡村振兴，不能片面理解为就是搞建设，而是必须要像总书记要求的那样："要注意生态环境保护，注意乡土味道，体现农村特点，保留乡村风貌，不能照搬照抄城镇建设那一套，搞得城市不像城市、农村不像农村。"④ 所以，乡村振兴，要重在巩固农业基础、守护青山绿水、传承民族优秀传统文化等乡村所特有的功能。城和乡有着不同的功能，这就跟一个人一样，人有五脏六腑、四肢五官，它们各有各的功能，五脏六腑完备、四肢五官齐整，才是健康的人，否则就是病人、残疾人。一个国家也是如此，只有使城镇和乡村所特有的不同功能都得到充分发挥，国家现代化的进程才是健康的、完整的，否则就是残缺的、不完整的。

（二）关于城镇化与农业转移人口市民化

习近平总书记指出："现在，农业人口向城镇集中是大趋势。"⑤ "当前，我国常住人口城镇化率已经突破了百分之六十。今后十五年是破除城乡二元结构、健全城乡融合发展体制机制的窗口期。"⑥ "要把该打开的'城门'打开，促进农业转移人口市民化。农民进城要符合客观规律，保持历史耐

---

①④ 习近平：《论"三农"工作》，中央文献出版社，2022年版，第100页，101页。

② 习近平：《论"三农"工作》，中央文献出版社，2022年版，第293页。

③ 习近平：《论"三农"工作》，中央文献出版社，2022年版，第249页。

⑤ 习近平：《论"三农"工作》，中央文献出版社，2022年版，第15页。

⑥ 习近平：《论"三农"工作》，中央文献出版社，2022年版，第16页。

心，不要大呼隆推进，更不要受不正确的政绩观所驱动。"①习近平总书记说的"不正确的政绩观"，在我看来：一是片面强调加快提高人口的城镇化率，似乎越快、越高越好，不顾客观规律和发展的阶段性特征要求；二是"醉翁之意不在酒"，说的是加快农业转移人口市民化，实际上就是想用农民的土地。

习近平总书记在2020年底的中央农村工作会议上，讲过一段极为深刻的话："应对风险挑战，不仅要稳住农业这一块，还要稳住农村这一头。经济一有波动，首当其冲受影响的是农民工。2008年国际金融危机爆发，2000多万农民工返乡。今年受新冠肺炎疫情冲击和国际经济下行影响，一度有近3000万农民工留乡返乡。在这种情况下，社会大局能够保持稳定，没有出什么乱子，关键是农民在老家还有块地、有栋房，回去有地种、有饭吃、有事干，即使不回去心里也踏实。全面建设社会主义现代化国家是一个长期过程，农民在城里没有彻底扎根之前，不要急着断了他们在农村的后路，让农民在城乡间可进可退，这就是中国城镇化道路的特色，也是我们应对风险挑战的回旋余地和特殊优势。"②

习近平总书记的这段话，深刻揭示了我国的基本国情、农业的基本特点、目前真实城镇化水平对人口的承载能力，以及我们应对外部环境不确定性的特殊优势等一系列重大问题，是指导我们科学推进城镇化和实现农业转移人口市民化的重要遵循。

我国的基本国情之一，是农业人口规模巨大，"大国小农"的状况不可能在短时期内就得到根本改变。农业的基本特点之一，是马克思所揭示的"生产时间与劳动时间不一致"，这个特点决定了农村劳动力可以利用农闲季节搞家庭副业或外出打工。真实城镇化水平对市民的承载能力，指城镇水、电、路、气等基础设施，产业吸纳劳动力就业，保障性住房、教育、医疗、最低生活保障等基本公共服务，以及对市民提供基本社会保障的能力。农业转移人口的市民化进程，必须与这些因素结合起来统筹考虑。

---

① 习近平：《论"三农"工作》，中央文献出版社，2022年版，第16页。

② 习近平：《论"三农"工作》，中央文献出版社，2022年版，第4—5页。

我国目前到底还有多少农业人口呢？第一个数据是农村常住人口不到 5 亿，第二个数据是农业户籍人口 7.6 亿，第三个数据是农村集体经济组织成员有 9 亿。这么大的差距，但各有各的口径。按在农村居住半年以上的时间算，不到 5 亿常住人口；加上没在城镇落户的农民工及其家属，就是 7.6 亿农业户籍人口；再加上村委会改居委会、乡镇改街道后，虽然户籍农改居了，但人还是农村集体经济组织的成员，就有了 9 亿人。所以三个数据都没错，但这么复杂，反映了国情的复杂性、农业的特殊性，以及目前城镇对市民承载能力的有限性所导致的结果。

家在农村或务过农的人都知道，由于农业生产时间与劳动时间的不一致，庄稼种上了以后，农民没有必要天天守在地里伺候它，尤其是大田作物，它自己会生长，只在必要的阶段，才需要人去照料。农民说，一年 12 个月，是"一个月过年，三个月种田，八个月挣钱"。他八个月在外挣钱的时候，村里就看不到多少人；但到春耕备耕、夏收夏种、秋收秋种的大忙季节，村里的人就多了不少，尤其是青壮年劳动力；过年时，村里的人就更多了。农村劳动力进城打工超过半年，但农忙季节他又回乡种了两三个月的地，你说他是农村人口还是城镇人口？确实说不清楚。所以，用一个口径确实是讲不清楚现在城乡人口的分布的，这也是我国当前这个发展阶段的基本特征之一。但实际情况究竟如何，我们自己必须心里有数。

习近平总书记说："现代化的本质是人的现代化，真正使农民变为市民并不断提高素质，需要长期努力，不可能一蹴而就，一部分农村劳动力在城镇和农村流动，是我国现阶段乃至相当长历史时期都会存在的现象。对这种'两栖人'、候鸟现象不要大惊小怪，也不要恶意炒作。对那些已经在城镇就业但就业不稳定、难以适应城镇要求或不愿落户的人口，要逐步提高基本公共服务水平，努力解决好他们的子女教育、医疗卫生、社会保障等需求，使他们在经济周期扩张、城镇对简单劳动需求扩大时可以在城镇就业，而在经济周期收缩、城镇对劳动力需求减少时可以有序回流农村。"[1] "在人口城镇化问题上，我们要有足够的历史耐心。世界各国解决这

① 习近平：《论"三农"工作》，中央文献出版社，2022 年版，第 58—59 页。

个问题都用了相当长的时间。但不论他们在农村还是在城市，该提供的公共服务都要切实提供，该保障的权益都要切实保障。"① 所以，当前急迫的还是像总书记所要求的那样，农业人口不论他们在农村还是在城市，该提供的公共服务都要切实提供，该保障的权益都要切实保障。

但是，我们的许多公共服务和社会保障，都是和户口联系在一起的，而户口又是和想落户人的稳定住所联系在一起的。进城农民工及其家属，在打工城市因陋就简地找个住所容易，但要有个能落户的住所就难了，买得起商品房和能分到保障性住房的都是凤毛麟角，绝大多数都是租赁的私房，虽然国家有"租售同权"的政策，但愿意让租户在出租房里落户的房东，大概也是凤毛麟角。

浙江省是全国城乡关系处理得最好的省份之一。2021 年有农业转移人口 1746.8 万，超过全省常住人口的 1/4，其中省内农业转移人口 222.8 万，省外 1524 万。其中有自购房的占 6%，住在工地和单位的占 18%，其他如投亲靠友等占 8%，68% 是租赁住房。浙江省 2020 年就出台了允许租房落户的政策，但到 2022 年 3 月底，全省租房落户的共计 917 人，其中，在租赁房落户 154 户、487 人，在社区集体户落户的有 430 人。为什么这么少？除了房东的态度之外，就是落了户可以向当地政府申请保障性住房、最低生活保障、社会救助、优军优抚服务以及子女在当地参加中考、高考升学等。如果都给，不仅远远超出目前城镇所能提供的公共服务和社会保障能力，还会动了原有城镇居民的"奶酪"，可能引起新的社会矛盾。所以，从总体上看，主要矛盾还是当前城镇经济的实力不够、向农业转移人口提供与本地市民同等的基本公共服务和社会保障的能力不足。因为我国目前的人均国内生产总值，毕竟只相当于发达国家的 1/3 甚至 1/4，因此加快发展，才是解决这些矛盾和问题的硬道理，但这就需要一定的时日。

（三）抓住信息化快速发展的机遇，叠加推进"四化"同步发展

有一个新趋势应当引起我们高度重视，那就是信息化快速发展下的"四化"同步发展。习近平总书记在党的十九大报告中指出，要"推动新

---

① 习近平：《论"三农"工作》，中央文献出版社，2022 年版，第 59 页。

型工业化、信息化、城镇化、农业现代化同步发展。"① "四化"同步发展在2005年制定"十一五"规划时就提出来了，但习近平总书记对此作了更为深刻的论述："我国现代化同西方发达国家有很大不同。西方发达国家是一个'串联式'的发展过程，工业化、城镇化、农业现代化、信息化顺序发展，发展到目前水平用了二百多年时间。我们要后来居上，把'失去的二百年'找回来，决定了我国发展必然是一个'并联式'的过程，工业化、信息化、城镇化、农业现代化是叠加发展的。"② 理解习近平总书记这一论述的深刻含义、关系重大！因为时代不同了，尤其是由于信息化（互联网加数字经济）的横空出世，我们的现代化就有可能取得后发优势，不必沿着西方发达国家走过的路亦步亦趋地跟着走一遍。就像习近平总书记说的那样："信息化是'四化'同步发展的加速器、催化剂。网信事业代表着新的生产力和新的发展方向，应该在践行新发展理念上先行一步。信息技术创新的扩散效应、信息和知识的溢出效应、数字技术释放的普惠效应日益凸显，我们要围绕建设现代化经济体系、实现高质量发展，加快信息化发展，整体带动和提升新型工业化、城镇化、农业现代化水平。"③ 信息化的发展，不仅催生了许多新产业、新业态，而且也改变着国民经济的产业结构和空间布局，这必将对人口的城乡分布和就业格局、对人们的生产和生活方式都产生深刻而长远的影响。对此，我们应当予以高度关注，要抓住信息化带来的巨大机遇加快建设农业强国，并努力促进信息化加快融入农民的生活和农村的社会治理，以带动和提升农业、农村、农民的现代化水平。

---

① ③ 习近平：《论"三农"工作》，中央文献出版社，2022年版，第37页。
② 习近平：《论"三农"工作》，中央文献出版社，2022年版，第33页。

深化粮食流通体制改革 努力维护国家粮食安全

高铁生 原国家粮食储备局局长
原中国储备粮管理总公司总经理

流通是社会再生产和国民经济循环的重要环节。搞好粮食流通是维护国家粮食安全必不可少的保障条件。只有具备健全的粮食市场体系、合理的粮食价格形成机制、充足可靠的粮食储备、畅通便捷的粮食物流通道，才能切实提高粮食流通效率，降低粮食流通成本，高效对接粮食生产与消费，从容应对自然灾害和对冲国际市场风险，更好地满足人民群众美好生活需要。

本文将从以下几个方面表述中国粮食流通改革对维护国家粮食安全的重要性，以及深化改革的若干思索及建议采取的政策措施。

一、中国粮食流通改革对中国粮食安全具有特殊重要性

这主要取决于中国国情和粮情的几个特点：

（一）存在粮食产销区之间的很大的离散性

中国幅员辽阔，由于自然条件和地区经济生产效率不同等多方面原因，粮食产区、销区分布不均衡，供给与销售衔接有较大难度。

（二）饲料粮进口逐年增多，分流任务较重

由于耕地和淡水资源有限，在口粮得到绝对保障的前提下，我国每年还要进口相当数量的饲料粮，以满足日益增长的肉蛋奶需求。这其中主要是大豆，年进口量在1亿吨上下。这既需要优化进口来源，又需要在到港后做好海陆分流工作。

（三）解决"小农户"与大市场的矛盾，要求建立完善的市场流通体系

在中国的农业生产主体中，小农户占95%以上。众多"小、散、弱"的粮食生产主体，需要通过多层级的现货和期货市场中介参与粮食交易，而且还需要妥善处理好政策性收购和市场化收购之间的关系。

（四）自然灾害频仍，丰歉调节十分重要

我国气候、地理环境非常复杂。水旱等自然灾害几乎年年都有。做好地区之间、年度之间的丰歉余缺调剂，保持市场总体平稳运行，保证城乡居民和企业的正常供应，任务繁重，对粮食仓储、物流、应急加工调运提出很高的要求。

（五）国际形势复杂多变，粮食内外贸易备受考验

加入世界贸易组织（WTO）之后，为我国利用两个市场、两种资源带来新的机遇和挑战。受国际市场起伏波动和地缘政治影响，粮食进出口形势复杂化。国内外粮价倒挂、进口配额调剂作用有限、粮食替代品进口压力加大、进口来源与渠道有待优化，粮食市场调控难度明显增加。

（六）人民对美好生活需要，推动粮食流通转型升级

随着人民生活水平的提高，对食品的需求由吃得饱转向吃得好、吃得安全、吃得有营养。但现有的流通体系还没有把这种需求端的新要求传导到生产端、供给端。对多层次、多元化、高水平的食物需求缺少灵敏反应，导致市场上和库存中的粮食，不能满足加工企业和消费者对专门化、高品质粮食的需求。

（七）社会长期存在的"重生产、轻流通"的思维惯性

以往中国粮食长期"产不足需"的压力导致形成"重生产、轻流通"的思维惯性。大家对"手中有粮、心中不慌"印象深刻，追求粮食高产干劲充足。但是，对手中的粮食如何高质量、高适配，并且最大限度降低产后集采成本，减少物流和加工仓储中浪费，顺利畅达消费者手中，缺乏足够的重视和应对之策。显然，粮食流通高效运转还有较大的提升空间。

（八）受粮食特殊论影响，粮食流通改革相对滞后

中国粮食流通改革滞后于整个流通体制改革。粮食流通中行政干预较多，粮食市场带有明显的"政策市"特点，过分强调"国有粮食企业是主渠道"，相关政策不利于民营粮食企业发展。

二、改革开放以来，中国粮食流通取得显著成就

中国粮食流通改革是中国经济体制改革的重要组成部分，为中国粮食安全做出了重大贡献。经历了40多年的改革历程，中国粮食流通发生了显

著变化，取得了一系列令人瞩目的成果。

（一）粮食价格基本放开

目前，除稻谷、小麦保留了最低收购价格，只在市场价格过低时启动收购外，其他粮食批发零售价格全都放开，不同品种、不同质量、不同地区的粮食基本上形成合理的比价关系。粮食价格机制在资源配置中发挥着举足轻重的作用。

（二）粮食市场体系基本形成

粮食通过三级市场开展交易。集贸市场、地方批发市场、全国批发市场由下至上连续贯通。各级交易商活跃其间。现货市场、期货市场紧密联系，相互补充。借助于互联网等科技支撑，粮食线下交易与线上交易相互结合，中央和地方储备粮的吞吐轮换，更多地通过网上竞买竞卖。全国粮食统一市场基本形成，粮食流通现代化稳步推进。

（三）粮食物流发展迅速

得益于中国整个交通体系现代化，特别是现代信息技术快速发展的支持，中国粮食物流发展迅速。服务于北粮南运和进口粮食的合理分流，已初步形成纵横交错的"粮食走廊"和粮食物流园区。"公、铁、水"紧密衔接、连续运输为跨区运粮提供极大便利。粮食运输工具不断改进、完善，作业效率显著提高，物流成本持续下降。

（四）粮食仓储设施规模化建设成绩显著

改革开放后，经过先后几批粮食仓储设施大规模建设，可谓旧貌换新颜，取得了巨大成绩。特别是1998年开始的三批利用国债建库一直持续到不久前启动的中央储备粮大规模新库建设，迄今已有上千座的大中型粮库分布产区、销区，从根本上扭转了粮食露天储存、简易仓储的落后局面，形成了举世瞩目粮食现代化储存、管理的壮观景象。其规模化建设和信息化、智能化进展，为国家粮食安全做出巨大贡献，成为中国粮食流通现代化的重要标志，具有世界范围公认的示范性。

（五）粮食储备实力雄厚，体系完整齐备

我国粮食储备具体数量虽尚未公开，但规模远超联合国粮食及农业组织的谷物库存消费比。其中，要求产区按三个月、销区按六个月、平衡区按四个半月的消费量储备，大体传递出储备的总量。然而这个比例尚未包括中央在各地的储备数量。与此同时，我国已公开主要口粮稻谷、小麦的储存大体上能满足 14 亿人口一年的消费。所以担心存粮不足，已成杞人之忧。中国粮食储备体系有中央储备和地方储备之分，地方储备往往又分解为省、市、县三级储备。一些重点城市建立了应急储备。按相关规定，还要求粮食企业建立社会责任储备。正是基于中国的储备实力雄厚、体系完备，我们才有底气提出建立世界粮食命运共同体和粮食安全共治机制。

（六）加入世界贸易组织（WTO），充分利用两个市场、两种资源维护国家粮食安全

加入 WTO 后，我国得以充分利用国内外两个市场、两种资源维护国家粮食安全。通过粮食进口有效地缓解了国内耕地和水资源的不足，实现了某些品种的余缺调剂，特别是满足了饲料粮不断增长的需求，为更好地满足人民群众美好生活需要，发挥了重要作用。一些合资企业的进入，也对粮食市场的活跃和多样化食品的供应起到了一定的补充作用。

（七）粮食流通主体逐步发育成长

改革开放，特别是加入 WTO，为我国粮食企业提供了加快成长的环境和条件。中粮、中储粮这样一些大型现代化粮食企业相继出现，在国内外粮食企业竞争中崭露头角。当然，与 ABCD 这样一些国际大粮商相比，我们旗舰型粮食企业数量太少。但是，依托中国超大规模的粮食产销数量和底蕴深厚的粮食市场，我国的大粮商正在快速成长。

（八）政府对粮食市场调控积累了一定的经验

粮食市场的正常运转和调控同样需要市场有效和政府有为。加入 WTO 对政府应对国际市场冲击和跨区调剂是一个考验和锻炼。在玉米"去库存"过程中，与粮商攻守博弈也历经曲折备受考验，加之，自然灾害频仍也锻炼了运筹调控能力，积累了一定的经验。

（九）粮食安全党政同责的高标准严要求，增强了地方各级党政搞好粮食流通的责任担当

全面落实粮食安全党政同责，对妥善解决粮食省际间和省内间跨地区调剂起着重大作用，对地方落实建设粮库和物流设施，确保地方粮食储备规模和质量，提供了组织上的保障。

（十）粮食流通法律法规建设正在稳步推进

《中华人民共和国粮食安全保障法》已正式公布，自 2024 年 6 月 1 日起施行。《粮食流通管理条例》历经多次修订，一批涉及粮食流通监督管理的法规、办法，正在有效实施。

三、当前我国粮食流通中存在的一些主要问题

（一）粮食价格尚未完全理顺，最低收购价格有待完善

我国对稻谷小麦实行最低收购价格政策以来，几经改进完善。但是，仍未克服对粮食品质的逆向调节作用，主要是这种收购价格模式叠加相应的收储标准，客观上会引导粮农规避品种、品质的优化选择，而是瞄准最低收购价格和相应标准，生产和出售虽然合规却不优质的普通稻谷和小麦，导致市场和储备中，"大路货"粮食居多，不利于粮食结构调整和品种品质优化，甚至出现在有些产地，"吃的不卖，卖的不吃"这种怪现象。由于这种最低价粮收购范围仅限于部分省（区），很难避免收购品种由非价格区向价格区"违流"运输。而且"托市价"高于国际市场价格，也很难杜绝走私行为和替代产品大量流入。

（二）储备规模缺乏科学论证，国家储备易对市场产生"挤出效应"

由于国际形势错综复杂，以及中国国情粮情特殊的原因，中国应当适当多储备一些粮食，不必以联合国粮食及农业组织的谷物库存消费比（17% ~ 18%）为限。但是，究竟应当多储多少为宜？总不能说越多越好吧！但很可惜，改革开放 40 多年了，作为粮食生产和消费大国，我们一直没有这方面经过科学论证和各方认可的数据、公式、数学模型。反之，在现实中多年来存在一直不断增加的趋势。一些年份由于出台玉米临储政策，导致仓满为患、财政负担过重，不得不实行"去库存"。规模过大的粮食储备，势必对市场的作用产生挤压，形成"政策性"市场特征。而且每年大约 1/3 储备粮食需要轮换，也会对粮食市场产生冲击，致使以平抑市场波动为己任的储备粮反而引发波动。

（三）粮库布局不合理，不少粮库"两头在外"，产生储备"负效应"

粮食物流提速和产销格局变迁，使现有粮库显得布局过密。往往一个县（区）存在几个粮库，造成土地和储备资源的很大浪费。在一些省

（市），由于高速公路和铁路线路密集且便捷，省城到县里仅一个小时车程，遂使储备粮有效辐射半径增大，其保障覆盖面扩展，再保留过多粮库已无必要。特别值得注意的是，目前不少粮库轮入轮出均呈现"两头在外"。其储备运作游离于当地供求之外。这些粮库已失去应有的储备作用，成为陡然增加人力、物力、财力负担的"负效应"储备。

（四）央地两级储备缺乏有效协同，多层次储备内卷严重

根据中国国情粮情建立中央与地方两级粮食储备有其必要性。但目前两级储备缺乏必要的协调分工，未能形成良性倍加效应，反而时常在收购和销售方面出现过度乃至恶性竞争。在一些县乡层级往往央、省、市、县多级粮库并存，远超实际需要。而且多数央地储备没有应对突发情况的启动顺序和合作机制及其必要的预案。甚至在制定仓储物流建设规划时，各搞一套、平行并立，造成不应有的重复建设。

（五）产业链、供应链存在人为割裂，造成效率流失

粮食储备与加工相结合形成前后连续的产业链和供应链，具有其经济合理性，也是国内外粮食行业的通行做法。但是，基于对 1998 年提出的"四分开"的简单片面的理解，按现行相关规定，要求承担储备粮储存的央地直属粮库把附属加工业务剥离出去。本来一些储备企业通过加工轮换，既能低成本顺利完成轮换，又能为调控市场发挥作用，而且有利于借此了解本地市场，合理调整储备品种，但被普遍叫停。在一些地方，甚至不允许储备企业与加工企业建立稳定的产业链协作关系。以致连储备油脂前厂后库上下游的合理加工生产流程，近年来被要求"脱钩""断链"，生硬地把一条完整的生产线拆分成两个部分，分别由两家企业经营。由此必然导致成本增加、效率降低、平添管理难度。这种做法违反经济规律，不利于生产力水平的提高，不仅在国际上罕见，也被国内民营粮企弃之不用。这说明，粮食系统贯彻习近平总书记关于"产业链、供应链、价值链"三链结合的系统思维还有明显的差距。

（六）盲目排斥经营，导致资源浪费

为了更好地维护国家粮食安全，服务于国家宏观调控，要求国家粮食储备企业，不要偏离储备主业，去从事粮油经营性业务是完全必要的。但是，如果粮库本身自有的铁路专用线及其罩棚，粮库自身的水运码头和临

街空间、自有耕地、果园等，宁可投闲置散、白白浪费，也不许对社会提供开放服务，那岂不是与经济效益过不去？这种对"经营"的盲目排斥，势必导致资源浪费和潜在经济效益的虚掷。其实，国家粮食储备要排斥的是超范围经营，而非必要经营理念。因为在储备粮的收储、轮换、拍卖、吞吐、投放等环节，都应当用经营理念和方略去指导。搞好粮食流通不能对"经营"二字畏之如虎。习近平总书记在论及基本农田建设时，谆谆告诫我们要有算账的观念，这一指示在粮食流通和储备中也同样适用。

（七）粮食收储政策缺乏追踪校正机制，往往造成巨大损失

作为一个大国，因国情粮情变化出台临时性涉粮政策是难以避免的。近些年来，在粮食收储方面的临时政策多数事出有因、施策有据。但存在一个通病，即政策出台后缺乏追踪校正机制，当粮情后续发生反转变化而不能及时进行调整。最典型的案例是 2007～2017 年的玉米临储政策。2007 年这一政策出台对保护农民种植玉米的积极性、保持适量玉米库存、维护市场稳定发挥了重要作用。但是，经过连续几年提价收储，形势出现明显变化。到 2012 年，玉米库存充盈，国外玉米替代品大量进口。显然，玉米临储政策应当及时加以调整。但是，却没有任一相关部门出来及时校正。一直到 2016 年，情况已非常严重，仓满为患，财政不堪重负，才不得不取消这一政策，改为反向"去库存"。由于这一政策调整的严重滞后，造成巨额财政负担。可见，粮食流通中缺少政策执行中的纠错机制和对相应错误的事后追责机制。此事亟待亡羊补牢。

（八）"主渠道"的提法和相关政策不利于民营粮企的发展

在粮食流通领域"国有粮食企业是主渠道"的论断影响甚广。这一论断引致的银行贷款等相关政策，使一些民营粮企争相戴"红帽子"，搞"假国企"或"国有控股"企业。显然，这一"主渠道"的论断和相应政策不利于民营粮企的发展。

（九）粮食生产和消费脱节形成流通梗阻

一些政策性收储的粮食品种长期压库导致陈化，不得不退出口粮范围而转作饲料或工业加工原料。造成这种情况存在多方面原因，如缺乏必要的轮换机制，但产不适销也是一个重要因素。目前消费已提质升级，但是粮食生产还没有跟上消费变化节奏。生产端对作物的品质要求与加工企业

和消费者对粮食品质的要求不相匹配，这就导致粮食加工企业和消费者需要优良品质和专业化、专门化品种的粮食，而我们粮库里缺少适配的品种和品质，导致收储的粮食很容易积压在流通环节形成某种"堰塞湖"。近年来，我们为解决大豆过度依赖国际市场，推出扩大大豆种植的鼓励政策。但是，由于增产的大豆品种和市场需求不相吻合，销售不畅，不得不安排暂时收储，等待后续处理，再次反映产销脱节问题，亟待重视解决。

（十）政企不分时有反复，改革有走回头路之虞

改革开放以来粮食流通现代化进程和央地粮食储备体系管理实践充分证明，坚持政企分开，避免各级粮食行政管理部门既当裁判员，又当运动员，是遏制粮食流通领域腐败现象和提高粮食流通效率、降低粮食流通成本，特别是保障央地两级粮食储备高效安全运行的重要保障，是粮食流通体制改革必须毫不动摇加以坚持的一条红线。但是，近年来出现了一种错误的反思，倾向于用管理取代改革，用回归政企合一的办法去防止腐败、防范风险。这样的改革方案可能会暂时搁浅，但作为一种思路和倾向，必须认真加以克服和杜绝。

四、改革方向和政策建议

（一）认真学习习近平总书记关于国家粮食安全的重要论述，树立搞好粮食流通的辩证思维和系统观点

习近平总书记关于粮食安全和粮食流通有很多重要论述，我们要认真学习。这里择其要者，略加引述。例如，习近平总书记强调要"深化粮食收储制度改革"，"让价格反映市场供求"，"农民种什么、养什么，要跟着市场走，而不是跟着政府走"，"农业结构往哪个方向调，市场需求是导航灯"；又如，"要坚持数量质量并重，在保障数量供给的同时，更加注重农产品质量和食品安全"，要"更好满足人民群众对优质化、多样化的农产品需求"；再如，"当前，国内粮食库存较多，仓储补贴负担较重。……减轻财政压力"，"要优化应急物资品种和储备布局，要合理确定储备规模"等。对这些重要论述，我们要认真学习、掌握精髓要义，真正树立起搞好粮食流通的辩证思维和系统观点。解决好当前存在的现实问题，进一步深化中国粮食流通体制改革，牢牢把握中国粮食安全的主动权。

（二）重新审视现行粮食流通政策，认真总结决策、施策的经验教训

鉴往知来，今后在粮食流通政策设计出台前要加强科学论证，避免短期政策长期化、常态化。政策出台后，要明确负责部门或机构，做好跟踪调研，并依据政策实施效果及时进行必要的调整和校正，避免政策红利消失后继续施行导致重大损失。一定要搞好政策后评估，并建立起决策、施策相关部门的责任追究机制。

（三）提高政治站位，坚持正确改革方向

中国粮食流通改革成就举世瞩目。但仍有一些有待深化改革的领域和需要破解的深层问题。这些问题如果不能妥善解决，会明显增加国家粮食安全运行成本，甚至会在一些重大原则性问题上重蹈覆辙。当前，需要警惕的是以加强管理代替深化改革。针对一些现实中的突出问题，加强管理是必要的，但是问题的根子往往是改革不到位。因此，必须从政治高度上不断提高改革的自觉性和主动性，通过深化改革加以解决。

（四）科学确定粮食储备规模，优化储备结构和布局

作为一个拥有14亿多人口的粮食生产和消费大国，为了维护国家粮食安全，究竟应当储备多少粮食合适？这应当是国家粮食部门和相关企业思之念之的头等大事。但是，一直存在"多比少好""多多益善"的观念误导，国家相关部门应尽快立项，限期完成这一重大课题。在此前提下，根据国内外形势发展、人民群众需要的变化，实行规模动态调整、结构不断优化，并精准空间布局，提高集约化程度，消除无效储备，用科学合理的运行成本，更好地维护国家粮食安全。

（五）重构央储、地储关系，提高储备整体效能

现行央地粮食储备组织架构的设立，侧重分散财政负担，未能注重提高整个储备体系的效能。当前，急需研究央地两级储备之间建立一种在储备品种、布局、动用等方面的互补联动效应，切实解决好统筹规划、联合调度的问题，避免重复建设和相互脱节，用大局观和效率意识使两级储备发挥最大化效用。

（六）充分利用科技赋能，推进粮食流通现代化

以互联网为代表的现代信息技术给粮食流通带来革命性变化。当前，我们应当积极主动利用科技进步和数字化成果，大力推动粮食物流和仓

储设施信息化、智能化转型。通过发展粮食电商，把线上线下交易结合起来，推进智能化粮库建设，发挥远程监管监控作用，运用人工智能和粮食作业机器人减轻危重体力作业。努力运用先进装备与技术改进仓储设备和服务，更好适应优质，特别是专业化品质粮食收储需要。运用大数据、区块链等技术手段掌控和监视粮食收购、存储、加工各环节粮食数量、区位和价值变化情况，尽量避免或减少用行政手段简单化处理储备与加工等产业链、供应链中的复杂关系，割裂其内在联系，导致效率和效益损失。

（七）准确认识储备与经营的关系，摒弃盲目排斥经营的陈旧观念

在整个粮食流通中，经营的观念和运作贯穿始终。对于以储备管理为主的央地储备企业，储备与经营的关系有其特殊性。这主要体现在粮食储备企业不应从事更多的超出轮换的经营业务。但是储备企业的收购、投放、拍卖以及对空闲场地、设施，包括铁路专用线和岸线码头的利用，都应以经营观念为指导，进行必要的经济核算，使储备企业的一切有潜在价值的资源都被充分利用起来，尽量达到物尽其用，价值得以变现，努力增加合理合法收入，更多地增加社会财富。

（八）抓住重点、特点，把反腐斗争进行到底

近年来粮食流通领域腐败案件多发、频发，引起了全社会广泛关注。习近平总书记明确指出，要加强粮食流通领域和储备系统的反腐败斗争。中纪委高度重视，深入实际、揭示出一批具有典型特点的腐败案例，给粮食流通领域反腐败斗争作出示范。我国粮食流通领域应以清醒认识和果决行动回应党和全国人民对这场斗争的关切，要认真研究粮食流通领域腐败现象和行为的深层次原因和特有性质，努力探索其一般性和特殊性，特别是找出体制、机制和政策上的漏洞，从源头上，从管理架构设计上，采取得力措施，防范一切内源性和输入性腐败风险，坚决打赢粮食流通领域反腐败斗争。

大食物观：结构变化、政策含义与实践逻辑 *

程国强　中国人民大学吴玉章讲席教授
国家粮食安全战略研究院院长

摘要：当前，我国已经进入从中等收入迈向高收入、向全面建设社会主义现代化国家进军的新阶段。本文在分析辨识我国食物消费结构特征及变化趋势的基础上，阐释在新发展阶段树立大食物观的现实意义与政策含义，并初步评估我国食物安全保障现状与今后的挑战，提出了新发展阶段践行大食物观的实践逻辑与政策取向。大食物观的政策含义在于要促进粮食安全向食物安全的深化和拓展，其实践逻辑是必须树立大资源观、大农业观和大市场观，以粮食安全、生态安全和食品安全为核心基础。应对今后我国食物自给率持续下降的挑战，确保国家食物安全，必须深入践行大食物观，抓紧建立完善我国食物安全综合保障机制。

当前，我国已经进入从中等收入迈向高收入、向全面建设社会主义现代化国家进军的新阶段。如何辨识新阶段我国居民食物结构变化趋势，深刻认识把握大食物观的政策含义与实践逻辑，促进粮食安全向食物安全深化拓展，全面提升我国食物安全保障的能力和水平，既是一个亟待研究的理论课题，也是必须系统谋划的重大战略问题。本文拟在分析我国食物消费结构特征及变化趋势的基础上，阐释大食物观的现实意义与政策含义，并初步评估我国食物安全保障现状与今后的挑战，提出了新发展阶段践行大食物观的实践逻辑与政策取向。

---

* 项目来源：国家自然科学基金重点项目"乡村振兴战略实施中政府与市场的关系及协调研究"（编号：71933004）。

一、我国食物消费结构变化及趋势的辨识

揭示食物消费结构变化特征的班尼特定律表明，随着经济发展、收入增长，食物消费呈结构升级趋势，即人们对米面等淀粉类主食消费将逐步减少，而对营养丰富的肉类、蔬菜和水果消费将大幅增加。若以我国小麦大米等主食、食用植物油以及肉类消费作为分析样本，可观察到1991～2022年，随着我国经济发展与收入水平提高，我国居民食物消费也随之呈现总量增加与结构逐步升级的趋向，验证了班尼特定律揭示的不同发展阶段食物消费结构变化的一般规律。

（一）1991～2022 年我国食物结构变化特征

如图 3-1 所示，根据世界银行 2022 年统计，按购买力平价（PPP）计算我国人均 GDP 从 1991 年的 1094 国际元，增长到 2022 年的 19918 国际元[①]，年均增长 9.81%。与经济发展和收入增长相适应，1991～2022 年我国主要食物的消费结构呈现典型的分化趋势。其中,1991～2022 年我国小麦人均消费量从 79.6 千克下降至 65.1 千克，年均下降 0.65%；大米人均消费量从 86.8 千克下降至 75.6 千克，年均下降 0.45%。与此相反的是，植物油人均消费量从 5.2 千克增加至 26.2 千克，年均增长 5.35%；肉类产品[②]人均消费量从 20.4 千克增加至 55.8 千克，年均增长 3.30%（见表3-1）。

---

① 2022 年人均 GDP（PPP），按 2021 年数据的 3% 增长率估计。

② 本文的"肉类产品"，根据数据分析的需要，专指猪肉、禽肉、牛肉和羊肉四种产品的消费，不包括除此之外的其他肉类产品消费。目前国内有关文献用国内肉类产量＋肉类净进口估计的肉类总消费量，除以总人口形成的"人均肉类消费量"，实际上指的是"人均肉类占有量"或"人均表观消费量"（主要以胴体重计量），并非可以进行国际比较的人均实际直接肉类消费量。

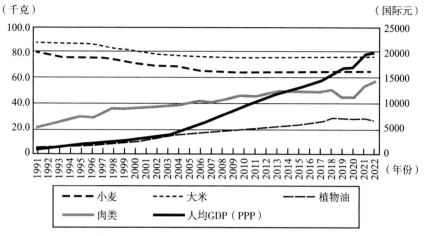

图 3-1 1991～2022 年中国人均主要食物消费

注：主要食物人均消费数据，系笔者根据农业农村部市场预警专家委员会《中国农业展望报告》、"OECD-FAO Agricultural Outlook" 数据进行必要的调整后重新估计。人均 GDP（PPP），即世界银行计算的按购买力平价计算的人均 GDP，2022 年数据以 2021 年为基数，按照 3% 年增长率估计。

资料来源：笔者根据 OECD、农业农村部市场预警专家委员会、世界银行等相关资料整理。

表 3-1 1991～2022 年中国人均食物消费

单位：千克／人

品种	1991 年	1995 年	2000 年	2005 年	2010 年	2015 年	2022 年	1991～2022 年的年均增长率（%）
小麦	79.6	75.8	71.3	66.9	64.3	64.6	65.1	-0.65
大米	86.8	86.5	81.5	76.8	76.2	76.1	75.6	-0.45
植物油	5.2	7.0	10.7	16.3	20.1	23.7	26.2	5.35
肉类	20.4	29.1	36.9	40.4	45.8	48.6	55.8	3.30

注：主要食物人均消费数据说明同图 3-1。

资料来源：笔者根据 OECD、农业农村部市场预警专家委员会、世界银行等相关资料整理。

表 3-1 进一步显示，1991～2022 年我国居民食物消费已基本完成从吃饱向吃好的跃迁，正逐步迈向追求营养健康的消费升级新阶段。其中，主食消费、食用植物油已经进入相对稳定阶段，而肉蛋奶等动物性食物消费仍处于持续增长阶段。小麦、大米、食用植物油以及主要肉类产品消费结构变化呈如下特征：

小麦、大米等主食的人均消费，由改革开放初期到 20 世纪 90 年代初温饱需求的刚性增长阶段，转向逐步下降并进入基本稳定阶段。其中，小麦从 20 世纪 80 年代末、90 年代初达到人均 80 千克的峰值后开始逐步下降，在 2007～2010 年进入消费稳定阶段。目前，稳定在 65 千克左右的人均消费水平。大米在 20 世纪 90 年代中期达到人均 87 千克左右的消费峰值后开始下降，与小麦同期进入消费稳定阶段。当前，保持 76 千克左右的人均消费水平。小麦、大米作为我国居民主食，自 2007 年以来，人均消费基本稳定在 140 千克的水平。

人均食用植物油消费，1991～2022 年的年均增长率达 5.35%，是增长最快的食物。20 世纪 90 年代我国人均食用植物油消费仅 7.4 千克，远低于同期日本 16.1 千克、韩国 13.4 千克的消费水平。2000 年以来，我国食用植物油消费进入快速增长时期，到 2017 年，人均消费达到 25.8 千克。如按照东亚地区食物消费的模式[1]，我国食用植物油消费也进入成熟稳定阶段。现在，基本稳定在 26 千克的消费水平。

猪肉、禽肉、牛肉与羊肉四大肉类产品，1991～2022 年人均消费从 20.4 千克增加至 55.8 千克，增长 174%，突出地反映了收入增长对居民食物消费结构升级的驱动作用。我国居民主食消费进入稳定阶段后，猪肉人均消费也于 2012 年突破 30 千克，虽然近几年受新冠疫情等因素的影响有所波动，但增长趋势仍然没有逆转；禽肉、牛肉与羊肉的消费则持续保持增长势头。即使是 2010～2022 年，禽肉、牛肉与羊肉的年均增长分别达 2.97%、4.77% 和 2.75%，仍处于消费持续增长阶段。随着我国今后跨入高收入阶段，肉类消费的潜力也将随之进一步呈现出来。

（二）新发展阶段我国食物结构变化的基本趋势

当前，我国正处于从中等收入向高收入迈进的窗口期，进入全面建设社会主义现代化国家的新阶段。

如图 3-2 所示，按 PPP 计算，2022 年我国人均 GDP 为 19918 国际元，

---

① 日本、韩国以及中国台湾地区的食用植物油消费，大体在 21 世纪初期（2000～2005 年）进入稳定阶段，其中，日本食用植物油人均消费稳定在 17～19 千克，韩国稳定在 16～18 千克，中国台湾地区稳定在 23～25 千克。

大体相当于日本 20 世纪 80 年代末、90 年代的水平，同 OECD 成员国 20 世纪 90 年代初的平均水平大致相当。从发展阶段看，我国 2010 年以来的人均 GDP 增长，相当于韩国 20 世纪 90 年代的增长水平。

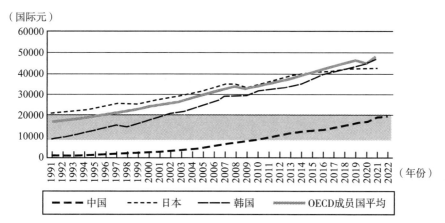

（国际元）

图 3-2　1991 ~ 2022 年中国、日本、韩国以及 OECD 成员国人均 GDP（PPP）增长
资料来源：笔者根据 World Bank 数据整理。

这意味着，从现在起至今后一个时期，我国居民食物消费结构的变化，有可能经历日本自 20 世纪 90 年代初以来、韩国自 2010 年以来的类似变化过程。其中需要重视的是，日本的具有独特特征的东亚食物消费模式，自 20 世纪 70 年代开始，大米和小麦等主食消费逐步下降，水产品、肉蛋奶、水果蔬菜和食用植物油等消费快速增长，食物消费朝多元化、营养化、健康化方向发展。到 20 世纪 80 年代，主食、食用植物油等食物消费基本处于稳定状态。20 世纪 90 年代以来，日本居民食物消费结构已经基本稳定，在水产品消费呈主导趋势的基础上，日本人均肉类消费①仍略有增长，自 2017 年以来，保持 40 ~ 41 千克的水平。韩国自 20 世纪 70 年代后期，主食消费转为逐步下降，肉蛋奶、水果蔬菜和食用植物油等食物消费增加较快；到 20 世纪 90 年代中期，韩国居民主食、食用植物油等食物消费量基本趋于稳定，但其肉蛋奶等消费仍持续增长。目前，韩国居民

———————

① 同前，即猪肉、禽肉、牛肉与羊肉人均消费之和。

肉类人均消费 62.9 千克，比我国目前高出 5 ～ 8 千克（OECD，2022 年公布的数据）。

1991 ～ 2022 年中国、日本、韩国等的人均肉类消费增长如图 3-3 所示。

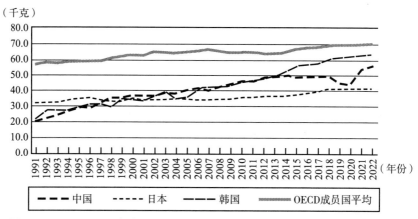

图 3-3 1991 ～ 2022 年中国、日本、韩国以及 OECD 成员国人均肉类消费增长

资料来源：日本、韩国以及 OECD 成员国人均肉类消费来自 OECD2022 年公布的数据；中国人均肉类消费根据农业农村部市场预警专家委员会以及 OECD2022 年公布的数据调整计算。

根据日本、韩国等东亚发达国家和地区经济发展过程中食物消费结构变化的一般经验，我们初步判断，从现在起到 21 世纪中叶的新发展阶段，在人口增长目前达到峰值、人口老龄化日益深化的背景下，我国居民食物消费结构变化趋势，将主要受经济发展、收入增长的驱动。今后，我国居民食物消费在总体上保持传统消费模式的同时，将进一步向多元化、营养化、健康化转型升级。其中，小麦、大米等主食，以及食用植物油消费，将基本稳定在目前的水平①。今后 5 ～ 10 年跨入高收入阶段后，肉蛋奶、水果蔬菜、水产品等营养丰富的食物消费将保持持续增长势头，特别是人均肉类产品消费水平将逐步向具有类似消费模式的东亚先行国家和中国台湾地区看齐，仍然具有一定增长潜力，我们称之为食物消费结构变化新阶段。在此基础上，到 21 世纪中叶前后，各类食物消费增长将基本趋于稳

---

① 即人均主食消费将稳定在 140 ～ 145 千克的水平，人均食用植物油消费将稳定在 26 千克左右。

定，食物消费结构也将随之进入成熟稳定阶段。

二、大食物观的战略考量与政策含义

党的十八大以来，我国坚持把解决好 14 亿多人口的吃饭问题作为治国理政的头等大事，不断完善粮食安全政策机制和关键措施，探索形成了符合我国国情粮情的粮食安全道路，使我国实现由长期"吃不饱"到"吃得饱"，进而再到"吃得好"的历史性跨越。在全面推进建设社会主义现代化国家的新阶段，习近平总书记强调，"要树立大食物观，从更好满足人民美好生活需要出发，掌握人民群众食物结构变化趋势，在确保粮食供给的同时，保障肉类、蔬菜、水果、水产品等各类食物有效供给"。党的二十大报告明确要求，树立大食物观，构建多元化食物供给体系。

从本质上看，大食物观是粮食安全向食物安全的边界拓展和战略深化，是顺应新发展阶段居民食物消费结构变化新趋势的战略考量。为此，必须立足新发展阶段，以增强发展的安全性主动权为导向，从更好满足人民美好生活需要出发，掌握人民群众食物结构变化趋势，在确保粮食供给的同时，保障肉类、蔬菜、水果、水产品等各类食物有效供给，推动从粮食安全向食物安全深化拓展，建设更高质量、更可持续、更加安全的国家食物安全综合保障体系。

大食物观的政策含义主要体现在以下四个方面：第一，保障目标和范围，要从"吃饱吃好"向"吃好""营养健康"升级，从以保障粮食（即"米袋子"）供给为主，到守好"米袋子"的同时，保障"菜篮子"（即肉蛋奶蔬菜水果水产品）和植物油（"油瓶子"）等各类食物有效供给全覆盖。第二，保障资源，要从耕地资源向整个国土资源、从传统农作物和畜禽资源向更丰富的生物资源拓展，向整个国土资源要食物，从植物动物微生物要热量、蛋白资源。第三，保障方式，要从主要注重粮食等农产品生产，向加强"产购储加销"一体化为基础的食物产业链供应链建设、增强食物安全综合保障能力转型。第四，保障路径，要从主要依靠国内资源，向立足国内保重点、在牢牢把住粮食安全主动权的同时，统筹建立安全可控的多元国际农业供应链拓展。

深刻认识和把握大食物观的政策含义与实践要求，对新发展阶段保障国家粮食安全，更好满足人民群众日益增长的多元化食物消费需求，具有重要的现实价值和战略意义。

（一）树立大食物观，是坚持以人民为中心发展思想的根本要求

坚持以人民为中心的发展思想，是党的理想信念和初心使命。树立大食物观，要求在从中等收入向高收入迈进的新阶段，必须从更好满足人民美好生活需要出发，顺应今后收入增长、食物结构升级变化的新趋势，在确保粮食供给、从根本上解决好吃饭这个最大民生问题的同时，也要满足人民群众不断增长的对吃得好、吃得营养健康的新需求，保障肉类、蔬菜、水果、水产品等各类食物的有效供给。

（二）树立大食物观，是应对世界变局加速演化的复杂局势和各种风险挑战的基础支撑

树立大食物观，要求全方位夯实粮食安全这个国家安全的核心基础，牢牢把住各类食物有效供给的主动权，不断增强粮食和食物供应链韧性和抗风险能力，为新阶段稳大局、开新局、应变局，保持平稳健康的经济环境、国泰民安的社会环境提供更加坚实的支撑。

（三）树立大食物观，是立足基本国情统筹利用国土资源的战略需求

立足我国人多地少、农业资源紧张的基本国情，适应食物结构升级、消费多样化的新需求，保障各类食物有效供给，必须树立大食物观，面向整个国土资源，充分发挥区域比较优势，构建宜粮则粮、宜经则经、宜牧则牧、宜渔则渔、宜林则林，优质高效可持续的现代农业生产体系。

三、我国食物安全保障现状与今后的挑战

（一）我国食物安全保障现状

目前，衡量和研判粮食安全保障水平，大多用粮食自给率指标（即国内生产量与消费量之比），也有部分国家或地区（如日本等）用国内粮食生产的热量等值与粮食消费的热量等值之比表示。过去相当长的时期，我国粮食安全的基本方针是立足国内实现粮食基本自给，要求粮食自给率达到95%。党的十八大以来，我国实施粮食安全新方针，虽然没有提出自给率量化指标，但明确要求必须确保"谷物基本自给、口粮绝对安全"。

新发展阶段树立大食物观，要求在确保粮食供给的同时，保障肉类、蔬菜、水果、水产品等各类食物有效供给。因此，有必要建立与大食物观相适应的食物安全保障水平测度方法。我们认为，衡量我国食物安全保障水平，不仅要继续从生产消费角度关注口粮产品以及肉蛋奶植物油各产品的自给率，研判供给保障能力和自给水平，还要从农业资源供给角度，构建农业资源自给率以及食物自给率指标，形成食物供给保障的综合评价指标体系，系统评估我国食物安全综合保障能力和水平。

为此，我们首先根据主要农产品供需状况，用传统的产消自给率指标，测算主要作物产品（见表3-2）、主要动物性食物（见表3-3）的自给率，初步评估1991～2022年我国粮食和主要食物产品供给保障水平的变化情况。

表3-2　1991～2022年我国主要作物产品自给率

单位：万吨、%

商品	项目	1991年	2000年	2010年	2022年
小麦	生产量	9595	9964	116141	137723
	国内消费量	10850	11788	117226	138680
	自给率	88.4	84.5	99.1	99.3
稻谷	生产量	17646	18388	192999	208495
	国内消费量	17481	18516	186143	210890
	自给率	100.9	99.3	103.7	98.9
玉米	生产量	9877	15161	190752	277203
	国内消费量	8480	11405	184953	288700
	自给率	116.5%	132.9%	103.1%	96.0%
大豆	生产量	971	1541	15410	20285
	国内消费量	876	2815	71010	114250
	自给率	110.8	54.7	21.7	17.8
植物油（国产油籽压榨）	生产量	517	953	9055	10724
	国内消费量	624	1375	27520	36970
	自给率	82.9	69.3	32.9	29.0

续表

商品	项目	1991 年	2000 年	2010 年	2022 年
食糖	生产量	828	645	10737	10110
	国内消费量	581	984	13622	15610
	自给率	142.5	65.5	78.8	64.8

注：本表自给率反映的是生产与消费比率情况，不考虑粮食储备库存供给因素。

资料来源：笔者根据国家统计局、农业农村部市场预警专家委员会、OECD-FAO 的 2022 年相关数据计算。

表 3-3　1991～2022 年我国肉蛋奶产品自给率

单位：万吨、%

商品	项目	1991 年	2000 年	2010 年	2022 年
猪肉	生产量	2452	3966	4555	5138
	国内消费量	2424	3967	4508	5151
	自给率	101.2	100.0	101.0	99.7
禽肉	生产量	397	1196	1339	1657
	国内消费量	393	1219	1327	1656
	自给率	101.0	98.1	100.9	100.1
牛肉	生产量	154	513	568	629
	国内消费量	128	509	558	623
	自给率	120.3	100.8	101.8	101.0
羊肉	生产量	118	264	350	406
	国内消费量	118	265	351	411
	自给率	100.0	99.6	99.7	98.8
禽蛋	生产量	924	2182	2438	2763
	国内消费量	920	2175	2429	2752
	自给率	100.4	100.3	100.4	100.4
奶制品	生产量	409	648	2283	2573
	国内消费量	409	646	2279	2572
	自给率	100.7	100.3	100.2	100.0
水产品	生产量	1425	3617	4271	5032
	国内消费量	1387	3484	3933	4616
	自给率	102.7	103.8	108.6	109.0

资料来源：笔者根据农业农村部市场预警专家委员会、OECD-FAO 2022 年公布的数据计算。

从国际经验看，日本为综合评估食物自给率水平，在从生产消费角度测算各农产品自给率的同时，还采用食物热量等值方法测算其食物综合自给率。但这种方法局限于粮食安全保障的热量自给水平，不能反映食物消费需求的资源特征。因此，不适用我国大食物观要求下对食物自给率的评估。

为综合测算评估我国农业资源自给率和食物自给率水平，本文引入"种植面积需求等值"概念，将各类食物产品的消费需求量，转化为在国内现有技术条件下生产时所需种植面积（或称虚拟土地需求面积），即在现有技术条件下，满足 1 单位食物产品消费的生产所需要的土地种植面积数量（见表 3-4、表 3-5）。在此基础上，用国内实际农作物生产种植面积总量除以所有食物消费的土地面积需求等值之和，即可得到综合反映食物供给保障水平的食物自给率，由此得到表 3-6。

表 3-4　2021 年我国主要作物产品进口种植面积需求等值

商品	净进口（万吨）	转化率（%）	作物单产（吨/公顷）	种植面积需求等值（万亩）
小麦	981.3		5.86	2514
大米	397.9	70.0	7.08	1204
玉米	2062		6.44	4806
其他谷物	1828.3		2.72	10082
大豆	9096		1.98	69055
其他油籽	199.6		2.67	1123
蛋白粕	540.3	79.5	1.98	5160
植物油	708.7	19.5	1.98	27591
食糖	509.5	15.0	81.05	629
棉花	199.2		1.89	1579
合计				123742

资料来源：净进口根据海关进出口统计数据计算。转化率，大米按 70% 出米率转化成稻谷，蛋白粕按 79.5%、植物油按 19.5% 出油率分别转化为大豆，食糖按 15% 出糖率转化为甘蔗，再按照目前我国的单产水平，估计其若在国内生产的种植面积需求。作物单产，指我国现有技术水平下的各农作物单产。数据来源于国家统计局 2022 年公布的数据。

表 3-5 2021 年我国主要动物性产品进口的种植面积需求等值

商品	净进口（千吨）	饲料转化率	饲料需求等值（万吨）	玉米需求等值（万吨）	大豆需求等值（万吨）	玉米种植面积需求等值（万亩）	大豆种植面积需求等值（万亩）	种植面积需求等值（万亩）
猪肉	1716	3	705.2	578.3	126.9	1347.7	964	2311
禽肉	807	2	181.4	148.7	32.6	346.6	248	594
牛肉	2690	7	3423.6	2807.4	616.3	6542.9	4678	11221
羊肉	356	5	395.6	324.4	71.2	755.9	541	1296
禽蛋	−110	2	−22.0	−18.0	−4.0	−42.0	−30	−72
奶粉	697	0.5	268.1	219.8	48.3	512.3	366	879
水产品	2707		0.0	0.0	0.0	0.0	0	0
合计						9463	6767	16230

资料来源：饲料转化率系根据现有研究文献综合引用，并根据行业屠宰率参数，转化为与进口数据具有可比性的肉类胴体重，屠宰率分别为猪肉 0.73、禽肉 0.89、牛肉 0.55、羊肉 0.45、禽蛋 1、鲜奶与奶粉的换算比为 0.13（8 斤鲜奶 1 斤奶粉）。考虑到进口水产品主要为捕捞产品，因此本文不做饲料需求转换。动物养殖饲料配方中，目前能量饲料与蛋白饲料占比为 85%：15%，据此推算饲料原料玉米和大豆需求量，再在此基础上估计玉米和大豆种植面积需求等值。2022 年玉米和大豆单产来自国家统计局。

表 3-6 1991～2022 年我国食物自给率变化

项目	数据来源	1991 年	2000 年	2010 年	2022 年
国内农作物自有种植总面积（万亩）	国家统计局	224379	234450	237869	253043
农产品消费种植面积需求等值（万亩）	依据农产品消费测算	207178	248321	299055	393015
食物消费种植面积需求等值（万亩）	依据食物消费测算	182527	227732	278379	374274
农业资源自给率（%）	国内农作物自有种植总面积／农产品消费种植面积需求等值	108.3	94.4	79.5	64.4
食物自给率（%）	国内农作物自有种植总面积／食物消费种植面积需求等值	122.9	102.9	85.4	67.6

资料来源：根据表 3-4、表 3-5 以及历年《中国农村统计年鉴》数据汇总计算。

如表 3-2 至表 3-6 所示，测算结果表明，1991～2022 年，我国水稻、小麦等口粮产品保持高水平自给，但从农业资源配置需求看，反映食物供给保障水平的食物自给率呈持续下降趋势，具体表现为如下特征：

1. 粮食实现高水平自给。1991~2022年，我国口粮水稻、小麦生产从2.72亿吨增长到3.46亿吨，年均增长高达8.55%，超过同期口粮消费增长率，自给率长期保持在96%~100%的水平，持续保持绝对安全。我国谷物生产也持续保持增长势头，虽然近20年养殖饲料消费需求大幅增长，谷物消费较过去增加2亿吨多，谷物自给率从过去100%，回落到95%~96%，但始终保持了高水平自给格局。

2. 肉蛋奶等食物商品国内供给保障水平较高，基本实现高水平自给。2022年自给率，猪肉99.8%、禽肉100.0%、羊肉98.8%、禽蛋100.4%、奶制品100.0%。

3. 自给率较低的是，食用植物油29.0%，大豆仅17.8%。这意味着，畜产品自给率保持较高水平，是以其蛋白饲料原料主要来源——大豆大规模进口、自给率大幅下降为支撑。大豆自给率从2000年的54.7%，下降至2022年的17.8%，植物油自给率从69.3%下降至29.0%。

4. 食物自给率持续下降。根据国家统计局数据，我国农作物生产种植面积，从1991年的22.43亿亩，增加到2022年的25.3亿亩。然而按种植面积需求等值方法计算，我国口粮和肉蛋奶植物油等食物消费，对应的土地种植面积需求总量，从1991年的18.25亿亩，增加到目前的37.43亿亩。表3-6显示，我国食物自给率1991年为122.9%，体现了20世纪90年代我国食物消费以口粮为主、肉蛋奶消费较少的结构特征，也反映了当时农产品出口被作为我国获取外汇的重要途径之一，使紧缺的农业资源错配，呈现出反向溢出效应。自21世纪初开始，随着经济的快速发展、食物结构的逐步升级，我国食物自给率从2000年的102.9%，持续下降，到2022年已经下降至67.6%。尽管目前我国保持口粮100%和谷物95%以上的高水平自给，但从农业资源供给和食物安全综合保障能力看，我国食物自给率只有67.6%。

这意味着，我国目前保持粮食高自给率的同时，食物消费的近1/3，需通过利用国外农业资源来供给。其中大豆，2021年我国净进口9096万吨，若按我国目前大豆单产水平在国内生产的话，需要6.9亿亩种植面积；植物油净进口708.7万吨，需要种植2.8亿亩大豆。2021年我国净进口肉类约 557 万吨、乳制品近 70 万吨，按现有养殖技术水平，我国需要 9463 万亩玉米和 6767 万亩大豆，共 1.6 亿亩的种植面积来提供饲料供给。

进一步分析，导致我国食物自给率持续下降的主要因素有以下几个方面：

1. 人口持续增加使农业资源约束更加凸显。我国人口从 2000 年的12.67 亿增加到 2020 年的 14.12 亿，增加了 1.45 亿人，导致包括粮食在内的食物消费需求进一步增长。例如，口粮消费从 3.03 亿吨增加到 3.45 亿吨，增加了 0.42 亿吨，相当于又增加了一个长三角地区（即沪浙苏皖）水稻消费需求，使耕地资源紧缺的矛盾更加突出。

2. 收入增长推动食物消费结构逐步升级，导致农业资源自给水平持续下降。2000～2022 年，我国人均 GDP（PPP）从 2917 国际元，增加到19918 国际元，增长 5.8 倍，是推动居民对肉蛋奶油等消费不断增加的基本驱动力。人均主食消费逐步稳定的同时，肉类消费从近 17 千克增加到目前的 55.8 千克；人均食用植物油消费从 10 千克增加到 27 千克，增加了 17千克。由此导致我国粮食消费结构，由过去以口粮消费为主，转向口粮消费、饲用消费并重的新阶段。谷物用于饲料消费，从 2000 年的 1.15 亿吨，增加到 2022 年的 2.51 亿吨，已经超过口粮消费规模（2.5 亿吨）。尤其是，由于豆粕是重要的动物蛋白饲料，随着肉蛋奶消费增长，使大豆消费需求从 2000 年的 2815 万吨，增加到 2022 年的 11425 万吨。食物消费升级带来的粮食消费结构转型，推动重塑我国农产品贸易结构乃至整个粮食供需结构。由于国内农业资源难以增加相应的食物和饲料原料供给，扩大国外农产品进口成为不可回避的选择。

3. 国内农业供给体系存在结构性短板。目前，我国畜产品较高的自给率，实质上是以大豆等蛋白饲料原料依赖进口为支撑，由此暴露国内蛋白饲料原料生产即油料作物生产能力严重不足。据本文测算，目前国内饲料原料需求总量约 4 亿吨。其中，能量类饲料原料以玉米为主，需求量约2.79 亿吨，可实现国内基本自给。蛋白类饲料原料主要以豆粕等油粕为主，需求量 9400 万吨（其中豆粕 7000 万吨，占 74.5%），但国内蛋白类饲料原料供给只有 1800 万～2000 万吨，自给率只有 19%～21%。

（二）今后我国食物自给率的趋势与挑战

根据新发展阶段我国食物结构变化的基本趋势，"十四五"时期及今后一个时期，随着我国逐步迈向高收入阶段，我国食物消费将进入总量进一步增加、结构持续升级的新阶段。根据我们的预测，今后我国食物消费及其保障水平将面临如下趋势和挑战：

1. 口粮及食用植物油消费基本进入成熟阶段，人均口粮消费和食用植物油消费将分别保持在目前的 140 ~ 145 千克和 27 ~ 28 千克水平，随着 2022 年我国人口增长到达峰值并进入负增长阶段，加之人口老龄化的深化，今后口粮消费总量将由目前的 2.5 亿吨①，下降至 2030 年的 2.3 亿吨、2050 年的 2 亿吨。因此，小麦、水稻作为口粮刚需的供给压力将逐步得到减缓。

2. 食物消费结构将进一步升级，肉蛋奶等动物性食品消费将持续增长。其中，2030 ~ 2050 年，人均肉类消费有可能从目前的 55 千克，逐步增长到 60 ~ 70 千克的水平②，接近目前韩国以及我国台湾地区的人均肉类消费水平。由此，将进一步推动能量饲料和蛋白饲料原料需求增长。预计今后玉米消费需求将增长至 3 ~ 3.2 吨，比目前增加 3000 万 ~ 5000 万吨③；蛋白饲料原料需求，若按大豆需求等值推算，将增长至 1.2 亿 ~ 1.3 亿吨，比目前增加 1000 万 ~ 2000 万吨。

3. 谷物消费需求总量将进一步增加，饲料消费将成为谷物需求增长主导因素。今后我国谷物消费，将从目前的 6.7 亿吨，增长到 2030 ~ 2035 年的 7.3 亿吨、2050 年的 7.2 亿吨，比目前增加 5000 万 ~ 6000 万吨。其中，谷物的食用消费占谷物消费的比重，将由目前的 41%，下降至 35%，而饲用消费将成为今后谷物消费的主体，比重将保持在 50% 以上。

在此基础上，我们初步估计 2025 ~ 2050 年我国食物自给率变化情况（见表 3-7）。

表 3-7 表明，在假定农业科技不取得重大突破的情形下，2025 ~ 2050 年我国保障口粮和肉蛋奶植物油等食物有效供给，将面临更加严峻的挑

---

① 主要包括水稻、小麦的食用消费，不包括玉米等其他谷物的食用消费。全口径谷物的食用消费约 2.8 亿吨。

② 相当于 75 ~ 90 千克的人均肉类表观消费量。

③ 暂未考虑玉米深加工需求的变化。

表 3-7　2025～2050 年我国食物自给率预测

项目	数据来源	2025 年	2030 年	2035 年	2050 年
国内农作物种植总面积（亿亩）	假定农作物种植面积保持不变	253043	253043	253043	253043
农产品消费种植面积需求等值（亿亩）	依据农产品消费预测测算	399041	413390	419005	389190
食物消费种植面积需求等值（亿亩）	依据食物消费预测测算	378120	392479	397822	369701
农业资源自给率（%）	国内农作物种植总面积 / 农产品消费种植面积需求等值	63.4	61.2	60.4	65.0
食物自给率（%）	国内农作物种植总面积 / 食物消费种植面积需求等值	66.9	64.5	63.6	68.4

资料来源：笔者根据程国强（2020）农产品消费预测值计算。

战。其中最突出的是，今后我国保障食物安全的资源压力将更加突出。测算表明，今后保障口粮和肉蛋奶植物油等食物有效供给，需要 41 亿～42 亿亩的种植面积需求等值，这将导致我国食物自给率从 2025 年的 66.9%，进一步下降至 2035 年的 63.6%。在 21 世纪中叶，当食物消费结构进入成熟稳定阶段，我国食物自给率将逐步回升至目前水平。

尤其值得重视的是，尽管今后我国将保持水稻、小麦的高水平自给，有能力牢牢守住确保口粮绝对安全的战略底线，但部分谷物以及大豆等饲料原料供需缺口扩大、自给率进一步下降的局面难以逆转。随着国际局势的日趋复杂，我国肉类、植物油等食物供给保障的不稳定性和不确定性将进一步增加，今后我国食物安全保障将面临更加严峻的挑战。

四、践行大食物观的实践逻辑与政策选择

（一）践行大食物观的实践逻辑

深入践行大食物观，顺应新发展阶段我国食物结构变化的新趋势、应对食物安全保障面临的新形势新挑战，必须准确把握大食物观的实践逻辑，加快谋划新发展阶段我国食物安全保障战略与政策。

1. 要树立大资源观。必须立足我国人多地少、农业资源紧张的基本国情，适应新发展阶段食物结构升级、消费多样化的新需求，从耕地资源向

整个国土资源拓展，全方位、多途径开发食物资源。要向森林要食物，发展木本粮油、森林食品；向草原要食物，推动草原畜牧业集约化发展；向江河湖海要食物，稳定水产养殖，积极发展远洋渔业，提高渔业发展质量；要向设施农业要食物，探索发展智慧农业、植物工厂，有效缓解我国农业资源的瓶颈约束。要从传统农作物和畜禽资源向更丰富的生物资源拓展，发展生物科技、生物产业，向植物动物微生物要热量、要蛋白。

2. 要树立大农业观。要坚持以粮食生产为基础，统筹"粮经饲"生产，推动"种养加"一体，农林牧渔结合，促进农业供给体系结构优化、高质高效，推动形成同市场需求相适应、同资源环境承载力相匹配的现代农业生产结构和区域布局。

3. 要树立大市场观。一方面，必须充分发挥市场在资源配置中的决定性作用，更好发挥政府作用，不断增强粮食和食物产业链供应链韧性，全面提升粮食、肉类、蔬菜等各类食物保供能力和水平；另一方面，必须进一步从战略上提升统筹国内国际两个市场、两种资源的能力，要畅通国内国际农业食品循环，提高农业食品国际供应链的安全性、稳定性和可持续性。

与此同时，还必须确立粮食安全、生态安全和食品安全为践行大食物观的核心基础和边界底线。首先，要以粮食安全为核心基础。这就要求，必须始终绷紧粮食安全这根弦，坚持集中资源保障粮食有效供给这个重点，确保谷物基本自给、口粮绝对安全，把中国人的饭碗牢牢端在自己的手中。其次，要以生态安全为底线。这就必须面向整个国土资源多途径开发食物资源，牢固树立"绿水青山就是金山银山"理念，更加注重保护资源和环境，实现食物资源和生产绿色高质量可持续发展。最后，要以食品安全为红线。要根据食物来源拓展多元化对食品安全提出的新要求新挑战，坚持用最严谨的标准、最严格的监管、最严厉的处罚、最严肃的问责，强化食品安全管理，确保人民群众吃得安全、吃得健康。

（二）保障我国食物安全的政策选择

应对食物消费结构变化新阶段我国食物自给率持续下降的挑战，确保国家食物安全，必须深入践行大食物观，突出重点、综合施策，抓紧建立完善我国食物安全综合保障机制。

1. 加快构建以保障粮食安全为底线、以确保食物有效供给为重点的国家食物安全综合保障体系。要始终坚持"以我为主、立足国内、确保产能、适度进口、科技支撑"方针，全面践行大食物观，建立完善以确保口粮绝对安全为重点、促进肉蛋奶菜油等各类食物有效供给的高质量可持续现代农业生产体系；强化以应对突发事件、维护市场稳定为重点的农产品储备调控和应急保障体系；加强以安全有效利用国际农产品市场和农业资源为补充的国际农业食品供应链建设，全面提升国家食物安全综合保障能力和水平。

2. 坚持系统观念，建立高质高效协同可持续农业资源配置机制。一方面，要面向整个国土资源统筹农业资源配置，根据市场需求和区域比较优势，宜粮则粮、宜经则经、宜牧则牧、宜渔则渔、宜林则林，促进农业生产体系结构优化、均衡供给、可持续发展。可通过适当降低玉米自给预期，加快补齐油料作物短板，推动国内能量饲料原料和蛋白饲料原料的平衡供给。另一方面，要统筹布局农产品加工产业，有序退出粮食深加工。例如，玉米目前 2.6 亿吨的生产供给量中，饲用消费 1.78 亿吨，占 68.5%；包括深加工在内的工业消费则达 7800 万吨，占产量的 30%。若退出 5000万吨玉米深加工消费，可以腾出近 1.2 亿亩耕地发展大豆生产，使大豆增产 1500 万吨。再加上推广实施大豆玉米带状复合种植技术进一步扩大大豆种植面积，大豆自给率可以从目前的不足 18%，提高到 30%，食用植物油自给率从目前的不到 30% 提高至 36%，蛋白饲料原料自给率从目前不到20%，提高至 35%。

3. 加快农业科技创新，推进农业综合生产能力全面提档升级。今后我国农业资源约束矛盾将更加突出，保障国家食物安全的根本出路在农业科技创新和综合生产能力提档升级。目前，我国玉米、大豆等主要农作物的单产与世界先进水平还有较大差距。若加快农业科技创新突破，着力提高土地生产率、农业全要素生产率，将促进全面提升农业综合生产能力，我国农业资源供需缺口至少可压减 2 亿~3 亿亩，不仅将基本抑制住食物自给率下降趋势，而且将全面夯实我国食物安全综合保障根基。

4. 抓紧建设安全可控、持续稳定的国际农业食品供应链，确保国家食物安全综合保障的战略主动。我国必须继续坚持实施农业对外开放战略，将国际农业资源用得更好更足更安全,把宝贵的国内资源用在守好口粮安全底线、把住食物安全主动权上。因此,必须加强全球农业食品供应链顶层设计和战略规划;建立健全全球农业贸易投资与市场监测体系,促进风险防控关口前移至供应链上端;加快培育全球性农业食品企业,鼓励企业深度融入全球农业生产、加工、物流、营销及贸易产业链、价值链与供应链;把农业食品贸易投资、国际物流运输要道、港口码头等关键节点风险防控与安全管理,纳入国家安全防卫体系统筹保障;深度参与全球农业与粮食安全治理,充分发挥"一带一路"拓展农业国际合作、促进投资贸易建设的平台作用,抓紧构建安全可控、持续稳定的全球农业食品供应网络。

第四章

粮食经济论坛

自觉把改革摆在更加突出的位置

郑新立　　中央政策研究室原副主任

中央政治局会议强调，全党必须自觉把改革摆在更加突出位置，紧紧围绕推进中国式现代化进一步全面深化改革。近日，习近平总书记在山东主持召开企业和专家座谈会时指出："要紧扣推进中国式现代化这个主题，突出改革重点，把牢价值取向，讲求方式方法，为完成中心任务、实现战略目标增添动力。"过去 40 余年来，我们进行了史无前例的改革开放，极大地解放和发展了生产力，创造出无愧于中华民族几千年辉煌历史的发展成就。新时代，圆满完成党的十九大提出的到 2035 年基本实现社会主义现代化的目标，我们面临着新挑战、新机遇，必须自觉把改革摆在更加突出的位置。

一、解决需求收缩突出问题亟待通过改革释放潜力

习近平总书记指出："总需求不足是当前经济运行面临的突出矛盾。必须大力实施扩大内需战略，采取更加有力的措施，使社会再生产实现良性循环。"经过努力，需求收缩的态势虽有所缓解，但并没有根本扭转。直到 2024 年第一季度，衡量总供求关系的重要指标居民消费价格指数（CPI）仍然为零，工业生产者出厂价格指数（PPI）仍为 -2.7%。民间投资增长速度仅为 0.5%。应当看到，需求收缩是长期积累形成的，解决起来也非一日之功。三年新冠疫情是导致需求收缩的原因之一，但根本原因在于长期以来过高的高投资率和明显偏低的最终消费率。1981～2020 年，前 20 年即 1981～2000 年，我国最终消费率年均为 62.7%，投资率年均为 36.4%，消费与投资的比例大体合理。这主要是吸取了过去过分追求高投资、高增长的教训，适度降低了投资率、提高了最终消费率的结果。从 2000～2020 年的后 20 年，客观上由于基础设施和重工业处于投资高峰期，投资率不断攀升，年均高达 42.3%，比前 20 年高 5.9 个百分点；最终消费率降为年

均 54.0%，比前 20 年低 8.7 个百分点。其中，2010 年、2011 年连续两年出现 47.0% 的历史峰值。从 2010～2020 年的 10 年，转变经济发展方式，注重扩大消费对经济增长的拉动作用。但总体上看，投资率偏高、消费率偏低的问题并没有从根本上解决。由于投资是间接需求，从长期来看，增加的是供给，长期保持较高的投资率，必然导致总供求失衡，消费不足。因此，解决当前存在的需求不足问题，应当从改革入手，在宏观调控和经济治理体制改革上，要建立规划、财税、货币相互协调的机制，通过综合施策，努力保持总需求与总供给的大体平衡，既避免出现通货膨胀，又防止出现通货紧缩，使国民经济长期保持适度、稳定增长态势。要调整国民收入分配结构，增加居民收入特别是中低收入者收入所占比重，使广大居民手中有钱能消费。同时要加快完善社会保障体系，使人民无后顾之忧敢消费。还要增加适销对路商品和服务，优化消费环境，使人民愿意消费。对于像住房、汽车等消费品，其市场行情对经济稳定影响较大，要改进产销管理制度，不能轻易出台行政限购规定，从而为房地产业和汽车制造业持续增长创造良好的体制政策环境。要深化第三产业体制改革，激发第三产业在扩大就业方面的巨大潜力，使教育、医疗、养老、数字、旅游、文化、体育、咨询、法律等服务消费成为新增长点。与发达国家相比，我国人均 GDP 水平还有不小差距，巨大的需求潜力有待通过改革加以释放，从而激发出经济增长的新动能。

二、解决发展不平衡不充分问题必须深化资源配置体制改革

习近平总书记指出："人民对美好生活的向往就是我们的奋斗目标，抓改革、促发展，归根到底就是为了让人民过上更好的日子。"当前，我国社会的主要矛盾已经转化为人民日益增长的美好生活需要和不平衡不充分的发展之间的矛盾。同时，经过 40 多年的快速发展，形成了巨大的社会资本投资能力。截至 2024 年 4 月末，广义货币（M2）余额已超过 300 万亿元。如何把社会资本引导到结构调整所需要的方向上来，引导到不平衡不充分发展的产业和区域上来，是实现高质量发展的关键。必须按照发挥市场对资源配置的决定性作用，更好发挥政府作用的要求，深化资源配置体制改革。要抓紧建立全国统一、城乡融合的要素市场，促进劳动力、土

地、资本等要素的自由流动和平等交换。在城乡市场之间，改革开放以来，农村的生产要素大量流入城市，支持了城市繁荣，但城市的要素向农村流动存在着多种政策壁垒，导致城乡差距拉大。区域发展差距本质上也是城乡差距的反映。要通过建立全国统一大市场，吸引生产要素由东部向中西部和东北地区流动，促进区域协调发展。在经济与社会、经济发展与生态环境之间，由于后者与前者相比，不可能完全采用市场机制来解决发展问题，公益性产品和公共服务的价值实现困难，导致要素投入不足，以致成为发展的短板。所以，解决不平衡不充分的发展问题，既要靠市场机制的作用，又要在市场失灵的地方发挥政府的作用，通过政策导向、财政支持等手段，引导资源配置，实现城乡之间、区域之间、经济与社会之间、经济发展与生态环境之间的协调发展。

三、发展新质生产力需要建立有效的激励机制和新型举国体制

习近平总书记提出："发展新质生产力是推动高质量发展的内在要求和重要着力点，必须继续做好创新这篇大文章，推动新质生产力加快发展。"发展新质生产力的战略重点，应当放在加快发展战略性新兴产业、对传统产业进行数字化绿色化改造、继续扩大新型基础设施建设这三个方面。完成这项任务，必须依靠自主创新。为此，必须深入实施科教兴国战略、人才强国战略、创新驱动发展战略，坚持科技是第一生产力、人才是第一资源、创新是第一动力。要针对制约科技创新的体制和政策问题，深化教育体制、科技体制和人才发展体制改革。

教育强国是实现中华民族伟大复兴的基础性工程。建设教育强国，必须深化教育体制改革，坚持教育优先发展，坚持为党育人、为国育才，全面提高人才自主培养质量，着力造就拔尖创新人才。从我国当前教育实际情况出发，改革发展教育事业，应按照"加强两头、巩固中间"的要求，大力提升学前教育、高等教育和职业教育水平，持续巩固基础教育质量。学前教育应以有益于智力发展的技能教育为主。有研究结果表明，人力资本投资回报率随年龄增长呈递减趋势，年龄越低投资回报率越高。应加快通过"学前教育法"，实现城乡学前教育公平发展。围绕培养高素质、创新型人才，持续深化高等教育体制改革，推进高等教育对外开放，鼓励各

类大学在教育科研上求新求变，办出特色。促进产教、科教融合，选拔优秀人才进入高校教师队伍。改进教育评价机制，加快建设中国特色、世界一流大学和优势学科。针对当前技能型人才短缺和大学毕业生就业难的结构性矛盾，应大力发展职业教育。提高技能型人才待遇，增加技能型人才成长通道，鼓励职业院校毕业生报考研究生，建立职业院校与大学之间的"立交桥"，提高职业教育吸引力。基础教育要着力解决城乡和区域之间发展不平衡问题，通过人均公共财政支出的均等化实现人均教育支出的均等化。教育资源配置要适应人口流动的需要，妥善解决农村留守儿童随父母常驻地接受义务教育问题。

科技强国是建成社会主义现代化强国的关键。建设科技强国，必须深化科技体制改革，激发企业、科研机构和大学的创新能力，调动科技研发人员的积极性。一是加强党中央对科技工作的集中统一领导。围绕重大科技攻关项目，健全新型举国体制，统筹政府、企业、科研机构、大学的资源，强化协同创新，构建高效、竞争、有序的国家创新体系。二是优化科技创新主攻目标和创新能力布局。针对"卡脖子"技术和前沿科技难题，分别组建强大科研团队，制定攻关计划，明确目标要求和责任制，力求尽快突破。三是强化企业科技创新主体地位。抓紧培育一批具有超强创新能力的企业，通过财税金融政策以及政府订单等措施支持企业增加研发投入。深化国有企业体制改革，发挥国有企业在自主创新中的骨干和带动作用。培育科技领军企业、科技骨干企业、科技型中小企业共同成长的企业创新生态。推广企业主导的产学研深度融合的创新联合体，推动产业链、创新链、资金链、人才链一体联动、协同发展，提高科研成果的产业转化率。四是坚持开放式创新。吸引国际科技人才来华工作，扩大国际科技交流合作，谨防美西方"脱钩断链"，使我国科技创新陷入被动封闭状态。五是大力培育创新文化。鼓励原创和科学探索精神，营造有利于科技创新的社会氛围。

人才强国是国家发展和民族复兴的战略支撑。建设人才强国必须坚持党管人才原则，从政治和战略高度强化人才意识。面向世界科技前沿、面向经济主战场、面向国家重大需求、面向人民生命健康，提升创新型人才、技能型人才培养规模和质量，完善国家战略人才体系，培养更多大师、战略科学家、一流科技领军人才和创新团队、青年科学人才、卓越工程师、大国工匠、高技能人才等，充分发挥人才的聪明才智。改革收入分配制度，加快形成充分体现创新要素价值的收入分配机制。改革人才发展体制机制，破除在人才评价、考核、引进、使用、管理、流动等方面存在的各种障碍。

四、推进高水平对外开放需要以制度型开放为引领

制度型开放就是以规则、规制、管理、标准为主的开放，与过去以商品和要素为主的流动型开放相比，对经济体制提出了更高的要求，必将推动国内多领域深层次改革，增强开放环境的稳定性和可预见性。

实施制度型开放，要求我国涉外经济法律法规按照高标准自由贸易协定要求，主动对接、调整。作为《区域全面经济伙伴关系协定》（RCEP）主要成员之一，我国全面履行了承诺和义务，零关税比例已超过65%，在原产地规则、海关程序、技术标准等方面也将实现统一。《全面与进步跨太平洋伙伴关系协定》（CPTPP）作为高标准自由贸易协定，具有开放标准高、覆盖范围广、边境后议题多等特点，涉及知识产权保护、环境保护、国有企业、政府采购、补贴、劳工标准、监管一致性、透明度、反腐败等多个领域。我国已正式申请加入，需相应推进国内各领域改革。在电子商务领域，我国正按照CPTPP规则要求，制定"数据安全法""网络安全法""个人信息保护法"配套条例。我国还启动了加入《数字经济伙伴关系协定》（DEPA）谈判进程，与国际高标准数字规则对接，建立数字贸易市场。我国6G技术专利申请量居全球首位。加入CPTPP、DEPA，可助推我国技术标准专利成为国际标准。我国服务贸易存在大量逆差，实行制度型开放，有助于抓住全球服务贸易发展机遇，扩大我国服务出口。特别是大数据、云计算、人工智能、区块链等技术应用快速发展，产生了大量新的服务需求。通过对接国际贸易规则，扩大服务业开放，放开教育、医疗服务、增值电信、文化、研发设计等市场准入，对于促进国内服务业创新发展，提升我国服务业全球竞争力，进而带动高质量发展，将发挥不可估量的作用。

（本文发表于 2024 年 5 月 29 日《学习时报》）

树立和践行大食物观 构建多元化食物供给体系

尹成杰 国务院研究室原党组成员、副主任

原农业部党组副书记、副部长

党的二十大报告提出，树立大食物观，发展设施农业，构建多元化食物供给体系。2023 年 4 月 10 日，习近平总书记在广东考察时强调，"中国是一个有着 14 亿多人口的大国，解决好吃饭问题、保障粮食安全，要树立大食物观"。树立和践行大食物观，对于保障国家粮食安全和重要农产品供给，端牢端好中国饭碗，满足人们日益增长的多样化生活消费需求意义十分重大。

一、大食物观是新时代国家粮食安全理念的重要组成部分

改革开放以来，特别是党的十八大以来，我们党把"三农"工作摆在全党工作的重中之重地位，把保障国家粮食安全摆在"三农"工作的首位。粮食安全是全党全社会的"国之大者"。改革开放以来，中央下发了 26 个一号文件，其中党的十八大以来连续下发了 12 个一号文件。在每个一号文件中，都把部署安排粮食发展、扶持粮食产业、保障粮食安全作为首要任务。

我们党始终坚持把发展粮食生产和维护国家粮食安全作为治国理政的头等大事，取得了粮食发展举世瞩目的伟大成就，形成了中国特色的粮食发展和安全的理念及政策措施。特别是党的十八大以来，党中央高度重视粮食发展和安全，作出了一系列重大部署，出台了一系列扶持粮食生产和发展的政策措施。习近平总书记对新时代粮食发展和安全作出一系列重要论述，丰富和发展了中国特色粮食发展和安全的理念。习近平总书记提出的树立大农业观、大食物观，构建多元化食物供给体系，是中国特色的粮食发展和安全理念的重要组成部分，对保障国家粮食安全，满足消费者多样化的消费需求具有重大意义。

树立大农业观、大食物观，构建多元化食物供给体系，是习近平总书记提出来的。他在福建工作时，在《摆脱贫困》一书中提出："必须走一条发展大农业的路子""大粮食观念替代了以粮为纲的旧观念。"在 2015 年中央农村工作会议上，习近平总书记提出"树立大农业、大食物观念"。在 2022 年全国两会上，习近平总书记发表了树立大食物观的重要讲话，就新时代粮食安全、食物多样化发展、农业资源综合利用、农业结构布局、发展特色农业、供给侧结构性改革作出一系列重要论述，为新时代粮食安全、食物安全、满足多样化消费需求指明了方向。2023 年和 2024 年中央一号文件对树立大食物观，构建多元化食物供给体系作出了明确部署。

目前，我国粮食发展和安全处在历史最好时期，粮食安全得到有力保障。我国成功保障了 14.1 亿人的吃饭问题，是世界人口大国中粮食发展与供给最为安全的国家之一。2004 ~ 2023 年，我国粮食取得了 20 年连丰；粮食产量连续 9 年保持在 1.3 万亿斤以上；三大谷物自给率在 95%以上，口粮自给率 100%，确保了食物基本供给，口粮绝对安全。2023 年我国人均粮食产量 494 千克，远超世界人均粮食产量 400 千克的安全线。2023 年我国谷物库存消费比远超联合国粮农组织确定的 17% ~ 18%安全系数。

在新时代我国粮食发展和安全取得新发展、新进展、新成就的背景下，习近平总书记和党中央高瞻远瞩，提出了树立大食物观，构建多元化食物供给体系。这是根据我国面对的世情、国情和农情发生了重大深刻变化作出的重大决策。

（一）从世界情况看

由于世界百年大变局加速演变，世界粮食生产和供给格局发生深刻变化，粮食生产面临严峻挑战，粮食流通和供给压力增大，粮食市场竞争加剧，不确定不稳定因素明显增多。有的国家地区发生粮食供给短缺甚至危机，给我国粮食发展和安全带来新的挑战和风险。这就要求我们应主要依靠自己的力量和资源，继续长远地解决好粮食和食物供给问题。

（二）从我国国情看

我国是世界粮食生产大国、粮食消费大国、粮食进口大国、粮食储备大国，粮食消费需求日益增加。世界上没有一个国家能帮助我们解决吃饭问题。我国耕地资源稀缺，虽然有 19.1 亿亩耕地、34.7 亿亩森林、58.9

亿亩草原和 299.7 万平方千米海洋国土面积，但是森林、海洋提供的食物相对偏少。特别是海洋资源开发明显滞后，其他食物生产资源还有很大的开发空间。人们对食物多样化、差异化需求日益增长，食物消费需求已经发生深刻变化。因此，要继续扬长补短，因地制宜发挥食物资源优势，构建多元化食物供给体系。

（三）从我国农情看

人多地少、大国小农是我国基本农情。近年来，虽然我国农业现代化进程不断加快，但是农业劳动生产率还较低，农业资源和生态环境对粮食生产的制约加大。我国户均耕地规模只有美国的 1/400、欧盟的 1/40、世界平均水平的 1/4。尤其是粮食消费需求仍在刚性增长，而粮食增长幅度有所放缓，新型城镇化又形成了粮食新刚性需求。我国 14.1 亿人，每天要消耗 70 多万吨粮食、9.8 万吨油、192 万吨菜和 23 万吨肉。据专家测算，到 2035 年，我国粮食消费需求量将达到 16.9 亿斤，仅靠国内粮食增产压力巨大。在农产品供给中，大豆、食用植物油、蛋白饲料供给缺口较大，进口数量较多，是粮食发展和安全的突出短板。此外，今后极端天气将增多，自然灾害又频发，对粮食生产的制约将加大。因此，我们应树立大食物观，拓展食物生产，采取多元化措施，解决食物供给问题。

二、深刻认识树立大食物观，构建多元化食物供给体系的基本内涵和战略意义

树立大食物观，构建多元化食物供给体系站位高远，内涵丰富，含义深刻，具有重要的理论意义、实践意义。

（一）大食物观是立足国情、着眼长远的具有战略性、前瞻性的粮食和食物供给安全的理念

我国粮食安全、食物安全必须从国情出发，从长远做好战略部署。粮食安全观与食物安全观相辅相成。粮食安全是食物安全的重要基础，是保障食物安全的首要任务；食物安全是粮食安全的重要支撑。实现"两个安全"，要多措并举，多路径构建，多元化保障。

（二）大食物观与大农业观密切相联

习近平总书记指出，要树立大农业观、大食物观。大农业观与大食物

观是辩证统一的，缺一不可。只有树立大食物观，才能发展大农业。只有树立大农业观，拓展农业发展门类，推进农林牧渔协调发展，把农业建设成现代化产业，才能为多元化的食物供给提供坚实的物质基础。

（三）大食物观主张拓宽食物资源开发领域，提高食物供给多元化、多样化程度

从耕地资源向整个国土资源拓展，从少品种、少门类向多样化、多门类转变。开发森林草原食物、江河湖泊食物、设施农业食物，从传统农作物和畜禽资源生产向更丰富的生物资源拓展。

（四）大食物观强调拓展大食物来源路径和渠道，优化食物供给的农业区域布局和结构

深化农业供给侧结构性改革，优化农业布局和结构，把农业结构调绿调优调强，形成循环化、多元化、生态化、产业化、绿色化的发展模式。全方位、多途径开发食物资源，开发丰富多样的食物品种，实现各类食物供求平衡。

（五）大食物观强调以消费需求为导向，掌握人们食物消费发展变化趋势

把握消费者消费心理预期，保障各类食物的有效供给，满足人们日益增长的美好消费需求。

总之，树立和践行大食物观，是对新时代粮食发展和安全理念的丰富和发展，具有战略性、前瞻性和针对性。一是树立大食物观，构建多元化食物供给体系是新时代粮食安全理念的丰富和发展，是新时代粮食安全观的重要组成部分。有利于从更广阔的视野、更广阔的领域、更多元化的路径谋划国家粮食发展和安全，以及主要农产品有效供给。二是树立大食物观，构建多元化食物供给体系是新时代统筹粮食发展和安全、坚持粮食安全底线思维的重大举措，有利于把"米袋子""菜篮子""油瓶子""果盘子"牢牢掌握在自己手中。三是树立大食物观，构建多元化食物供给体系是新时代提高农业综合生产能力的有力保障。有利于提高国家粮食安全和重要农产品供给保障能力，拓展食物来源和途径，增加食物供给种类，增强多样化农产品和食物供给能力。四是树立大食物观，构建多元化食物供给体系是农业和粮食生产坚持绿色低碳循环发展的有效途径。有利于坚持山水林田湖草沙一体化治理和保护，科学合理开发利用，充分发挥各类

食物资源作用，减少现有耕地、淡水等农业资源压力，优化农业结构和布局，实现农业转型升级和绿色低碳发展。五是树立大食物观，构建多元化食物供给体系是满足消费者日益增长的美好生活需求的有力支撑。有利于以市场需求为导向，适应消费需求的变化，满足农产品和食品消费个性化、差异化、多样化、营养化和健康化的需求。

三、加快构建多元化食物供给体系需把握的几个问题

加快构建多元化食物供给体系，是新时代"三农"工作一项重大而紧迫的任务，是新时代国家粮食发展和安全的重要基础工程。要以习近平新时代中国特色社会主义思想为指导，树立和践行大农业观、大食物观，加快构建高质量的多元化食物供给体系。

（一）要把发展粮食生产和供给放在首要位置

粮食供给始终是多元化食物供给体系的重中之重，特别是粮食产区、粮食产销平衡区、粮食销区都要把保面积、保产量摆在首位，这是多元化食物供给体系的基础任务和核心要素。要确保粮食供给，同时抓好畜牧业、养殖业、蔬菜、水果、水产品等农产品的生产和有效供给。

（二）要加快推进农业绿色低碳发展，构建绿色低碳循环的食物供给体系

绿色低碳循环是多元化食物供给体系建设的基本路径。要建立绿色化、生态化、低碳化、循环化的食物供给体系，坚持保护好生态资源。要在保护好生态资源的前提下，进行农产品和食物生产，从耕地资源向整个国土资源开发利用拓展，实现食物生产资源利用生态化、绿色化、循环化发展。

（三）要加快构建多元化的现代乡村产业体系，促进农林牧渔业协调发展

多元化现代农业和多元化现代乡村产业是多元化食物供给体系的基础。要因地制宜确定农业及乡村产业的结构和布局，宜粮则粮、宜牧则牧、宜渔则渔、宜林则林。以"粮头食尾""农头工尾"为抓手，开展农产品精深加工，加快发展食品加工业，形成适应市场需求、匹配生态环境的现代农业生产结构和产业结构，建立适应多元化食物供给体系的多元化现代乡村产业结构和农产品加工业、食品工业结构。

（四）要大力做好"土特产"文章，加快发展乡村特色产业

乡村特色产业是多元化农产品及食品供给的有力支撑。我国是世界上农业物种资源最丰富的国家之一，具有得天独厚的开发特色农产品、特色食品的特色农业资源，开发潜力大。习近平总书记强调，要做好"土特产"文章，依托农业农村特色资源，向开发农业多种功能、挖掘乡村多元价值要效益，向一二三产业融合发展要效益。向开发农业特色资源要产品、要食物，培育和开发"名优特精"的农产品和食品。增加农产品及食品的花色品种，让"米袋子""菜篮子""油瓶子""果盘子"更加丰富多彩、更加多元多样、更加绿色优质。

（五）要积极拓展农产品及食品来源路径及结构，提高农产品生产资源和食物生产资源的利用广度和开发深度

习近平总书记指出，要向森林要食物，向江河湖海要食物，向设施农业要食物，同时要从传统农作物和畜禽资源向更丰富的生物资源拓展，发展生物科技、生物产业，向植物动物微生物要热量、要蛋白。加快向海洋要食物要蛋白，海洋面积占地球表面积的 70.8%，据专家估算，只提供了人类约 22% 的食物，而陆地面积占地球表面积的 29.2%，却提供了人类约 78% 的食物。要加快建设海洋牧场，打造海上"蓝色粮仓"，发展深水网箱、养殖工船等海上养殖，促进海洋渔业从近海、浅海走向远海、深海，提高海洋资源食品生产能力。现代化的设施农业是多元化农业生产的重要平台，要加快发展现代设施农业，为生产优质多样的农产品创造条件。

（六）要深化农业供给侧结构性改革

加快建立粮经饲统筹、农林牧渔结合、植物动物微生物并举的农业结构和生产布局。建设优质高效节水粮食生产和饲料生产基地，加快发展苜蓿等草产业。发展青贮饲料经济，推进"秸秆变肉"工程，提高农作物秸秆综合加工利用，捡回另一半农业。加快草原畜牧业转型升级。开展大水面养殖。培育壮大食用菌和藻类产业。

（七）要把农业小品种做成大产业

习近平总书记多次作出要把小品种做成大产业的重要指示，强调要充分发挥名优特精产业及品种资源优势。这是开发各类食物资源，发挥特色资源优势，构建多元化食物供给体系的重要指引。农业物种资源和农业品种是食物供给体系的基础。我国具有构建多元化食物供给体系的物种条件，是世界农业种质资源和农产品品种最丰富的国家之一。农业小品种十分丰富，数量众多，开发潜力大。要加快开发小品种农业产业，发展特色小品种农业产业，以及特色小品种的食品加工业，将小品种做大做强。

（八）要以加快发展农业新质生产力为引领

科技创新是构建多元化食物供给体系的有力支撑。大力推进食物供给体系科技创新与进步，发展食物生产和加工领域新质生产力。加快种质资源培育和开发，推进农业科技进步，充分利用生物技术培育各类优势品种。加快食品工业科技进步，以"粮头食尾""农头工尾"为抓手，发展农产品精深加工，开发各类加工品。加快发展设施农业，提高设施农业科技含量，向设施农业要产品要效益。

深耕农村金融沃土　夯实粮食安全根基

程永波　第十四届全国政协常委

编者按： 2024 年 6 月 5 日下午，政协第十四届全国委员会常务委员会第七次会议在北京举行，程永波等 14 位政协常委围绕"构建高水平社会主义市场经济体制"作大会发言。中共中央政治局常委、全国政协主席王沪宁出席。现将程永波全国政协常委的发言予以刊发，供大家参阅。

保障粮食安全是实现国家安全的重要基础。全方位夯实粮食安全根基，特别是托稳种粮农民信心、突破种业关键核心技术，都迫切需要金融支持。近年来，我国在金融支农方面取得了显著成效，但随着粮食产业现代化快速推进，对金融服务的需求也出现深刻变化。

在这个过程中，有三个问题尤为值得关注：一是新型农业经营主体融资需求难以得到满足。规模化粮食经营需要大量的前期投资，并且由于农业生产固有的周期性，这些投资的回收周期较长。而且，鉴于农业本身的低利润率，合理的贷款利率对于经营主体来说尤为重要。虽然国家政策鼓励金融机构支持农业发展，但现实中，由于农业生产的高风险以及种粮主体缺乏足够的抵押物，银行及其他金融机构在提供大额、长期且低利率的贷款服务时往往持谨慎态度。二是粮食领域科技创新的融资难题亟待解决。粮食科技创新是确保粮食稳产增产的关键因素。以 2023 年为例，全国粮食产量比上年增加了 888 万吨，其中良种的使用起到关键作用，其贡献率超过了 45%。然而，目前我国有分量的种企较少，持证种企中注册资本在亿元以上的仅占 6%，众多处于成长期的中小型种企存在资金短缺，因可抵押物少面临贷款难问题。近年来，植物新品种权质押贷款作为一种创新融资方式，其推广和应用还需进一步深化和完善。三是粮食安全风险保障体系亟须强化和完善。农业保险作为保障国家粮食安全的重要工具，其整体风险保障能力目前总体上讲尚显不足。突出表现在，保险制度精细化水平还不高，多数省份未进行区域风险评估和费率划分，保险额度通常采取"一刀切"的处理方式；受灾农户查勘定损效率偏低，受灾后保险公司查勘定损不及时、不准确，协议赔付或平均赔付的现象时有发生。为此建议：

一、加快发展面向新型农业经营主体的金融服务

建议大力发展农业供应链金融，开发"银行＋龙头企业＋上下游经营主体"等供应链金融产品，为新型农业经营主体提供增信支持；加强新型农业经营主体的制度建设，完善名录管理，推进管理服务数字化转型；充分利用政策性农业融资担保机构的优势，根据新型农业经营主体的特点，创新开发专属金融产品，进一步提高金融服务的可得性、覆盖面和便利性。

二、不断加大粮食领域科技创新的金融支持力度

建议利用政策性种业基金，发挥财政资金的杠杆作用，引导金融和社会资本，为种业企业在关键技术研发和推广上提供长期稳定的支持；鼓励银行机构积极探索种子品种权质押融资业务，为中小型种业企业提供更为灵活的轻资产融资途径。

三、强化农业保险在保障粮食安全中的作用

建议全面执行三大主粮的完全成本保险和种植收入保险政策，优化"保险＋期货"模式，并完善巨灾风险的保险制度；建立由政府主导的保险大数据平台，推动风险区域划分和费率的科学制定，构建精准的定价、承保、理赔和反诈机制；推动功能性粮食作物保险的发展，为优质水稻、高蛋白玉米等作物提供风险保障，促进生态、高值、高效粮食产业发展。

保障粮食安全　积极建言献策

——对话第十三届、十四届全国政协委员，南京财经大学校长　程永波

2023 年全国两会召开前夕，就全国政协委员如何更好地服务粮食产业发展、保障国家粮食安全，《中国粮食经济》编辑闫文婷与第十三届、第十四届全国政协委员，民革江苏省委会副主委、南京市委会主委，南京市政协副主席，南京财经大学校长程永波进行了探讨交流。

粮食事关国运民生，粮食安全是国家安全的重要基础。党的二十大报告指出："全方位夯实粮食安全根基""确保中国人的饭碗牢牢端在自己手中"。全国政协委员程永波认为，从中长期看，我国粮食供求将处于紧平衡状态，特别是面对复杂的国际形势、国内持续增长的粮食刚性需求，确保国家粮食安全这根弦一刻也不能放松。程永波在担任第十三届全国政协委员期间，围绕粮食安全"大课题"，精准聚焦"小切口"，既关注"宏观战略面"，又关注"微观政策面"，5 年共计提交 13 件涉粮提案。提案相关意见建议被党中央、国务院有关部门采纳。

闫文婷：党的二十大报告提出"全方位夯实粮食安全根基"，您是怎么理解"全方位"的？

程永波：党的十八大以来，以习近平同志为核心的党中央始终把解决粮食安全问题作为治国理政的头等大事，提出确保"谷物基本自给、口粮绝对安全"的新粮食安全观。我国粮食生产连年丰收，粮食产量连续 8 年在 1.3 万亿斤以上，近些年来人均粮食占有量在 480 千克左右，远远高于国际公认的人均 400 千克安全标准线，中国人依靠自己的力量端牢饭碗，为保障国民经济和社会发展提供了坚实支撑。

党的二十大报告强调："我国发展进入战略机遇和风险挑战并存、不确定难预料因素增多的时期，各种'黑天鹅''灰犀牛'事件随时可能发生""确保粮食、能源、产业链供应链可靠安全和防范金融风险还须解决

许多重大问题"。预计到 2030 年前后，国内谷物需求量将达到峰值 7.1 亿吨。由于优质粮食品种供给变化滞后于居民消费结构升级，粮食供给品种结构性矛盾将更加突出。可以说，这是党中央、国务院更高站位、更深层次的思考，是系统性、整体性和全面性的辩证统一。全方位夯实粮食安全根基，是新时代统筹发展与稳定、风险与安全，粮食与其他产业，粮食供给与食物供给，以及应对国际形势变幻动荡作出的全面系统准确的新部署和新要求。

闫文婷：农民增收是中心任务，粮食安全是首要任务，在实践中要处理好、统筹兼顾好两者的关系。您在全国政协委员履职过程中是否也关注过这两者之间的关系？

程永波：党的二十大报告提出要"健全种粮农民收益保障机制"。实现农民种粮多挣钱、得实惠，做到"为耕者谋利"，千方百计保护和提高种粮农民积极性，既是更好扛牢国家粮食安全的重大责任，又是促进共同富裕、协调区域发展的应有之举。近年来，随着国际国内粮价的大幅上涨，加之农业补贴多，种粮收益较高，种粮农民积极性得到显著提升。同时，我们也必须看到，种粮农民积极性受多种因素制约。比如，我在调研过程中，发现部分地区的种粮农民对"粮食作物收入保险"缺乏正确认识，加上保险存在部分条款厘定不精准，以及存在查勘定损理赔不到位的情况，导致这项惠民政策在执行过程中存在一些问题，在一定程度上影响了种粮农民积极性。2022 年全国两会，我提交了《关于完善推进粮食作物收入保险精准实施的提案》，建议完善粮食作物收入保险制度，加大中央、地方政府财政保费补贴力度，降低农户自交保费比例，为种粮农民提供更高的风险保障水平、更广的保险责任范围，助力种粮农民保收增收。俗话说"种地不选种，累死落个空"。种子是农业的"芯片"，给种子"上保险"，至关重要。但与发达国家已经成熟且全面的种业保险制度相比，我国种业保险工作起步较晚，种业风险分散机制不够健全，影响种粮农民收益。为此，我又提交了《关于支持发展种业保险助力打赢种业"翻身仗"的提案》，提出了推进种业保险增品扩面提标、优化种业保险市场体制机制、完善种业保险相关配套制度等方面建议，呼吁种业保险产品设计更加科学、赔付更加精准、效果更加惠农，让种粮农民吃下"定心丸"。总体来看，只有在政策上健全完善种粮农民挣钱得利的保障机制，在措施上重点强化藏粮于地、藏粮于技的物质基础，才能处理好"农民增收"和"粮食安全"之间的关系。

闫文婷：您作为一名长期高度关注国家粮食安全的全国政协委员，在粮食安全履职建言方面具有哪些特点？

程永波：我认为主要有两个方面的特点。

一方面注重系统性。围绕"小切口"，层层递进，系统建言，形成闭环，更好助力粮食安全。随着我国工业化、城市化进程的加快，以及对外开放水平的提升，加强国际粮食供给渠道与国际粮食物流通道的建设，保障国家粮食安全，显得尤为重要和迫切。2019 年全国两会，我提交了《关于进一步加强国际粮食供给渠道与物流通道建设的提案》。全球新冠疫情暴发后，一些国家谋求自保紧急发布粮食出口禁令，全球粮食产业链供应链不确定性风险增加。2020 年全国两会，我提交了《关于加快提升我国粮食产业国际竞争力的提案》。在国际局势波诡云谲的百年未有之大变局背景下，粮食储备的重要性更加凸显。2022 年全国两会，我提交了《关于进一步完善我国粮食储备体系的提案》。

另一方面讲求协同性。保障粮食安全涉及方方面面，须发挥专长、结合实际，从多维度、多角度献计献策，追求提案彼此呼应、相互支撑的"建言效果"。

习近平总书记强调，"保障粮食安全，要在增产和减损两端同时发力"。我通过调研，发现我国节粮减损存在很大潜力和空间，"无形粮田"亟待挖掘。2021 年全国两会，我提交了《关于促进节粮减损，打造无形良田的提案》。保障粮食安全是涉及粮食生产、粮食流通、粮食消费等多环节多领域的系统工程，每一环节每一领域都离不开人才支撑与智力保障，高水平人才一直是粮食行业发展的内生动力。受历史、现实等多因素影响和制约，我国涉粮院校面向粮食行业的高层次人才培养远远不能满足粮食安全战略对于人才的全方位需求。2021 年全国两会，我提交了《关于为国家粮食安全战略培养高层次人才的提案》。建议加强粮食安全学科建设，优化博士学位授予单位和博士学位授权点布局，培养粮食安全领域急需博士人才，为提升我国粮食综合保障能力，提供人才支撑。

粮食安全是国家安全的重要基础，法治建设是粮食安全的重要保障。构建更高层次、更高质量、更有效率、更可持续的粮食安全保障体系，须加强粮食安全法治建设。2022 年全国两会，我提交了《关于加强粮食安全法治建设的提案》，建议加快《粮食安全保障法》立法进程、加强粮食安全执法队伍建设、提升粮食安全普法成效等。此外，我还在"实施粮食产业强国战略""国家物资储备体系建设""土壤修复"等方面提交了相关提案。

闫文婷：南京财经大学作为新中国自己创办的第一批粮食院校之一，近些年来在保障粮食安全上做了哪些探索，取得了哪些成绩？

程永波：南京财经大学是一所"生于粮、长于粮、发展壮大于粮、特色优势于粮"，具有深厚粮食文化底蕴的高校。近年来，立足"财经底色、粮食特色"办学传统，坚持需求导向、高点定位，充分发挥粮食专业学科优势，以粮食流通技术创新为驱动，以粮食产业发展为核心，以粮食流通政策创新为支撑，积极服务国家粮食安全战略，取得了一定成绩。

在高层次人才培养方面，学校坚持服务国家特殊需求，依托"现代粮食流通产业发展与政策博士人才培养项目"，推进学科交叉、需求导向、产教融合一体化支撑的"双元"人才培养模式，培养了许多粮食行业高层次人才。学校的粮食经济研究院、粮食和物资学院是全国高校中唯一的粮食经济管理人才培养基地。

在高级别创新平台建设方面，学校拥有"粮食储运国家工程实验室（稻谷平台）""国家优质粮食产后服务技术创新中心""国家粮油标准研究验证测试机构""国家粮食大数据采集与应用技术创新中心""国家首批粮油国际标准研究中心"等一系列科技平台。此外，南京财经大学牵头发起，相关国际机构、国家级科研院所、国内三所粮食特色高校、粮食和农业管理部门共同参与的"中国粮食文化研究院"即将签约共建。

在高水平师资建设方面，学校建立了面向粮食行业的"人才特区"，不断加大"'现代粮仓'技术""优质粮食工程""粮食安全与产业政策"三大创新团队培养力度。近三年，南京财经大学自主培养粮食学科国家级人才 2 人，国家粮食行业拔尖人才 4 人，江苏省"333"人才 4 人，江苏省青蓝学术带头人 2 人，青蓝骨干教师 2 人，"粮食营养与功能食品"研究生导师团队获江苏省"十佳研究生导师团队"称号。

在高质量科学研究方面，学校获批以粮食安全和粮食节约减损为主题的国家社科基金重大项目、国家自然科学基金委管理学部应急管理项目、国家重点研发计划项目，以及多项国家自然科学基金、国家社会科学基金面上项目和后期资助项目。学校粮食相关研究成果先后获评教育部科技进步二等奖 1 项、江苏省科学技术一等奖 2 项，国家粮食和物资储备局软科学课题研究成果二等奖、中国粮油学会科学技术一等奖等一系列奖项。

闫文婷：您今年的提案重点还是"粮食安全"吗？您作为第十三届、第十四届全国政协委员，五年来，经历了从"新"委员到"老"委员的转变，最深刻的感受是什么？

程永波：我作为粮食特色高校的一名校长，长期高度关注粮食安全，为保障粮食安全鼓与呼是一种政治责任，也是一种粮食情怀。今年全国两会，我准备了 3 个提案，都与"粮食安全"相关。

回顾五年履职历程，要说最深刻的感受，我认为有两个方面。一方面，人民选我当委员，我当委员为人民。全国政协委员来自人民，必须站稳"人民立场"，为人民服务。只有涵养"心中有人民"的情怀，眼睛"向人民看"，脚步"向人民迈"，全国政协委员才能"近民生，解民意"地建言献策，达到"谋民利，得民心"的资政效果。

另一方面，全国政协委员不是"专职"的，而是"专业"的。从内心深处增强了对"全国政协委员不是靠说了算，而是靠说得对"这句话的认同。当好全国政协委员不容易。要做到"说得对"，全国政协委员既要做"学习者"，不断提高政治判断力、政治领悟力、政治执行力，也要当好"门内汉"，在履职的深度广度上下硬功夫。

（本文发表于《中国粮食经济》2023 年第 3 期）

培育新质生产力　推进河南省粮食产业高质量发展

李成伟　第十四届全国人大代表

河南农业大学党委书记

近年来，河南省党政围绕粮食产业高质量发展进行了许多探索，包括打造"三链同构"、融入国家粮食安全产业带、"一带一路"倡议深化下参与全球粮食治理等。新一轮产业技术革命蓬勃发展及其推动的战略新兴产业集群加速形成，使得传统产业转型升级发展更加注重科技创新的内在驱动作用。河南省粮食产业高质量发展，须适应新形势，培育形成新质生产力，依靠科技创新驱动，走内涵式为主的发展道路。

一、河南省粮食产业新质生产力的现状

新质生产力是以产业科技资源及其所支撑的新产业新业态为特征的生产力。粮食产业新质生产力是以科技、创新、人才支撑粮食产业以及与粮食相关的战略新兴产业和未来产业发展为特征的生产力。

（一）农作物常规育种全国领先但原始创新不足

河南省小麦、玉米常规育种处于全国领先水平，自主开发的郑麦9023、矮抗58、郑麦366、百农207和郑单958等先后是我国种植面积最大的粮食品种。小麦繁种基地常年稳定在28.8万公顷，年制种能力在18亿千克以上，处于全国第1位。但河南省作物育种的基础研究相对滞后，与广东、浙江、北京等先进省（市）相比，在作物育种的基础理论和关键基因发掘与分子机理机制解析、基因编辑技术体系构建和优异基因挖掘、突破性种质资源创制等方面差距明显。目前，河南省仍处在以杂交选育为主的传统育种阶段，基因编辑技术、分子设计育种等现代生物育种发展不足。只有河南农业大学、河南省农业科学院等少数单位开展基因编辑技术、分子设计育种研究工作，省域整体育种体系建设与发达国家模块化、工厂化、流程化、信息化的现代育种系统相比尚显不足。

（二）粮食生产设施装备较强但高端装备不足

截至 2022 年底，河南省累计建成高标准农田 558.5 万公顷，其中 13.7 万公顷高标准农田示范区，实现农田精准灌溉、智慧管理。全省规模以上农机装备企业 200 余家，产业规模近 600 亿元，农机总动力 1 亿千瓦，主要农作物耕种收综合机械化率 87%，高出全国平均水平 14 个百分点。但是，河南省粮食栽培与加工的机械化、信息化等技术研发"单项冠军"多，配套技术组装集成不足；农机装备中高端产品占比较少、核心配套能力较弱、产业链竞争力不强。国产大型、高端农机与国外差距较大，进口依赖程度高；多数农机零部件（齿轮、液压管件等）与江苏等省相比，存在着产品质量不足、一致性不足、可靠性不足的问题。

（三）粮食初加工能力强但精深加工不足

河南省生产了全国 1/2 的火腿肠、1/3 的方便面、1/4 的馒头、3/5 的汤圆、7/10 的速冻水饺，已经形成全国最大的肉类、面及面制品、速冻食品、调味品、饼干和休闲食品五大特色产业集群。2022 年，面粉加工能力 5846 万吨，面粉、挂面、方便面产量均居全国第 1 位。但是，粮食产业精深加工能力严重不足，高附加值的精深加工仅占 20% 左右，60% 以上农产品加工副产物没有得到有效利用。具有典型代表意义的食品工业规上企业增加值由 2006～2018 年的全国第 2 下滑到 2019～2020 的全国第 4、2021～2022 年的全国第 6，甚至落后于福建、广东等非粮食主产省。

（四）新业态新模式快速发展但引领作用远未发挥

国务院办公厅《关于加快推进农业供给侧结构性改革大力发展粮食产业经济的意见》（国办发〔2017〕78 号）、河南省人民政府《关于大力发展粮食产业经济　加快建设粮食经济强省的实施意见》发布以来，互联网＋农业、精准农业、绿色食品、粮食产业观光、体验式消费、粮食电商等新业态不断涌现，"生产基地＋中央厨房＋餐饮门店""生产基地＋加工企业＋商超销售""作坊置换＋联合发展""粮食＋文化＋旅游"等新模式快速发展。但是，这些新业态新模式并没有成为主流，引领粮食产业向战略新兴产业和未来产业发展。一些省（市），如天津，将粮食产业作为未来产业予以培育，发展微生物食品原料（人工合成淀粉）产业。近年来，在大食物观、大健康观引领下，消费者需求正向品质化、多元化、健康化转变。因此，河南省粮食产业亟待由传统产业朝着战略新兴产业和未来产业转型升级。

二、河南省粮食产业新质生产力的问题

新质生产力的培育形成主要依靠科技、创新、人才等高端要素。然而河南省相对落后的经济社会条件，制约了这些高端要素的集聚，成为新质生产力形成的主要困难。

（一）科研平台的要素集聚效应有待提升

在种业创新平台方面，河南省正以"中原农谷"为重点，建设国家生物育种产业创新中心和神农种业实验室，建有国家和省级农作物种质资源库（圃）等；在粮食加工科研平台方面，建有小麦和玉米深加工国家工程研究中心、食品工业科学研究所、食品产业技术研究院、中原食品实验室等省级以上研发实验平台。但这些平台多于近几年建成，在集聚创新团队与人才力量、积累专利与技术等方面相对薄弱。与北京、广东等非粮食主产省（市）相比，农业和粮食类科研平台过少，聚集科教资源有限。

（二）科技企业的创新主体地位有待加强

种业企业数量多但能级低，2021年河南省有724家农作物种业企业，占全国的1/10，但没有1家进入全国农作物种业综合排名前20强。在国家农作物种业阵型企业69家中，仅秋乐种业（玉米）和金沃野农业（油料）2家在列，最具有优势的小麦作物，没有种业企业进入小麦强优势阵型中。粮食加工企业中，2022年省级以上粮食加工龙头企业平均研发强度（研发投入占营业收入的比例）为1.1%，远低于工业企业的2.1%，且近80%的龙头企业没有设立研发创新平台。粮食产业科技企业的创新主体地位还没有牢固确立。

（三）科技政策的引导激励效应有待发挥

围绕促进粮食产业高质量发展，河南省委省人民政府出台了《关于坚持三链同构加快推进粮食产业高质量发展的意见》《关于加快中原农谷建设　打造国家现代农业科技创新高地的意见》《关于推进周口国家农业高新技术产业示范区建设的若干意见》《支持中原农谷科技创新的若干措施》等文件。这些政策措施对于集聚科技创新资源，激励创新成果诞生具有

良好的引导效应。2023 年在中原农谷设立了 14 项省重大、重点研发项目，投入研发经费 0.5 亿元。但总体上，由于时间积累和要素积累不足，科技政策的激励效应还远未发挥出来，关键性技术和突破性新品种还没研发出来，激励研发投入的效应还未显现。2022 年河南省粮食产业全社会研发经费投入约为 50 亿元，投入强度为 0.3%，低于山东省 1.0% 的水平。

（四）科技人才的基础支撑作用有待加强

河南省通过制定全省两院院士梯次培养计划，开展"中原英才计划（育才系列）"，组织实施科技攻关、重大科技专项等科研项目，正在不断完善青年科技人才发现、培养、激励机制，培养了一大批粮食产业的科技创新人才，建立了小麦、玉米、花生等产业链科技创新队伍。但总体上，支撑粮食产业高质量发展的科技人才队伍力量不足，不仅高端人才较少（相关领域仅有 2 位中国工程院院士和 16 位中原学者），且青年后备人才较少。河南省开设粮食及食品相关专业的高校共有 6 所，年毕业本科生约 1000 人，硕士、博士研究生 200 人，远不能满足粮食产业发展的需求。

三、培育河南省粮食产业新质生产力的对策

新质生产力的核心是创新，载体是产业。河南省粮食产业高质量发展，必须把握"创新"和"产业"这两个关键。

（一）以战略新兴与未来产业培育重构粮食产业发展新格局

重构河南省粮食产业发展新格局，必须首先从战略理念上突出粮食产业是战略新兴产业和未来产业，而不仅仅是优势主导产业。一是重点培育支持食药（特医）产业。以特殊膳食食品、功能食品、个性化营养健康食品等营养健康食品制造为研究重点，生产出以普通食品形态为载体，可有效预防和降低慢性病风险或调节亚健康状态的营养健康食品。二是大力支持数字食品产业发展，开发 3D 打印技术，跟踪和"量化"营养素需求数据，精准"打印出"营养价值、成分、口味、质地和大小等均符合个体需求的个性化食品。三是前瞻布局未来食品产业，发展细胞培养肉、蛋、奶等大宗食品及食品原料，实现细胞工厂生产，减少食品工业对农业种植业、养殖业的依赖性，重点研发以作物为基础的新型食品原料，比如糖类、新兴生物活性物质等。

（二）以人才培养模式革新加强产业人才队伍建设

一是推进省属涉农涉粮高校革新人才培养模式，建立以"产业布局＋未来需求"为导向的人才培养方案，强化应用型科技研发与技术创新人才培养。二是强调产学研联合培养人才，以中原农谷、周口农高区等平台为载体，构建政产学研整合的教育生态圈，建立"教育＋科技＋人才"一体化的人才培养模式。三是持续优化高层次人才引育政策，以政策和环境建设为重点，坚持引育并举，持续加大院士等高层次领军人才队伍建设。四是激发青年科技人才创新活力，坚持以德树人，优化师资队伍评价制度，激发青年教师面向未来食品开展创新创业活动。五是大力培养粮食和食品领域新生代企业家。持续不断优化政策体系，为粮食和食品领域新生代企业家的成长营造环境。

（三）以科技政策引导激励粮食产业科技创新

一是部署安排粮食产业科技战略方向和攻关任务，面向未来食品产业发展的新方向，部署实施一批食品科技重点研发专项。重点支持种业原始创新、粮食精深加工、高端装备等关键性技术，力争实现产业技术的颠覆性突破。二是强力推动产业融合，推动现代生物技术、信息技术、智能制造技术等与粮食产业的深度融合，加强粮食产业业态创新、模式创新、渠道创新，不断提升生产效率和产品质量。三是加大科技平台建设，以龙头企业为依托建设一批粮食领域省级重点实验室和中试平台，推进产学研协同创新；支持神农种业实验室、国家生物育种产业创新中心等重大创新机构的科研仪器设施面向社会共享共用，提高资源利用效率。四是注重科技成果转化，完善"企业出题，揭榜挂帅"制度，推动科技成果快速下沉。五是积极融入全球创新网络，支持科研院所和高校积极参与国际同行学术交流与合作，支持领军企业在海外设立研发基地。

（四）以营商环境优化强化粮食科技企业培育

一是大力培育"专精特新"粮食企业，重视以新品类、新模式、新理念为支撑的新兴粮食龙头企业的生态圈与产业链建设，打造更多科技小巨人企业和独角兽企业。二是支持大型粮食企业建立研发机构，按照战略新兴产业和高新技术产业的优惠政策支持龙头企业和大型企业建立研发机构，加大研发投入。三是鼓励粮食企业加快推进数字化改造和低碳化转型，建立数字化智能化的生产管理信息平台，完善食物可追溯系统。

（五）以体制机制改革深化优化产业科技创新氛围

一是发挥"集中力量办大事"的体制优势，集中政府财政支持资金，加强政府财政资金对新兴粮食产业和未来食品产业的支持。二是创新运用金融工具，引导产业资本投向面对战略性和未来食品的产业园和产业集群、大数据网、产业基金等建设；引导市场化的产业资本投向新兴粮食和未来食品领域，培育更多粮食加工与流通企业上市。三是完善劳动保护和社会保障制度，加快完善粮食主产区劳动保护、工资保障、社会保险等兜底性保障政策，探索建立长期有效的职业培训制度，引导粮食企业帮助劳动者优化劳动技能结构，吸引更多高技能人才落户粮食主产区。

推动全面落实粮食安全党政同责
强化对全社会粮食监管能力建设

龙小红　时任湖北省发展和改革委员会党组成员、副主任

时任湖北省粮食局党组书记、局长

湖北省是全国13个粮食主产省之一。2022年，全省粮食产量548亿斤，其中，稻谷产量占粮食产量70%左右，稻谷产量位居全国第5位。纳入统计的各类粮食经营主体常年粮食收购量260亿斤左右，常年销往省外稻谷和大米110亿斤左右。纳入统计粮油企业1840家，工业总产值1879亿元，居全国第7位；湖北省获"中国好粮油"产品38个，居全国第3位。近年来，湖北省粮食局认真贯彻习近平总书记关于国家粮食安全重要论述精神，落实国家粮食和物资储备局以及粮食购销领域专项整治有关要求，推动全面落实粮食安全党政同责，加强对全社会粮食流通监管能力建设，保障全省粮食安全和粮食市场的平稳有序，取得了显著成效。

一、完善全面落实粮食安全党政同责考核机制，出台对粮食监管能力建设的意见

一是扛稳扛牢政治责任。习近平总书记在党的二十大报告中强调，"全方位夯实粮食安全根基，全面落实粮食安全党政同责"。我们认真履行省粮安办职责，提请省委省政府出台《湖北省贯彻落实地方党委和政府领导班子及其成员粮食安全责任制规定工作清单》《关于加强粮食购销领域监管能力建设的实施意见》。二是健全完善考核机制。推动建立耕地保护和粮食安全责任制考核新机制，配合省发展和改革委员会成立考核工作组，省自然资源厅、省粮食局分别承担耕地保护、粮食安全考核日常工作。制定市（州）党委政府落实耕地保护和粮食安全责任制考核工作方案及评分细则，组织做好责任书签订工作。推动粮食安全指标纳入《湖北省加快建设全国构建新发展格局先行区推动高质量发展综合绩效评价指标体系（试

行)》。三是强化考核结果运用。2016～2022 年，连续 7 年组织开展市（州）落实粮食安全责任制情况考核。2023 年，省财政拿出专项资金对 7 个考核优秀的市（州）进行奖励，充分发挥了考核"指挥棒"的作用。

二、加强人才队伍建设，提升粮食监管人员的综合素质

一是强化基层基础。推动市县发展改革（粮食）部门优化配备必要工作力量。2023 年全省市县发展改革（粮食）部门涉粮科（股）室、工作人员、事业单位性质的粮食安全中心分别达到 190 个、438 人、69 个，与 2020 年相比，分别增加 35.7%、17.7%、68.3%。二是建立专家智库。省级建立由 300 余名专家学者、技能人才组成的粮食安全政策智库、项目评审专家库、库存检查专业人才库和高水平技能人才库 4 类专家人才库，组织专家人才参与决策咨询、课题调研、项目评审、监督检查等。三是定期组织培训。制定粮食行业人才队伍建设三年行动计划和年度工作计划。开展财务、仓储、统计、质量、信息化能力提升等培训 20 期、培训 2000 余人，以此带动市、县、企业广泛开展培训，切实提升监管能力水平。四是开展技能鉴定。组织武汉轻工大学、湖北大学知行学院、湖北省粮食行业协会共建育才联合体，在全国率先开展行业技能等级认定工作，首批 147 人参训、111 人通过等级认定。五是推进按期轮岗。推进全省国有粮食企业负责人和关键岗位人员轮岗交流全覆盖，督促落实企业班子成员及负责购销、检斤、检验、保管、财务、基建等工作的部门负责人，任职满 5 年有计划安排交流、9 年应当交流的规定。

三、加强多部门联合粮食监管，提高粮食监管的质效

一是完善监管制度。制定印发《湖北省粮食行政管理部门行政处罚裁量权基准适用规则》《湖北省政策性粮食购销违法违规行为举报奖励办法（试行）》《关于加强粮食购销跨部门综合监管的意见》。二是组织联合监管。2023 年，联合国家粮食和物资储备局湖北局、省市场监管局、省农业农村厅开展联合监管，发现并整改问题 8 个；组织开展 2023 年全省政策性粮油库存检查，发现并整改问题 84 个；落实《粮食购销定期巡查工作制度（试行）》，推动市县和省储备粮公司按要求开展季度定期巡查，

结合实际开展省级抽查；动员全社会力量参与政策性粮食购销领域监管，12325监管热线举报线索及时查处率达到100%。三是严格规范执法。实施"严监管强执法重处罚"活动，全省各级粮食行政管理部门共查办行政处罚案件120件，向纪检监察机关移送案件问题线索4件，全社会粮食流通监管能力明显提升。紧盯粮食收购入库、粮食储存、粮食销售出库等重点环节，首次开展省级储备粮管理年度考核，反馈考核发现问题并督促完成整改。四是创新监管方式。以深化粮食购销领域腐败问题专项整治为契机，全面建成覆盖省市县三级地方储备粮监管信息化系统，切实加强穿透式监管，并在2023年度秋粮收购中得到实战检验。在省纪委监委的全程指导下，研究制定粮食购销领域政治生态分析研判工作方案，探索开展政治生态分析，推动粮食购销领域政治生态持续向好。

四、加强粮食产业转型提质，推动粮食监管的科技化

一是实施粮食科技项目揭榜制。2021年起湖北省在全国率先实施粮食科技项目揭榜制，组建了全国唯一由多位院士领衔的优质大米、菜籽油两个粮油产业链建设专家团队。近三年累计安排3500万元财政资金，支持揭榜制项目34个，解决了一批行业性"卡脖子"难题。累计安排1.6亿元财政资金，支持技术改造升级，推广应用新装备、新技术、新工艺，支撑湖北粮机装备振兴、先进技术运用、优质粮油生产始终走在全国前列。二是搭建科技服务平台。建成全国唯一粮食质量安全检验监测区域中心（华中中心）、国际粮油标准验证中心，牵头起草了稻谷、油菜籽等国家标准。发挥武汉轻工大学、华中农业大学、湖北大学、中国农业科学院油料作物研究所、湖北省农业科学院等在鄂涉粮院校和科研单位优势，推动政产学研用融合发展。三是组织粮食科技攻关。针对行业共性、关键性、前瞻性重大技术问题，协调组织科研机构、粮机装备和粮油加工企业联合攻关。研发并建成了全国首条稻谷加工全智能化生产线，实现节粮减损、节能降耗"双丰收"。研制出全国领先的便携式重金属快速检测设备，填补了砷快检空白。在全国粮食行业率先研发应用了模拟仿真培训软件，破解行业技能培训"痛点"。

五、加强企业规范化管理，夯实粮食监管的安全基础

一是全面落实改革要求。调整理顺国有粮库管理体制，实现政企分开、政资分离。积极推进地方储备粮承储企业政策性职能与经营性职能分开，目前全省承担政策性业务的企业全部实现"两项职能"分开，保障粮食安全的底层基础更加牢固。二是组织开展粮库能力提升。组织开展全省国有粮库能力评价，通报 12 家国有粮库能力提升突出粮库，选树先进典型带动整体进步，国有粮库管理进一步规范。三是筑牢安全生产防线。印发《全省粮食系统重大事故隐患排查整治 2023 行动实施方案》，常态化开展"两个安全"隐患排查整治工作，全省粮食系统储粮安全和安全生产得到有效保障。

当前，我们认为，在粮食工作中存在一些前瞻性、苗头性、倾向性的问题亟待研究解决。一是对全社会粮食监管须全面落实粮食安全党政同责，压实地方各级党委政府的责任。对全社会粮食监管是全社会的事情，应动员全社会力量进行监管，地方有关部门按照相应职责履职尽责。不能认为这只是粮食行政管理部门一家的事情。建议将对全社会粮食监管纳入粮食安全党政同责的考核内容。

二是国家、省、市、县粮食行政管理部门的主要职责、内设机构和人员编制的总规模呈"倒金字塔"形。粮食流通工作的业务量 95% 以上发生在市、县两级，市、县粮食行政管理部门现有的力量与其主要职责严重不匹配，须增加市、县粮食行政管理部门内设机构和人员编制的数量。强化对全社会粮食监管，基础在基层，应实行粮食监管向基层下移、粮食执法向基层下移。

三是调整粮食最低收购价政策。考虑到我国粮食产量连续 9 年稳定在1.3 万亿斤以上，70% 以上的人以大米为主食，建议先对小麦、后对稻谷分步实行目标价格。我们认为，目前条件相对比较成熟。

四是须重新核定合理全社会粮食储备规模、品种结构、粮库布局。新时代，在确保国家粮食安全的前提下，应确定全社会年末粮食储备的合理总数，其中包括中央政府储备粮数量、地方（省、市、县）政府储备粮数量、粮食企业社会责任储备粮数量，并在条件成熟时，向社会公布。同时，

研究如何完善中央政府储备粮、地方政府储备粮、粮食企业社会责任储备粮三者互相联通、余缺调剂、动态管理的体制机制，提出今后一个时期（5 年或 10 年）国家粮食储备总体发展规划。

强化地方粮食制度建设　推动对全社会粮食监管

刘福元　江西省粮食和物资储备局原一级巡视员

2023 年，江西省粮食产量 439.7 亿斤，其中稻谷产量位列全国第 3 位。粮食产量连续 11 年稳定在 430 亿斤以上，是新中国成立以来从未间断粮食调出的两个省之一。近年来，江西省粮食和物资储备局认真贯彻落实习近平总书记关于国家粮食安全的重要论述和在江西考察时的重要讲话精神，按照粮食购销领域专项整治及国家粮食和物资储备局有关要求，认真落实粮食安全党政同责，全面加强依法管粮依法治粮，着力解决粮食购销监管不力问题，推动对全社会粮食监管，有力保障了粮食安全和市场稳定有序。

一、出台《江西省粮食流通条例》，明确对全社会粮食监管职责

2023 年 9 月，江西省第十四届人民代表大会常务委员会审议通过了《江西省粮食流通条例》，自 2024 年 1 月 1 日起施行。

该条例明确对全社会粮食流通及其安全保障和监督管理。由于粮食流通监管职责不仅限于粮食行政管理部门，还有市场监督管理、农业农村、财政等部门，为此条例规定县级以上人民政府应当组织协调本行政区域内粮食流通监督管理，健全粮食流通监督检查综合协调和信息共享机制。

同时，明确了粮食行政管理部门、市场监督管理等部门的具体监管职责和内容，有效发挥各部门职能作用，形成积极高效协同、优化共享的联合监管格局。例如，条例规定县级以上人民政府市场监督管理部门负责对粮食经营活动中扰乱市场秩序、违法交易以及价格违法、计量作弊等行为进行监督检查，对食品生产经营环节的粮食质量安全进行监督管理。该条例还对粮食风险基金管理、收购资金保障、粮食产业发展，以及需要联合开展工作的建立联合机制等方面明确了部门职责。例如，县级以上人民政府粮食行政管理部门应当会同发展改革、农业农村、市场监督管理、统计

等有关部门建立健全粮食市场监测预警和信息共享机制，完善粮食供需平衡调查制度，对本行政区域内主要粮食品种的生产、需求、库存、价格情况等实行动态监测、分析和预警。在严格落实《粮食流通管理条例》明确规定的法律责任要求的同时，该条例还结合新时期粮食工作特点，设定了有地方特色的要求和罚则。例如，要求"从事粮食收购的经营者提供有偿粮食烘干服务的，应当合理收费，并明示粮食烘干服务收费的项目、标准，不得随意加价或者变相加价收费。"明确"有关单位和个人编造、散布虚假粮食市场信息，造成不良社会影响的，由县级以上人民政府粮食行政管理部门责令改正，予以警告；粮食经营者在粮食经营活动中编造、散布虚假粮食市场信息，扰乱市场秩序的，由县级以上人民政府市场监督管理部门依法进行处罚。"还明确政府储备粮溢余等由省粮食行政管理部门提出处理意见等。对全社会粮食监管的链条更加完善。

二、完善粮食安全党政同责考核制度，压实各地对全社会粮食监管责任

坚持以上率下，建立健全省、市、县一贯到底的粮食安全责任落实机制，压实地方党委和政府主体责任和有关部门的监督指导责任。

江西省委省政府主要领导亲自部署、亲自推动，多次对粮食流通领域监管工作作出批示、提出明确要求；常务副省长专题研究粮食质量安全和执法监管工作，要求各地各部门从严从快查处粮食流通领域各类违法违规案件，全力维护粮食市场秩序。市县将粮食流通执法监管作为提升基层行政能力的重要抓手，专题研究、专门部署、专项督导，全省粮食执法监管能力和水平不断提升。

建立对市县全覆盖考核机制，在全国率先开展由省对市县全覆盖考核，严格考核奖惩制度，对年度考核排名靠后的县（区）启动约谈问责机制。随着责任制的责任传导，各地更加重视粮食流通工作。例如，基层一度不被重视的粮食仓储设施建设，目前江西在建仓容 250 余万吨，总投资超 60 亿元，全省高大平房仓已占 54%，有效发挥考核"指挥棒"作用。

三、制定实施多部门联合监管机制，填补粮食流通环节监管空白

强化部门联动，积极建立央地、省直跨部门联合执法监管工作机制，央地储备粮轮换协同机制，从"单兵作战"转为"协同作战"，形成强大监管合力。

联合国家粮食和物资储备局江西局对中储粮某直属库涉嫌违规销售出库不合格粮食线索进行严肃查办；指导市县粮食行政管理部门加强与市场监管等部门联合执法，对粮食购销活动中违法违规行为及时严查快处。联合省农业农村厅、省市场监管局加强对超标粮销售出库管理。特别是压实地方党委政府的主体责任，持续强化"12325"热线核查工作，有效提升转办线索查办质效。对监管热线举报线索的办理实行提级查办，由设区市粮食行政管理部门组织线索的核查和督办工作，出具核查报告，并对核查结果负责。

针对欠款人无偿还能力的特殊情况，积极推动属地政府主动作为，将案件作为信访问题而不是一般经济纠纷进行处理，通过拨付信访求助资金支付农民售粮款兜住底线，为农民挽回损失 400 余万元。

四、聚焦粮食监管制度建设，保障监管质效持续提升

聚焦工作重点，推动监督检查由区域向全域化转变、由国有企业向全社会转变。粮食购销领域专项整治以来，省级层面制定出台了《江西省省级储备粮管理办法》《江西省粮食储备管理失职失责行为调查和责任追究暂行办法》，修订完善《江西省粮食流通行政执法监督检查人员行为规范》《江西省粮食流通行政执法监督检查流程图》等文件制度 50 余项，有力落实粮食监管责任。按照"双随机、一公开"要求，采取"四不两直"方式实地检查，压实各级粮食行政管理部门工作职责，逐步形成分重点、分层次、全覆盖的定期巡查制度，全年累计出动检查 4300 余人次。高效完成2023 年政策性粮油库存、新入库政策性夏粮（油）库存、粮食收购、粮食出库监管及粮食流通统计等检查任务；针对民营企业占多数的加工业，开展了全社会粮食质量安全专项检查，确保各项粮食政策和粮食安全的要求得到严格执行。

聚焦能力提升，推动执法队伍由一般向专业化转变。举办粮食执法监督等业务培训班，全年累计培训 7500 余人次，做到市县粮食部门全覆盖；严格落实执法人员资格管理制度，推动检查人员全员持证上岗，坚决做到未取得行政执法证件的人员不得从事行政执法工作。全面落实行政执法"三项制度"，编制全省粮食流通监管执法手册，规范执法流程。

聚焦提质增效，推动监管方式由传统实地检查向现代数字化远程监督转变。持续推动智慧粮库建设，实现地方储备粮信息化全覆盖，充分利用"智慧粮库"平台提升"穿透式"监管能力。2023 年以来执法检查处理民企、国企案件分别占 69%、31%，全社会粮食市场秩序明显好转。

五、加强国有粮食企业规范化管理，发挥稳市场主导作用

1998 年以来，江西省在历次粮食流通体制改革中，都将推进国有粮食企业改革作为重要内容来抓，大力推进企业产权制度改革，积极推行企业重组和组织结构创新；全面推进企业经营机制改革，建立健全法人治理结构；实行政企分开，使企业真正成为自主经营、自负盈亏的市场主体；消化企业历史"包袱"，分流富余人员，提高市场竞争能力，更好地发挥主渠道作用。

2022 年以后，加大改革力度，全省大多数地方国有粮食企业划为省国资委管理，省粮食和物资储备局已无直属企业，实现政府储备企业不从事粮食商业经营活动，做到了地方储备运营业务与企业商业经营分离，人员、实物、财务、账务管理分开。

与此同时，江西省着力加强地方储备粮库规范化管理。针对近些年全省政策性粮油仓储企业在粮食购销关键环节存在仓储管理不到位、专业技术人员年龄结构老化、安全生产制度执行不到位等问题，通过多种形式开展解剖式调研，在此基础上研究制定了《江西省政策性粮油仓储企业管理规范（试行）》，率先在全国制定了一套地方行业管理标准，为规范全省政策性粮油仓储企业管理提供了指引。并将执行该规范情况作为依法依规监管的重要抓手，作为粮安考核的一项重要内容，有力推动该规范在全省政策性粮油仓储企业稳步实施。

在对全社会粮食监管过程中，我们认为，当前粮食工作中存在一些问

题，须引起高度重视。

（一）前瞻性问题。按照储备政策性职能与经营性职能"四分开"的要求，各地国有粮食企业正在深化改革，总体上看，县级层面国有粮库的从业人员比过去大幅减少，为下一步改革奠定了基础。受历史等多种因素影响，仍有相当部分粮库人员数量相对于政策性业务量而言偏多。目前在考核"指挥棒"的作用下，各地都在实施人、财、物、账分开。由于县级层面情况特殊复杂，据反映，县级层面为了实现"四分开"，有的将所有人员作为政策性人员，有的什么也不做了，甚至富余资产可以出租获得收益的也不搞了，有的打算把原有的一个库区内的加工厂物理分开。实际上，基层改革历史欠账较多，国有粮库都是自负盈亏的，政策性储粮量小保管费少，完全依靠政策性保管费等补贴收入难以支撑企业运行，财政也没有另外给予经费，为了稳定，长期以来县级单位人员工资一般都是统筹解决的，现在要将人员也"一刀切"分开，可能在稳定方面有一定的风险，也难以持续。基层期盼，考虑县级层面的特殊情况，明确县级层面"四分开"的具体操作要求。

（二）苗头性问题。近年来，由于国有粮库体制内人员年龄偏大，人员偏少，粮食出入库作业为非常年性的工作，外包现象越来越普遍，外包人员粮食仓储安全意识和安全作业认知不足。最近，外省和央企已有这方面安全事故，安全生产事故有多发的苗头。

（三）倾向性问题（也是普遍性问题）。主要有三个：一是基层粮食工作力量较为薄弱。一方面，2018 年机构改革后，市、县除个别保留独立的粮食局外，大多数地方将粮食局合并到农业农村局或发展改革委。据不完全统计，设区市层面的内设机构一般有 2 ~ 3 个粮食业务科室、4 ~ 6 人；县级层面的内设机构大多数只有 1 个，少数 2 个粮食业务股室、1 ~ 3 人。面对当前粮食工作新形势，基层县级专职粮食工作人员偏少。粮食工作重心在基层，与现有人员结构明显不匹配。基层粮食执法队伍建设也不均衡，合并到农业农村局的依托农业执法力量相对好些，合并到发展改革委的执法人员多为兼职，部分市、县存在力量不足、能力不强、业务不精等现象，与市场监管、农业农村合力执法力度还不够。另一方面，基层国有粮库熟悉保管业务的员工青黄不接现象比较普遍，特别是库主任这一层面懂业务的出现断层现象，部分国有政策性粮食企业人员多，管理不够规范，内部控制治理水平不高，在制度落实上不到位，执行上有差距。二是粮食质量安全管控面临较大压力。粮食质量安全涉及生产、流通（储备、加工、销售）、消费等多环节，尤其是粮食食品卫生指标，多数民营加工企业不具备检测能力，从这些年市场监测发现的超标粮情况看，基本上是民营企业，粮食流通环节监管任务重、压力大。三是市场化收购欠款情况时有发生。市场化收购中一些粮食经纪人之间、经纪人与加工厂之间互相欠款；也有社会企业、粮食经纪人拖欠农民售粮款现象。被欠款者要不到粮款就向"12325"热线举报，目前直接拖欠农民售粮款现象不多，多数是粮食经纪人之间、经纪人与加工厂之间互相欠款，地方粮食行政管理部门为此花了大量人力协调此事。

履行粮食监管主体责任　加强对全社会粮食监管

汉中市发展和改革委员会（粮食和物资储备局）

汉中市位于陕西省西南部，总面积 2.7 万平方千米，常住人口 321 万（2023 年），耕地面积 387.5 万亩。2023 年粮食播种面积 382 万亩，粮食产量 22.4 亿斤；油料播种面积 120 万亩，油料产量 3.9 亿斤，是全省重要的油料生产基地。全市常年粮食收购 6.5 亿斤，粮食销售 6.3 亿斤；粮食商品 9.0 亿斤左右，粮食消费 25.0 亿斤左右，全社会粮食库存 5.2 亿斤左右（其中政策性粮食储备 1.8 亿斤，约占全社会粮食库存量的 1/3）。近几年来，汉中市深入学习贯彻习近平总书记关于国家粮食安全重要论述精神，狠抓市县两级粮食行政管理机构队伍建设，修订制定市级粮食管理规章制度，开展粮食监管执法检查，加强对全社会粮食流通监管，粮食市场比较平稳，没有发生一起涉粮重大案件，取得了明显成效。

一、加强粮食行政管理机构和人员队伍建设

按照政府机构改革要求，原汉中市粮食局整建制划入汉中市发展和改革委员会，加挂汉中市粮食和物资储备局牌子，内设粮食产业发展科、物资储备科、执法督查科和市军粮供应中心，人员编制 16 名。

11 个县（区）粮食局均参照市级改革方式全面划转至县（区）发展改革局，保留内设粮食行政管理股（室）11 个。每个县（区）新组建并成立副科级的县（区）粮食和物资储备中心，人员编制 55 人，县（区）发展改革局授权其履行辖区内粮食流通监管职责。

市县累计取得粮食流通行政执法资格 30 人，占市县粮食系统工作人员总数的 43%。建立全市行政执法人员名录库，定期动态更新，依托名录库随机抽调执法人员开展"四不两直"、跨部门联合执法等活动。粮食执法监管工作经费纳入市县两级财政预算。

宁强县扎实推进国家级综合执法改革试点，将粮食流通执法职能划转

至县综合执法局，执法水平和规范化程度进一步提升。

二、加强涉粮制度建设

汉中市修订制定市级储备粮管理办法、市级储备粮质量安全管理办法、市级粮食储备管理问责办法等储备管理、质量监管制度机制15项，推动县（区）粮食行政管理部门，以及国有粮食企业建立完善涉粮规章制度、内控管理制度200余项。

全面建立储备粮检查登记和监管人员信息公示、储备粮年度考核、粮食购销定期巡查、库存粮食移库清查、问题线索移交、涉刑案件移送、企业信用分类评价等长效监管机制。

会同市场监管部门创新建立政府储备粮油质量监管协同机制，实现市县两级政策性粮食检验检测全部免费，并开辟优先检测通道。推行政策性粮食轮换联网公开竞价交易，公开交易量占87%。

建立风险防控机制，梳理粮食购销领域风险隐患多发点、易发点25个，分类别上墙公示，做到提醒和约束常在。推动勉县、洋县等县（区）在管理粮食经纪人上先行先试，建立"3+X"管理模式，即建立1份县域内登记管理台账、每半年开展1次政策法规集中培训、每年进行1次年度资格审查，全力打通维护种粮农民利益的"最后一米"。

三、加强法律法规宣传教育

充分利用世界粮食日、粮食安全宣传周等活动平台，创新宣传方式，丰富宣传内容，加强《粮食流通管理条例》等法律法规宣传贯彻和教育，突出粮食行政管理者，以及粮食生产者、粮食经营者和粮食消费者等重点群体。

狠抓《粮食流通行政执法办法》《粮食质量安全监管办法》落实，在陕西省率先开展粮油质检能力提升轮训，举办粮食流通行政执法规范化培训，提高行政执法能力水平。

将警示教育贯穿工作全过程，召开涉粮典型案例警示教育现场会4场次，组织干部职工赴监狱等廉政教育基地接受教育3批次，累计500余人次。

开展"随机查餐厅"行动244次，检查餐饮服务单位1400家次；累计查办制止餐饮浪费案件 36 件；公布的 9 件典型案例被中国消费者网等媒体转载，其中 2 件作为陕西省反食品浪费第一批典型案例。

四、加强粮食执法检查

从粮食收购、群众举报、质量抽检、12325 案件转办等渠道查找问题线索，将"严监管强执法重处罚"贯穿工作始终，对违法违纪行为敢于亮剑。采取定期检查和不定期抽查、"四不两直"等方式，累计开展粮食购销巡察 4 次，执法监督检查 10 次，检查企业 40 户次，开展跨部门联合执法检查 120 余次，出动 350 人次，检查市场主体 800 户次。发现问题，现场交办、跟踪督办、限期整改。

对某国有粮食购销公司县级储备小麦不完整粒超标问题，依法依规对公司原领导班子调整，将涉事总经理履行主体责任不力等问题线索移交当地纪检部门，对保管员、质检员等 4 名责任人给予经济处罚，对当地粮食行政管理部门有关责任人给予诫勉谈话。

通过不懈努力，全市粮食流通市场秩序得到有效维护，涉粮法律法规震慑力得到彰显。

五、加强粮食流通全程监管

创新粮食库存检查方式。推行"县（区）组队、市内交叉"工作模式，做到政策性粮食数量清查、质量检验"两个全覆盖"，粮食执法人员实现实操与理论、能力与水平"双提升"。

严格落实政策性粮食出入库必检项目制度。坚持储备粮"一年两检"制度，守住把牢质量安全防线，将苗头性问题发现、消灭在萌芽状态。

加强粮食企业商品粮食监管。采用政府以奖代补方式，为全市大米加工企业配备重金属快检设备。全面实行稻谷及其成品质量追溯、稻谷收购负面清单管理，推行稻谷收购车车检、大米出厂批批检制度。

开展新收获粮食品质测报。建立 5 个县级风险监测直报点，加强农户储粮技术普及和节粮设施推广应用，大力开展农户储粮情况摸底调查。

完善信息共享机制。对于不宜生产粮食的地块，农业农村部门进行农业种植结构调整。坚决做到不合格粮食从源头不生产。

习近平总书记在党的二十大报告中强调,"全方位夯实粮食安全根基,全面落实粮食安全党政同责"。面对粮食工作的新形势、新任务、新要求,全市对全社会粮食监管存在粮食行政管理机构和人员数量严重不足、粮食监管体系不完善等主要问题。下一步,我们的工作重点,一是重新核定全市粮食行政管理部门对全社会粮食监管的工作量。依据核定的工作量,按照实事求是的原则,重新考虑并量化须设置市县两级粮食行政管理部门的主要职责、机构名称及数量、人员编制最小人数。在此基础上,积极争取市县两级党委、政府大力支持,适量增加市县两级粮食行政管理部门的主要职责、机构和人员编制。

二是创新对全社会粮食的监管模式。动用全社会力量,对全社会粮食监管。建立市县两级粮食监管联席会议制度,借用外力,实行多部门联合监管粮食,形成合力。

三是狠抓粮食流通重点、薄弱环节监管。从重点切入,以点带面。强化对粮食经纪人管理,建立粮食经纪人负面清单制度,实现粮食经纪人由无人管理向由粮食行业协会管理转变。督促粮食企业履行对企业经营粮食监管主体责任,诚信、守法经营,严格落实粮食出入库检验、数量质量管理等制度。完善粮食监管协调机制,对粮食收购、加工、储存、销售,以及重点粮食企业和粮食经纪人等,加强监管,实现粮食监管工作联络、信息共享和检查联动。

《中国粮食经济》杂志的发展历程回顾

肖春阳　中国粮食经济学会常务副会长

《中国粮食经济》杂志是全国粮食部门第一刊，35 年来走过了不平凡的发展历程。现在，我们回顾过去，总结经验，对于开创未来具有重要意义。

一、历史变更

1987 年 2 月 16 日，全国粮食经济学会成立。全国粮食经济学会是由从事粮食经济和粮食政策研究的社会组织、企业、事业单位，以及从事粮食经济研究、粮食管理工作的专家、学者等自愿结成的全国性、学术性、非营利性社会组织。接受业务主管单位商业部（国家粮食行政管理部门）与社团登记管理机关民政部的业务指导和监督管理。

1988 年 5 月 15 日，全国粮食经济学会会刊《中国粮食经济》编委会、编辑部正式成立。

1988 年 8 月 20 日，全国粮食经济学会与北京市粮食经济研究会合办会刊《中国粮食经济》第 1 期出版。

1991 年 5 月 8 日，全国粮食经济学会改名为中国粮食经济学会。

1995 年 4 月 8 日，中央编办批复，同意国家粮食储备局成立《中国粮食经济》编辑部。从此以后，《中国粮食经济》编辑部从中国粮食经济学会独立出来，作为国家粮食储备局直属事业单位。

1996 年 5 月 14 日，国家粮食储备局批复，同意将国家粮食储备局《中国粮食经济》编辑部更名为《中国粮食经济》杂志社。

1999 年 11 月 24 日，经国务院批准，国家粮食储备局改为国家粮食局。2000 年 12 月 7 日，国家粮食局批复，同意将国家粮食储备局《中国粮食经济》杂志社更名为《中国粮食经济》杂志社。

2004 年 6 月 29 日，中央编办批复，同意国家粮食局《中国粮食经济》编辑部更名为中国粮食经济杂志社。

2017年6月13日，国家粮食局《关于印发机关司室和直属事业单位主要职责内设机构和人员编制规定的通知》指出，中国粮食经济杂志社为直属事业单位。

2017年11月13日，中央编办批复，中国粮食经济杂志社划入公益二类。

2018年3月，党和国家机构改革后，组建国家粮食和物资储备局，不再保留国家粮食局。2019年3月19日，国家粮食和物资储备局《关于印发部分直属事业单位主要职责内设机构和人员编制规定的通知》指出，中国粮食经济杂志社为直属事业单位。

2021年4月1日，中央编办批复，中国粮食经济杂志社更名为国家粮食和物资储备局宣传教育中心，公益二类。

2021年7月9日，国家粮食和物资储备局《关于印发粮食交易协调中心和宣传教育中心主要职责处级机构和人员编制规定的通知》指出，《中国粮食经济》由宣传教育中心主办。

二、近五年发展情况

自2017年6月以来，在原国家粮食局、国家粮食和物资储备局（以下简称局）党组领导下，有关各方大力支持，中国粮食经济杂志社在前几任负责人打下良好的基础上进入了高质量发展时期。

（一）坚持政治家办刊

《中国粮食经济》杂志是局机关刊物，以习近平新时代中国特色社会主义思想为指导，宣传党中央、国务院关于粮食和物资储备工作的决策部署，紧紧围绕局党组中心工作，宣传报道国家粮食和物资储备重点工作。

（二）打造国内一流粮食经济专业期刊

《中国粮食经济》杂志同时是中国粮食经济学会会刊，唯一一份粮食经济类中国核心期刊（遴选）数据库收录期刊。近5年，约请并刊发国家有关部委领导同志、国内外粮食企业负责人、国际粮食组织主要负责人、国家智库专家学者等国际国内一流稿件60多篇。

（三）提高刊物国内外影响力

杂志发行量，从2017年的0.56万份提高到2022年的1.0万份。中国粮食经济新媒体关注量，从2017年的0.2万人次提高到2022年的3.3万人次。广告价格，与过去相比提高 10 倍。单项可比收入，与过去相比提高 10 倍。

（四）在改革中转型发展

2017 年 10 月，我们建议将中国粮食经济杂志社划入公益二类管理；增加领导职数，由一正两副调整到两正两副，社长、主编分设。2017 年 11 月 13 日，中国粮食经济杂志社划入公益二类。2019 年 3 月 19 日，中国粮食经济杂志社"三定"规定，由一正两副调整到一正三副，增加一名副社长兼副主编领导职数。2017 年 12 月底，中国粮食经济新媒体项目建成，投入运营，与《中国粮食经济》杂志融合发展。

2018 年 8 月，我们建议中国粮食经济杂志社加挂国家粮食和物资储备局宣传中心牌子，增加职责内设机构和人员编制；中国粮食经济杂志社与中国粮食经济学会联合办公。2021 年 4 月 1 日，中国粮食经济杂志社更名为国家粮食和物资储备局宣传教育中心。2021 年 7 月 9 日，国家粮食和物资储备局宣传教育中心"三定"规定，在中国粮食经济杂志社的基础上，增加了职责、内设机构、人员编制和领导职数。国家粮食和物资储备局宣传教育中心人员编制 20 名，其中，主任一名，副主任两名；总编辑一名，副总编辑一名；内设 4 个处（部）。

近 5 年，中国粮食经济杂志社职工总数大幅增加，1995～2017 年，年最高 8 人；2020 年 14 人。2022 年国家粮食和物资储备局宣传教育中心职工总数，16 人。

（本文发表于《中国粮食经济》2022 年第 12 期。作者时任国家粮食和物资储备局宣传教育中心党支部书记、副主任，中国粮食经济学会党支部书记）

新中国粮食流通发展75年

肖春阳　　中国粮食经济学会常务副会长

新中国成立75年来，我国粮食流通逐步实现了从社会主义计划经济向社会主义市场经济转轨，一般分为粮食自由购销、粮食统购统销、粮食定购压销、粮食市场购销四个时期。

认真研究新中国粮食流通发展75年的历程，具有重要的理论意义与实践意义。

一、粮食自由购销时期（1949年10月至1953年10月）

（一）背景

新中国成立初期，由于长期遭受战争破坏，粮食生产一时难以恢复和发展。1949年，全国粮食总产量2264亿斤，与新中国成立前全国历史上最高的1936年3000亿斤相比，减少736亿斤，减幅24.5%。全国人口5.4亿，人均粮食产量419斤。粮食供应十分紧张，粮食市场价格剧烈波动。

面对这样严峻的粮食形势，中共中央、政务院领导全国人民采取积极措施统一国家财政经济工作，保证了粮食的军需民用，1952年胜利完成了恢复国民经济的任务。

（二）主要政策措施

1.《中华人民共和国土地改革法》于1950年6月30日在全国施行。进行了土地改革，减租减息。同时，开展农业互助合作社，大规模兴修水利等，恢复和发展粮食生产。

2. 政务院于1950年3月3日发布《关于统一国家财政经济工作的决定》。主要内容是统一国家财政收支，统一全国物资调度，统一全国现金管理。加强公粮的统一管理和调度，统一全国的粮食贸易工作，统一全国粮食调拨。在1950年财政概算中，公粮收入占全部财政收入的41.4%。因此，统一全国财政经济工作是结束中国长期市场物价波动局面的根本措施。

3. 设立全国粮食经营机构和粮食管理机构。依据《关于统一国家财政经济工作的决定》精神，加强国家粮食机构和队伍建设，对全国的粮食经营、粮食管理实行集中统一领导。1950 年 3 月 14 日，政务院发布《关于统一全国国营贸易实施办法的决定》，决定在中央人民政府贸易部统一领导下，设立粮食、油脂、花纱布等 12 个总公司。中国粮食公司于 1950 年 3 月 1 日在北京成立。中国油脂公司于 1950 年 3 月 10 日在天津成立。中央人民政府财政部所属的粮食管理总局于 1950 年 10 月 1 日成立。

4. 设立粮食部。1952 年 8 月 7 日，中央人民政府委员会第十七次会议决议，将中央人民政府贸易部的中国粮食公司和中央人民政府财政部的粮食管理总局合并，成立中央人民政府粮食部，统一管理粮食收购、加工、储运、销售工作。1952 年 9 月 1 日，在合并中国粮食公司、中央人民政府财政部粮食管理总局基础上，成立了中央人民政府粮食部。截至 1952 年底，全国粮食部门干部职工总数 219900 人，其中行政 65900 人，占 30.0%；企业 154000 人，占 70.0%。

5. 巩固和加强国营粮食商业领导地位。在多种经济成分并存条件下，国营粮食商业主以经济手段、辅以行政手段组织粮食购销，逐步取得了粮食市场的领导地位。据估算，国营粮食商业粮食收购量占全社会公私收购总量比重，1950 年为 23.0%，1952 年为 73.0% 左右。国营粮食商业粮食销售量占全社会公私销售总量比重，1950 年为 20.0% 左右，1952 年为 51.0% 左右。

6. 对私营粮食商业采取利用、限制、改造政策。针对私营粮食商业的双重作用，利用其有利于国计民生的积极作用，可以合法经营；限制其不利于国计民生的消极作用，打击不法粮商的投机破坏活动。

7. 支援抗美援朝战争，保证各项用粮供应。1950 年 10 月，抗美援朝战争开始。11 月，召开的第二次全国财政经济工作会议，确定了 1951 年财政经济方针，国防第一，稳定物价第二，其他第三。粮食部门积极努力，1951 年、1952 年，保证了前线的军粮供应，稳定了后方的粮食市场。

这一时期，全国粮食总产量逐年增长。1950 年 2643 亿斤，1951 年 2874 亿斤，1952 年 3278 亿斤。1952 年，全国人口 5.7 亿，人均粮食产量 575 斤。

二、粮食统购统销时期（1953 年 10 月至 1985 年 1 月）

（一）背景

国家从 1953 年开始进行大规模经济建设，对商品粮的需求与日俱增。

虽然 1950 ～ 1952 年粮食总产量连年增加，增产的粮食大部分被农民用于改善生活、自身消费和储备，属于自给性生产。但是，粮食总产量、粮食商品粮数量一时难以与之匹配。一方面，国家需要的商品粮不升反降，全国粮食上市与征收的数量占粮食总产量的比重，1951 年为 28.2%，1952 年为 25.7%。另一方面，社会对商品粮需求急剧增加。首先，城镇人口数量大幅增加，1953 年 7826 万人，比 1949 年增加 2061 万人。城镇人口的增长，主要来源于农村，过去粮食是生产自给，进城后需要国家供应商品粮。其次，随着国家经济建设发展，经济作物区逐步扩大，经济作物种植区农民、其他缺粮农民有近 1 亿人，也需要国家供应商品粮。最后，一些粮食投机商乘机深入农村抢购粮食，与国家争夺商品粮源，谋取私利。这样，国家粮食收购计划不能完成，销售计划大大突破，加剧了粮食供求矛盾。

在这紧要关头，中共中央、政务院权衡利弊，决定实行粮食统购统销。这是一项重大变革，既是重要的政治任务，又是复杂的经济工作。人们把统购统销看成是新中国成立初期在经济领域继财政经济全国大统一后的又一次大战役，称之为第二次大战役。

（二）主要政策措施

1. 1953 年 10 月 16 日，中共中央作出《关于实行粮食的计划收购与计划供应的决议》。11 月 23 日，政务院颁布《关于实行粮食的计划收购与计划供应的命令》。全国除西藏和台湾外，各地从 12 月初开始贯彻执行。

对农村余粮户实行粮食计划收购，简称"统购"。余粮户，是指留足全家口粮、种子、饲料和缴纳农业税外，还有多余粮食。统购一般占余粮户余粮的 80% ～ 90%。农民在完成统购任务后还有多余的粮食，可以自由储存，可以继续卖给国家粮食部门和供销社，或在国家设立的粮食市场进行交易，并可在农村间进行少量的互通有无的交易。

对城市人民和农村缺粮人民实行粮食计划供应，简称"统销"。第一，在城市，对机关、团体、学校、企业等单位的人员，通过其组织，进行供应。对一般市民，发放购粮证，凭证购买，或凭户口本购买。第二，在集镇，经济作物区、灾区及一般农村，使真正的缺粮户能够买到所需要的粮食。第三，对于熟食业、食品工业等所需粮食，旅店、火车、轮船等供应旅客膳食用粮，及其他工业用粮，参照过去一定时期的平均需要量，定额给予供应。照此估算，国家保证供应粮食的近 2 亿人，约占 1953 年全国人口 5.9 亿人的 34.0%。

2. 1954 年 7 月 16 日，中财委批转中央人民政府商业部《关于召开大城市工矿区食油计划供应座谈会的报告》。从此，食油计划供应在全国大中小城市逐步展开。

3. 国家严格控制粮食市场，严禁私商自由经营粮食。

4. 实行在中央统一管理下，中央与地方分工负责的粮食管理。

1953/1954 粮食年度，国家粮食征购数量比上个粮食年度增加 29.3%，完成了当年统购任务，稳定了粮食市场。

（三）完善历程

随后，根据当时粮食产需形势的变化，对粮食统购统销政策不断进行调整。

1. 在农村，实行粮食三定（定产、定购、定销）。1955 年 8 月 25 日，国务院发布《农村粮食统购统销暂行办法》。要求分别核定每户农民的粮食产量，按月计算用粮量。国家对余粮户分别核定粮食交售任务进行统购，对缺粮户分别核定粮食供应量进行统销，对自足户不进行统购统销。

2. 在市镇，实行粮食定量供应。1955 年 8 月 25 日，国务院发布《市镇粮食定量供应暂行办法》。规定对所有市镇居民，按照其劳动差别、年龄大小等情况分等定量，以户为单位，发给购粮凭证。对于工商行业用粮，按照用户的实际需要，核定指标，按计划供应。8 月 18 日，粮食部印发《关于全国通用粮票暂行管理办法的通知》，从 11 月 1 日起，全国各地使用全国通用粮票和地方粮票。

3. 建立国家和社会粮食储备制度。1960 年 5 月，中共中央召开 16 省（区、市）财贸书记会议，讨论了农村粮食管理问题。大家一致认为，在粮食分配上，以丰补歉，逐步建立粮食储备，这是战略问题。做到国家有储备，公社和基本核算单位有储备，年年储一点，逐年增多。从 1961 年第一季度开始，通过粮食调拨，建立了由粮食部直接控制的少量粮食储备，全部摆放在京、津、沪三市，动用要经中共中央、国务院批准。同时，开展社会粮食储备。1962 年 9 月，中共中央发布的《关于粮食工作的决定》指出，以生产大队为基本核算单位的，或者以公社为基本核算单位的，都可以保留一定比例的储备粮。

4. 开放农村集市贸易，实行粮食议购议销。1962 年 9 月，中共中央《关于粮食工作的决定》规定：一是集体经济单位和农民在完成粮食征购任务以后，可以拿余粮上集市成交。二是供销社可以根据集市粮食上市情况适当收购，也可到完成征购任务后的生产队，用协议价格或用物资换购，收购一部分余粮。从此，全国范围内的粮食议购议销业务正式开展起来。

5. 1970 年 6 月，根据中共中央批准的精简方案，商业部、粮食部、全国供销合作总社、中央工商行政管理局 4 个部门合并建立新的商业部。

6. 1979 年 6 月 12 日，第五届全国人大常委会第八次会议通过决定，设立粮食部。

7. 增加粮食进口，调整农业结构。1981 年，为了把全国农业搞活，中共中央、国务院作出了一系列重要决策，其中一项是确定每年进口 200 亿～300 亿斤粮食，在 1980～1985 粮食年度适当多进口一些粮食。实践证明，开展粮食进出口贸易，支持了农业结构的调整，弥补了国家粮食的不足，农民得以休养生息，调剂了国内的粮食品种。

8. 1982 年 3 月，商业部、全国供销合作总社、粮食部合并为商业部，商业部内设粮食管理机构有粮食综合司、粮食购销司等 7 个司局。

9. 实行粮食多渠道经营。1983 年 1 月 22 日，国务院办公厅转发了《商业部关于完成粮油统购任务后实行多渠道经营若干问题的试行规定》。明确：对以县为单位完成征购、超购任务以后的农村余粮，允许多渠道经营，粮食部门要积极开展议购议销业务，参与市场调节，发挥主渠道作用。供销社和农村其他合作商业组织可以灵活购销，农民私人也可以经营。

三、粮食定购压销时期（1985 年 1 月至 2004 年 5 月）

（一）背景

1978 年，党的十一届三中全会以后，中共中央出台了一系列政策，调动了农民生产粮食的积极性。1982年1月1日，中共中央批转1981年12月的《全国农村工作会议纪要》，这也是我们通常所说的改革开放后第一个中央1号文件，其主要内容就是肯定多种形式的责任制，特别是包干到户、包产到户。1983年1月2日，中共中央印发《当前农村经济政策的若干问题》指出，联产承包责任制和各项农村政策的推行，打破了我国农业生产长期停滞不前的局面，促进农业从自给半自给经济向着较大规模的商品生产转化，从传统农业向现代农业转化。

1978～1984年，粮食生产实现了跨越发展。全国粮食总产量，1978年为6095亿斤；1982年为7090亿斤；1984年为8146亿斤，人均粮食产量781斤，首次突破700斤大关。

1953年以来，全国粮食购销形势发生了很大变化。1953～1978年，国内粮食收支亏空15年，略有结余11年。1983年，从根本上改变了长期存在的销大于购的状况。1984年，征购2047亿斤，销售1550亿斤，购大于销497亿斤；国家粮食库存总量比1978年增加92.0%；一些地方出现了粮食一时过多的情况，受国家仓库仓容和运力所限，采取"民代国储"办法，委托农民保管。

针对农业生产不能适应市场消费需求，产品数量增加而质量不高、品种不全的问题，必须进一步改革农村经济管理体制，在国家计划指导下，扩大市场调节。1985年1月1日，中共中央、国务院《关于进一步活跃农村经济的十项政策》明确提出，粮食取消统购，改为合同定购。

（二）主要政策措施

粮食合同定购由商业部门在播种季节前与农民协商，签订定购合同。定购的粮食，国家确定按"倒三七"比例计价（即三成按原统购价、七成按原超购价）。定购以外的粮食可以自由上市。如果市场粮价低于原统购价，国家仍按原统购价敞开收购，保护农民的利益。

1985年3月13日，国务院《关于下达调整生猪和农村粮油价格方案的通知》指出，国家对小麦、稻谷、玉米和主产区（辽宁、吉林、黑龙江、内蒙古、安徽、河南）的大豆实行合同定购，其他粮食品种自由购销。合同定购内的三大品种（小麦、稻谷、玉米）按"倒三七"比例计价（即全省平均计算，三成按原统购价，七成按原超购价）收购。六个主产区合同定购内的大豆，按现行收购价收购。1985 年国家合同定购粮食计划，确定为 1580 亿斤贸易粮（包括农业税）。国家供应农村缺粮人口的口粮、各种补助粮等，实行购销同价。国家供应市镇人口的口粮，仍按统销价不变。工业用粮从本粮食年度起，一律改为议价供应。

（三）完善历程

1. 实行粮食合同定购"三挂钩"，议价收购。1986 年 10 月 14 日，国务院《关于完善粮食合同定购制度的通知》指出，1987 年中央专项安排一些化肥、柴油与粮食合同挂钩。从 1987 粮食年度开始，国家对农民完成合同定购任务外的粮食，实行随行就市，议价收购，让农民从多卖议价粮中增加收入。

1987 年 6 月 25 日，国务院《关于坚决落实粮食合同定购"三挂钩"政策的紧急通知》规定，实行粮食合同定购与供应平价化肥、柴油、发放预购定金挂钩。

2. 加强粮食市场管理，建立粮食批发市场。1988 年 9 月 27 日，国务院《关于加强粮食管理稳定粮食市场的决定》要求，从 1988 年秋季开始，大米由粮食部门统一收购，其他部门、单位和个人不得经营。逐步建立粮食批发市场，有秩序地组织市场调节。加强物价管理，合同定购的粮食，严格按国家规定价格收购。议购的粮食，略低于市价。

1990 年 7 月 27 日，国务院《批转商业部等八部门关于试办郑州粮食批发市场报告的通知》。1990 年 10 月 12 日，中国郑州粮食批发市场开业。

3. 建立国家专项粮食储备制度，成立国家粮食储备局。为增强粮食宏观调控能力，保证粮食市场供应和粮价的基本稳定，1990 年 9 月 16 日，国务院《关于建立国家专项粮食储备制度的决定》指出，国务院确定 1990 年度一定数量规模专项粮食储备计划。国家专项储备粮食，粮权在国务院。成立国家粮食储备局，负责国家粮食储备的管理工作，是国务院直属机构，商业部代管。

4. 1991 ~ 1994 年，通过动用总理基金和银行贷款 7 亿多元，在全国粮食主产区建设了 18 个机械化粮库，新增仓容 20 亿斤，对现代化粮库建设起到了示范作用。

5. 改粮食合同定购为国家定购，压缩平价粮食销售。为缩小国家粮食收支缺口，逐步解决粮食购销倒挂问题，1991年1月12日，国务院《关于调整粮食购销政策有关问题的通知》要求，继续实行粮食购销调拨包干办法；从1990年秋粮收购开始，将粮食合同定购改为国家定购，作为农民应尽的义务，必须保证完成；1991/1992粮食年度，全国粮食定购数量每年保持1000亿斤不变；粮食通过压销，改为议价供应，逐步做到国家定购与平价销售数量大体平衡。

6. 放开粮食价格和经营，改进粮食"三挂钩"兑现。1993年2月15日，国务院《关于加快粮食流通体制改革的通知》提出，争取在两三年内全部放开粮食价格。保留粮食定购数量，价格随行就市；将化肥、柴油由实物奖售改为平议差价补贴，付给出售定购粮食的农民；粮食预购定金继续由粮食部门在与农民签订粮食收购合同时，按收购价的20.0%预付给农民；销售价格放开后，继续保留城镇定量人口的粮食供应关系。全国第一个放开粮食价格的是天津市。从4月1日起，取消全国和地方粮票、油票。

7. 1993年3月，国家粮食储备局划归国内贸易部管理。

8. 1993年4月，中国政府与世界银行达成协议，利用世界银行贷款改善中国粮食流通项目。项目总投资82亿多元（其中，世界银行贷款4.9亿美元，中国政府配套4.9亿美元），建设了粮食中转（港口）库和收纳库380多个，2400辆新式散粮专用运输车（火车），新增仓容近100亿斤，2000年基本形成了东北、长江、西南、京津粮食流通走廊，年粮食物流量360多亿斤。基本实现了粮食从包装作业到四散（散装、散运、散卸、散存）作业的历史跨越。这是新中国成立75年来第一个粮食流通国家重点建设项目，对今后现代化粮食流通体系建设产生了深远的影响。

9. 建立粮食收购保护价格制度，同时建立粮食风险基金制度。为了保护农民种粮的积极性，促进粮食生产的稳定增长，1993年2月20日，国务院《关于建立粮食收购保护价格制度的通知》指出，对粮食的主要品种实行收购保护价格制度。建立中央和省（区、市）两级粮食风险基金制度，在粮食市价低于保护价时，按保护价收购；在粮食市价上涨过多时，按较低价格出售；上述价差由风险基金补偿。1994年5月9日，国务院《关于印发〈粮食风险基金实施意见〉的通知》作出了明确规定。

10. 全国国有粮食企业职工总数最多的一年是1997年，为344.7万。

全国国有粮食企业总数最多的一年是 1988 年，为 60590 个。

11. 1998 年 3 月，国家粮食储备局划归国家发展计划委员会管理。

12. 实行政企分开，完善粮食价格形成机制。1998 年 5 月 10 日，国务院《关于进一步深化粮食流通体制改革的决定》指出，实行政企分开，全面落实粮食省长负责制，实行储备经营分开，建立和完善政府调控下市场形成粮食价格机制，积极培育粮食市场。

13.《粮食收购条例》自 1998 年 6 月 6 日之日起施行。

14.《粮食购销违法行为处罚办法》自 1998 年 8 月 5 日之日起施行。

15. 1998 年以后，为应对亚洲金融危机，加强粮食基础设施建设，保障国家粮食安全，国家于 1998 年、1999 年、2000 年分三批共安排国债资金 343 亿元，建成 1100 多个粮库项目、铁路专用线 139 条，新增仓容 1000 多亿斤。同时，在东北地区建成了一大批粮食烘干、地坪、罩棚等配套设施。这是新中国成立 75 年来投资规模最大、建成仓容最多、配套设施最全、采用先进科学技术最广的一次大规模粮食仓储基础设施建设。

16. 成立国家粮食局，组建中国储备粮管理总公司。1999 年 11 月，撤销国家粮食储备局，成立国家粮食局，划归国家发展计划委员会管理。2000 年 1 月，组建中国储备粮管理总公司。国家发展计划委员会、国家粮食局对中国储备粮管理总公司实行业务指导。

17. 粮食主销区加快粮食购销市场化改革，完善国家粮食储备体系。2001 年 7 月 31 日，国务院《关于进一步深化粮食流通体制改革的意见》要求，粮食主销区在粮食生产和流通主要依靠市场调节的同时，保证粮食供应和粮食市场稳定；扩大中央储备粮规模，健全中央储备粮垂直管理体系；粮食主产区坚持按保护价敞开收购农民余粮；加快国有粮食购销企业改革步伐。

18.《中央储备粮管理条例》自 2003 年 8 月 15 日之日起施行。

四、粮食市场购销时期（2004 年 5 月至今）

（一）背景

1998 年以来，我国农业和农村经济发展进入新的阶段，粮食流通体制发生了很大变化，粮食收购渠道逐步拓宽；粮食销售市场完全放开；粮食收购市场除在粮价过低时实行保护价收购外，粮食购销价格基本由市场调节；中央储备粮垂直管理体系初步建立，国家宏观调控能力有所增强。特别是东南沿海的浙江、上海、福建、广东、海南、江苏和北京、天津等地区的经济比较发达，粮食市场发育较好，从 2001 年开始，放开粮食收购，粮食价格由市场供求形成，推进粮食主销区购销市场化改革。2004 年，随着国民经济市场化程度提高，农村税费改革的全面实行，进一步推进粮食购销市场化改革的条件已经具备。全国粮食总产量，1999 年为 10168 亿斤，创历史新高，人均粮食产量 808 斤，首次突破 800 斤大关。2003 年为 8614 亿斤，人均粮食产量 667 斤，国家粮食储备数量较多。

（二）主要政策措施

2004 年 5 月 23 日，国务院《关于进一步深化粮食流通体制改革的意见》决定，在总结经验、完善政策的基础上，2004 年全面放开粮食收购市场。

在国家宏观调控下，充分发挥市场机制在配置粮食资源中的基础性作用。积极稳妥地放开粮食主产区的粮食收购市场和粮食收购价格，当粮食供求发生重大变化时，为保证市场供应、保护农民利益，国务院决定对短缺的重点粮食品种在粮食主产区实行最低收购价格，健全粮食市场体系。建立直接补贴机制，保护种粮农民利益。加强粮食市场管理，维护粮食正常流通秩序。改善粮食宏观调控，确保国家粮食安全。

从 2004 年以来，国家对粮食主产区的稻谷、小麦实行最低收购价格等政策。

（三）完善历程

1.《粮食流通管理条例》自 2004 年 5 月 26 日之日起施行。

2. 完善粮食流通体制。2006 年 5 月 13 日，国务院《关于完善粮食流通体制改革政策措施的意见》提出，加快国有粮食购销企业改革，转换企业经营机制；清理剥离国有粮食企业财务挂账，解决企业历史包袱；加强粮食产销衔接，建立粮食产销区之间利益协调机制；培育规范粮食市场，建立全国统一的粮食市场体系；加强粮食宏观调控，确保国家粮食安全；加强粮食流通监督检查，做好全社会粮食流通统计工作。

3. 国家对主产区玉米、大豆、油菜籽等实行临时收储政策。国家对东北三省和内蒙古自治区的玉米（2007～2016年）、大豆（2008～2014年）和江苏、安徽、湖北等18省（区）的油菜籽（2008～2015年）实行临时收储政策。

4. 截至2009年9月30日，全国三次（第一次清理于1994年、第二次清理于1998年、第三次清理于2004年）粮食财务挂账（俗称"老账"）总额中，政策性粮食财务挂账占76%，未占用农发行贷款粮食政策性亏损占3%，经营性粮食财务挂账占21%。全国三次政策性粮食财务挂账总数的94%，已从国有粮食企业剥离上划至县级以上粮食行政管理部门集中管理。"老账"基本成为一个历史名词。

5. 截至2009年底，全国国有粮食企业原粮食保护价（含合同定购价）库存粮食（俗称"老粮"）全部消化完毕。"老粮"成为一个历史名词。

6. 截至2013年底，全国国有粮食企业总数12346个，与1998年的53240个相比，减少40894个，减少76.8%。全国国有粮食企业职工总数44.6万人，与1997年的344.7万人（俗称"老人"）相比，减少300.1万人，减少87.1%。"老人"成为一个历史名词。

7. 2011年1月14日上午，国家科学技术奖励大会在人民大会堂隆重举行。国家粮食局科学研究院吴子丹等和多家产学研单位共同完成的"粮食储备四合一新技术研究开发与集成创新"项目获2010年国家科学技术进步一等奖。

8. 国家对东北三省和内蒙古自治区大豆实行目标价格（2014～2017年）政策。从2014年5月开始，国家发展改革委、财政部、农业部联合发布大豆目标价格，2014年为每吨4800元。实行大豆目标价格政策后，取消临时收储政策，生产者按市场价格出售大豆。当市场价格低于目标价格时，国家根据目标价格与市场价格的差价和种植面积、产量或销售量等因素，对试点地区生产者给予补贴；当市场价格高于目标价格时，国家不发放补贴。具体补贴发放办法由试点地区制定并向社会公布。2017年3月，取消大豆目标价格，实行市场化收购加生产者补贴机制。

9. 建立健全粮食安全省长责任制。2014年12月31日，国务院《关于建立健全粮食安全省长责任制的若干意见》指出，强化粮食安全意识和责任、管好地方粮食储备、增强粮食流通能力、保障区域粮食市场基本稳定、推进节粮减损和健康消费。

10. 大力发展粮食产业经济。2017 年 9 月 1 日，国务院办公厅《关于加快推进农业供给侧结构性改革大力发展粮食产业经济的意见》提出，培育壮大粮食产业主体、创新粮食产业发展方式、加快粮食产业转型升级、强化粮食科技创新和人才支撑等。

11. 成立国家粮食和物资储备局。2018 年 3 月，按照《深化党和国家机构改革方案》，新组建国家粮食和物资储备局，整合了原国家粮食局的职责，国家发展和改革委员会的组织实施国家战略物资收储、轮换和管理，管理国家粮食、棉花和食糖储备等职责，以及民政部、商务部、国家能源局等部门的组织实施国家战略和应急储备物资收储、轮换和日常管理职责，旨在加强国家储备统筹规划，构建统一的国家物资储备体系，强化中央储备粮棉监督管理，提升国家储备应对突发事件能力。国家粮食和物资储备局由国家发展和改革委员会管理。

12. 2021 年，中央 1 号文件首次明确提出要实行粮食安全党政同责。

13.《中华人民共和国粮食安全保障法》自 2024 年 6 月 1 日起施行。

2023 年，全国粮食总产量 13908.2 亿斤，人均粮食产量 986 斤，连续 9 年稳定在 1.3 万亿斤以上；进口粮食 3200 亿斤；粮食供给充足。粮食收购量在 8000 亿斤以上，粮食库存充裕，粮食市场价格平稳。仓容 1.4 万亿斤，仓储条件总体达到世界较先进水平。国有粮食企业总数 10379 个，国有粮食企业职工总数 31.0 万人。

新中国成立 75 年来，粮食流通一头联系粮食生产，一头联系粮食消费，在国民经济发展中发挥了重要作用。

本文主要参考资料：中共中央、国务院历年对外公开的文件；国家粮食行政管理部门、国家统计局对外公布的数据；赵发生主编的《当代中国的粮食工作》；宋文仲和齐兴启总编的《改革开放以来粮食工作史料汇编》；国家粮食和物资储备局主编的《粮食和物资储备改革发展理论与实践》等。

（本文发表于《中国粮食经济》2019 年第 8 期，笔者有修改）

新中国粮食安全保障75年

肖春阳　中国粮食经济学会常务副会长

摘要：粮食安全（Food Security）概念，是1974年联合国粮食及农业组织应对世界粮食危机提出来的。Food Security直译为食物安全或食物保障，约定俗成译为粮食安全。笔者认为，反映国家粮食安全内容的三个主要指标是粮食库存安全系数、粮食产量波动系数、粮食外贸依存系数。

本文通过对新中国成立75年这三个主要指标的回顾，说明了在党的领导下，特别是在以习近平同志为核心的党中央坚强领导下，国家粮食安全保障水平逐年增强，中国人的饭碗牢牢端在自己手中。

今后要深入学习贯彻习近平总书记关于保障国家粮食安全的重要论述，全方位夯实粮食安全根基。为深入学习贯彻党的二十届三中全会精神，综合考虑各种因素影响，笔者建议，一是组建中央粮食委员会，加强党中央对粮食工作的集中统一领导，负责粮食安全保障和粮食发展的顶层设计等。二是改革完善国家粮食储备管理制度，建立中央储备粮、地方储备粮、粮食企业社会责任储备粮三者互相联通、余缺调剂、动态管理的体制机制。对外公布中央储备粮、地方储备粮、粮食企业社会责任储备粮的数量。允许和支持中央储备粮、地方储备粮进入郑州商品交易所、大连商品交易所开展粮食套期保值业务，以形成真正的粮食市场价格，分散粮食生产者、粮食经营者的自然和市场风险。充分发挥粮食期货市场在粮食宏观调控中的重要作用。三是国家粮食库存要安全、合理和经济，科学确定中央储备粮、地方储备粮、粮食企业社会责任储备粮的储备功能和规模。四是粮食要适度进口。年度间粮食进出口数量，按照国内市场需求，充分考虑现有粮食库存、当年粮食产量等因素，适量调节。

一、联合国粮食及农业组织的粮食安全概念

粮食安全概念，是1974年联合国粮食及农业组织应对世界粮食危机

提出来的，至今经历了重大演变，随着时间的推移人们对整个世界粮食问题的认识发生着变化。

1972 年，由于连续两年气候异常造成世界谷物歉收，世界谷物总产量 1972 年的 25170 亿斤比 1971 年的 25994 亿斤减少 3.2%；1974 年的 26532 亿斤比 1973 年的 27140 亿斤减少 2.2%。由此导致世界谷物年末库存锐减，世界谷物安全系数从 1971 年的 18% 下降到 1973 年的 14%，是继发生第二次世界大战后 30 多年来最严重的世界粮食危机。1974 年国际市场谷物价格在前一年大幅度上涨之后达到 1950 年以来的顶点，引起了世界各国的高度重视。三年以后的 1977 年，国际市场谷物价格跌至 1970 年价格水平以下，低于 1950 年以后任何一年价格水平。

1974 年 11 月，联合国粮食及农业组织在罗马召开第一次世界粮食首脑会议，通过了《世界粮食安全国际约定》，首次提出粮食安全（Food Security），当时的定义是保证任何人在任何时候都能得到为了生存和健康所需要的足够食物。要求各国采取措施，保证世界谷物年末最低安全系数，即当年末谷物库存量至少相当于次年谷物消费量的 17% ~ 18%，其中，5% ~ 6% 为缓冲库存（后备库存）；12% 为周转库存（供应库存），周转库存相当于两个月左右的口粮消费，以便衔接下一季度的谷物收成。凡一个国家谷物库存安全系数低于 17% 的为谷物不安全，低于 14% 的为谷物处于紧急状态。当时，粮食安全概念与以下观点紧密联系：如果世界有更多的谷物库存，如果国际谷物价格的波动能够控制在适当范围，那么各国的谷物安全就有保证。因此，第一次世界粮食首脑会议建议和《世界粮食安全国际约定》中提出的战略，特别强调保持粮食供应稳定，以便在普遍作物歉收时确保有粮食供应，特别是保持最易受害国家的消费水平。约定还提出对国家拥有的库存进行国际协调、粮食援助计划和长期贸易协定的其他措施。同时，承认世界粮食安全的实现取决于粮食产量增长，特别是低收入缺粮国的粮食产量增长。

1983 年，考虑世界粮食安全状况的背景：虽然 1974 ~ 1983 年世界粮食产量跟上甚至超过人口增长，但粮食供求差距以及因此而出现的饥饿和营养不良仍然普遍存在，在低收入缺粮国尤其如此。当年，在世界粮食安全委员会第八届会议上，重新评价并采用了更加广泛的粮食安全概念，"世界粮食安全的最终目标应当是确保所有人在任何时间在物质和经济上获得他们需要的基本粮食"。为了实现这一目标，人们认识到需要满足三个条件：一是确保充足的粮食供应量或可供量；二是确保供应稳定；三是确保家庭特别是穷人获得粮食。

1992 年，在国际营养会议上，会议认为，粮食安全应增加营养一项内容。会议表示，"所有人在任何时候都能够获得安全和营养食物以维持健康而积极的生活"，这在目前已经得到广泛认可。此外，人们对关于加快全世界粮食生产不应当造成自然资源和环境退化的关注，意味着这一目标应当在"不影响自然资源生产能力、生物系统的整体性或环境质量"的情况下实现。

1996 年 11 月 13 ~ 17 日，联合国粮食及农业组织在罗马召开的第二次世界粮食首脑会议上通过了《世界粮食安全罗马宣言》和《世界粮食首脑会议行动计划》，对粮食安全的定义作了新的表述：只有当所有人在任何时候都能够在物质上和经济上获得足够、安全和富有营养的粮食来满足其积极和健康生活的膳食需要及食物喜好时，才实现了粮食安全。包括个人、家庭、国家、区域和世界各级实现粮食安全。在这方面，需要各级采取协调一致的行动。每个国家必须采取符合其资源和能力的战略，实现各自的目标，同时开展区域和国际合作，组织起来集体解决全球粮食安全问题。实现可持续粮食安全是一项复杂的任务，其主要责任在于各国政府。同时，提出家庭粮食安全综合指数，试图直接体现前面提到的所有粮食安全三个成分，即粮食供应量的提供、稳定和获得粮食。确定了国家一级粮食可供量充足程度的更加吸引人的指标：人均粮食供应量（即平均膳食能量供应量）、粮食短缺率（长期营养不足发生率）及家庭粮食安全综合指数，作为衡量粮食（不）安全的主要指标。

2013 年 9 月，联合国粮食及农业组织发布了《2013 年世界粮食不安全状况》报告。报告对营养不良问题、千年发展目标与世界粮食首脑会议减轻饥饿目标的实现进程作了最新评估。报告认为，粮食安全是一种复杂状态，具有复杂性和多维性，提出和分析了粮食产量平均值、国内粮食价格指数、谷物外贸依存系数、人均粮食产量波动性等粮食安全指标 30 个，分别介绍粮食安全的四个维度：粮食可供量、粮食获取的经济和物质手段、粮食的利用、一段时间内的稳定性。

二、国家粮食安全概念

目前，国内专家学者对国家粮食安全概念认识不一。

笔者认为，Food Security 直译为食物安全或食物保障，约定俗成译为粮食安全，实质是食物安全。粮食安全，就一个国家而言，是化解和消除粮食危机各种因素，保证每一个人拥有足够、富有营养的粮食。粮食生产安全是基础，粮食流通安全是保障，粮食消费安全是目标。国家粮食安全的主要内容包括粮食生产按市场需求稳定发展，不出现大的波动；安全、合理、经济的粮食储备；保障人们直接消费的人均粮食供应量；适量进口粮食；解决好贫困人口的温饱问题等。因此，反映国家粮食安全内容的三个主要指标是：粮食库存安全系数、粮食产量波动系数、粮食外贸依存系数。

2014 年，中央 1 号文件明确提出，实施以我为主、立足国内、确保产能、适度进口、科技支撑的国家粮食安全战略。任何时候都不能放松国内粮食生产，严守耕地保护红线，划定永久基本农田，不断提升农业综合生产能力，确保谷物基本自给、口粮绝对安全。更加积极地利用国际农产品市场和农业资源，有效调剂和补充国内粮食供给。在重视粮食数量的同时，更加注重品质和质量安全；在保障当期供给的同时，更加注重农业可持续发展。

2017 年 10 月 18 日，党的十九大报告指出，"确保国家粮食安全，把中国人的饭碗牢牢端在自己手中"。

2022 年 10 月 16 日，党的二十大报告强调，"全方位夯实粮食安全根基，全面落实粮食安全党政同责，牢牢守住 18 亿亩耕地红线"。

三、新中国 75 年国家粮食安全主要指标回顾

（一）粮食库存安全系数

粮食库存量的多少是衡量一个国家粮食安全与否的一项重要指标。一般以一个粮食年度结束时，粮食结转库存量占下年预计粮食消费量的比例作为粮食库存安全系数。

新中国成立以来，粮食库存安全系数呈现逐年上升趋势。由于没有全国粮食年度粮食结转库存总量、全国粮食年度粮食消费总量统计资料，笔者通过按照月人均18千克（20千克、22.5千克、25千克）粮食消费量（含口粮、种子、饲料用粮、工业用粮等）测算全国粮食年度粮食消费总量。用当年全国粮食生产总量减去当年全国粮食消费总量后，即为当年全国年底粮食结转库存总量。采用此办法测算，粮食库存安全系数20世纪50年代年均15.4%（含1949年，假定1949年底粮食库存量为0）；60年代年均8.2%，70年代年均15.2%，80年代年均19.7%，90年代年均33.5%；21世纪00年代年均35.6%，10年代年均67.8%，2021～2023年年均61.5%。

由于中国没有公布国家粮食储备数量（包括中央储备粮、地方储备粮、粮食企业储备粮数量），联合国粮食及农业组织近些年对中国谷物年末结转库存估算的总量偏高。因此，本办法测算的中国粮食（含谷物、豆类、薯类）年末结转库存总量相对低一些。

2015～2024年，世界谷物库存安全系数年均30.8%。近35年来，中国粮食库存安全系数均高于世界平均水平，说明中国国家粮食安全保障水平明显提高。

2015年12月24～25日，中央农村工作会议在北京召开。会议强调，要着力加强农业供给侧结构性改革，提高农业供给体系质量和效率。自2015年以来，国家实施农业供给侧结构性改革，采取粮食去库存政策措施，国家粮食库存开始下降。

从中国实际情况来看，粮食市场体系还不完善，粮食供求形成价格机制还不健全。当粮食价格出现大幅度波动时，谷物库存安全系数高于最低标准18%。因此，如果机械套用这一指标，并按此系数库存谷物，国家粮食安全就有可能出现问题。

对于一个国家而言，在确定安全、合理、经济的粮食结转库存规模时，应统筹考虑以下三个因素：

1. 布局合理。粮食结转库存重点要摆放在粮食销区的大中城市，粮食产销平衡区次之，粮食产区适量。在出现自然灾害和其他紧急情况时，无论粮食结转库存在何处，都应保证能够比较顺利地将粮食如数及时运送到需要的地方。

2. 结构优化。近 10 多年来，中国小麦、稻谷、玉米的口粮消费量分别占其消费总量比例大体是 30∶60∶10。因此，粮食结转库存的品种结构要与口粮消费品种结构基本适应。

小麦、稻谷原粮和成品粮要有合适的比例。一般面粉、大米库存保持 1 个月口粮消费量，小麦、稻谷库存保持 2 个月口粮消费量。

3. 相对经济。一般粮食结转库存一年保管费用和利息占其商品原值 8% 左右；粮食结转库存三年轮换价差亏损占其原值的 20% 左右。确定保障国家粮食安全的粮食结转库存数量区间，要充分考虑粮食结转库存成本、轮换价差亏损，特别是中央和地方财政承受能力。

（二）粮食产量波动系数

粮食生产受自然、经济双重因素影响，年度间会出现波动，波动幅度大小在一定程度上反映了粮食的安全程度。粮食产量年度间的波动幅度可用粮食产量波动系数来表示。

新中国成立以来，粮食产量的波动系数有一个显著特点，粮食产量波动系数呈现逐年下降趋势，粮食生产数量增加，粮食供给保障能力明显提高。20 世纪 50 年代年均 13.4%（含 1949 年）；60 年代年均 5.7%，70 年代年均 3.4%，80 年代年均 4.1%，90 年代年均 2.5%；21 世纪头 10 年年均 3.7%，10 年代年均 3.5%，2021～2023 年年均 1.0%。

2015～2023 年，世界粮食产量波动系数年均 1.3%。

粮食产量波动除受自然因素影响之外，还受政治、经济、科技因素影响。一般来讲，粮食产量波动直接受播种面积因素的影响且最大。当前，中国首要的是稳定粮食播种面积。20 世纪 80 年代以前中国粮食播种面积年均占农作物总播种面积的 80.0% 以上，90 年代以后下降到年均 75.0% 以下。2023 年全国粮食播种面积 17.8 亿亩，占农作物总播种面积的 69.6%。根据对现阶段中国粮食综合生产能力分析，要实现粮食产需总量的大体平衡，除考虑动用库存粮食和适量进口一部分粮食以外，近期粮食播种面积需要稳定在 17.8 亿亩以上，粮食生产能力保持在 1.3 万亿斤以上。要特别注意防止粮食播种面积大幅调减，出现粮食生产大幅调减波动，搞好粮食生产能力的储备。

（三）粮食外贸依存系数

粮食外贸依存系数，是指年度内一个国家粮食需求出现缺口或富余时，假定缺口（富余）量全部由进口（出口）量来实现，粮食进口（出口）量占粮食总需求量的比例。

新中国成立以来，始终坚持粮食自力更生的方针，粮食基本自给，粮食外贸依存系数相对较低。考虑全国粮食年度需求总量这一指标资料缺乏，笔者采用粮食生产总量代替，从而得出年度粮食外贸依存系数（净进口）。20世纪50年代（含1949年）年均1.4%；60年代年均1.8%；70年代年均1.7%。党的十一届三中全会以后，1981年，为调整农业种植结构，扩种经济作物，促进农业生产全面发展，党中央、国务院采取了一系列重要决策，其中，一项决策是每年进口200亿~300亿斤粮食（其中，小麦占85%），在1980~1985粮食年度适当多进口一些粮食。1983~1984粮食年度、1984~1985粮食年度国内粮食大丰收，国家粮食收支有余，粮食库存增加，不再扩大进口。20世纪80年代年均3.2%，90年代年均2.0%。

2001年，中国加入世界贸易组织（WTO）后，大豆进口关税从11.4%下调到3%，同时开放大豆市场，从此，大豆进口数量逐年迅速增加。但是，谷物年度净进口数量最高为226亿斤。粮食外贸依存系数，21世纪头10年年均5.9%，10年代年均13.8%（其中，谷物1.2%、大豆12.6%）；2021~2023年年均22.9%（其中，谷物9.0%、大豆13.9%）。

另外，2023年4月，英国《经济学人》杂志发布了2022年《全球粮食安全指数（GFSI）报告》，报告利用联合国相关统计资料及数据，通过对粮食可负担性、可用性、质量和安全、可持续性和适应四个指标来综合计算各国粮食安全指数，以衡量一国的粮食安全状态。报告评估了2022年全球113个国家的粮食安全现状，得分最好的10个国家中有8个来自高收入的欧洲；得分最低的10个国家全部是贫穷落后的国家，有6个来自撒哈拉以南的非洲，得分最差的3个国家位于中东、北非和拉丁美洲。所以，粮食安全显示的是国家经济实力。排名前10的国家依次是芬兰、爱尔兰、挪威、法国、荷兰、日本、加拿大、瑞典、英国、葡萄牙。中国排名第25位，与2018年排名第46位相比，提前了21位。

综上所述，通过对新中国 75 年来粮食库存安全系数、粮食产量波动系数、粮食外贸依存系数等主要指标进行定量分析，可以得出结论：在党的领导下，特别是在以习近平同志为核心的党中央坚强领导下，国家粮食安全水平逐年提高，中国人的饭碗牢牢端在自己手中。

四、保障国家粮食安全展望

为深入学习贯彻习近平总书记关于保障国家粮食安全的重要论述，全方位夯实粮食安全根基，2019 年 5 月 29 日，中央全面深化改革委员会召开第八次会议，审议通过了《关于改革完善体制机制加强粮食储备安全管理的若干意见》等 10 个文件。会议强调，粮食储备是保障国家粮食安全的重要物质基础，要以服务宏观调控、调节稳定市场、应对突发事件和提升国家安全能力为目标，科学确定粮食储备功能和规模，改革完善粮食储备管理体制，健全粮食储备运行机制，强化内控管理和外部监督，加快构建更高层次、更高质量、更有效率、更可持续的粮食安全保障体系。2019 年 9 月 9 日，中央全面深化改革委员会召开第十次会议，审议通过了《关于实施重要农产品保障战略的指导意见》等 11 个文件。会议指出，要以保障国家粮食安全为底线，坚持数量质量并重，实施分品种保障，增加供给总量，优化供给结构，拓展供给来源，提高供给质量，加强农产品储备和加工业发展调控，健全农业支持保护制度，努力构建科学合理、安全高效的重要农产品供给保障体系。《中华人民共和国粮食安全保障法》自 2024 年 6 月 1 日起施行。

目前，中国人口占世界人口的 1/5，农业人口占世界农业人口的 1/3，淡水资源占世界的 6%，户均耕地面积占世界平均水平的 1/4，粮食生产消耗了世界化肥的 1/3、世界农药的 1/4。粮食生产基础不稳固，粮食供给地区不平衡、品种结构不合理、种植效益低等问题还没有从根本上解决。今后，保障国家粮食安全任重道远。《中共中央关于进一步全面深化改革 推进中国式现代化的决定》指出，"加快健全种粮农民收益保障机制，推动粮食等重要农产品价格保持在合理水平"。"统筹推进粮食购销和储备管理体制机制改革，建立监管新模式。"为深入学习贯彻党的二十大和党的二十届二中、三中全会精神，综合考虑各种因素影响，确保国家粮食安全，笔者提出如下意见和建议。

（一）组建中央粮食委员会

国家粮食安全、国家能源安全、国家金融安全是世界各国高度关注的三大经济问题，国家粮食安全位居首位。2010年1月22日，国务院决定成立国家能源委员会。2023年3月，中共中央、国务院印发了《党和国家机构改革方案》。组建中央金融委员会，设立中央金融委员会办公室。

建议组建中央粮食委员会。其主要职责，加强党中央对粮食工作的集中统一领导，负责粮食安全保障和粮食发展的顶层设计、统筹协调、整体推进、督促落实，研究审议粮食领域重大政策、重大问题等。设立中央粮食委员会办公室，作为中央粮食委员会的办事机构。

（二）改革完善国家粮食储备管理制度

通过顶层设计，健全粮食生产、粮食储备、粮食进（出）口三方互相联动、灵敏反应、高效运行的体制机制；建立中央储备粮、地方储备粮、粮食企业社会责任储备粮三者互相联通、余缺调剂、动态管理的体制机制。

建议对外公布中央储备粮、地方储备粮、粮食企业社会责任储备粮的数量。

建议允许和支持中央储备粮、地方储备粮进入郑州商品交易所、大连商品交易所开展粮食套期保值业务，以形成真正的粮食市场价格，分散粮食生产者、粮食经营者的自然和市场风险。充分发挥粮食期货市场在粮食宏观调控中的重要作用。

同时，中国与积极响应共建"一带一路"倡议的国家，率先推动建立世界粮食共同储备制度，先从亚洲周边国家试点。当前，一些国家在粮食储备紧急情况下不敷所需；另外一些国家粮食储备常年备而不用。如果通过国家间互联互通，做到应对灾害、平衡供需、交流信息，可以提高各国国家粮食储备利用效率，降低储备成本。

（三）国家谷物库存要安全、合理和经济

国家谷物库存安全系数20%～25%，谷物年末结转库存2000亿～2500亿斤。

统筹考虑以下主要因素。一是现在交通发达，储备的粮食基本可以及时送达到指定需要用粮的地方。二是笔者测算，按14.1亿人，人日均1.5

斤粮食消费，3个月，全国谷物年末结转库存1903.5亿斤。三是新中国自1960年建立国家和社会粮食储备制度以来，全国动用国家储备粮次数少、规模较小。四是在确保国家粮食安全的前提下，过多的国家粮食储备数量，资金、仓容等资源不能高效利用。

近些年来，国家粮食库存数量过大。2021年11月4日，国家粮食和物资储备局粮食储备司司长秦玉云表示，当前，粮食库存总量充足，处于历史高位，特别是小麦和稻谷两大口粮品种占总库存的比例超过70%。以小麦为例，在连年丰收的形势下，库存持续增加，目前可满足一年半的消费需求，确保了"谷物基本自给、口粮绝对安全"。要大幅降低国家粮食库存数量，已形成共识。全国谷物年末结转库存数量多少为宜，意见不一，基本上是从1800亿~3500亿斤。这里我们要统一概念。在此，我们研究的是全国谷物年末结转库存量，三个月口粮消费量，以便衔接下一季度的谷物收成。即每粮食年度年底，全国谷物结转库存量，包括中央储备粮、地方储备粮、粮食企业社会责任储备粮的谷物储备数量。一般来讲，接新粮前，谷物结转库存量相对较高；新粮上市后，谷物结转库存量相对较低。

（四）粮食年度间产量波动要在可控范围之内

今后一个时期，中国粮食生产能力保持在1.3万亿斤以上，年度间粮食产量波动系数控制在3%左右。避免出现粮食生产大起大落，特别是人为因素影响粮食减产。年度间的粮食实际生产量根据市场需求进行调整。

此外，近些年来，土壤中重金属含量超标而引发的粮食安全问题时有发生，应引起我们高度重视。今后我们要采取"预防为主、保护优先、风险管控"的防治措施，公众参与应当贯穿于土壤污染预防与治理全周期。保护土壤免受污染，为粮食生产提供良好的生长环境。

（五）粮食要适度进口

中国谷物外贸依存系数5%左右，年度谷物净进口500亿斤左右（其中，关税配额443.12亿斤），占2012~2023年国际市场年均谷物贸易量（以出口衡量）的7%左右。

年度间粮食进出口数量，按照国内市场需求，充分考虑现有粮食库存、当年粮食产量等因素，适量调节。

中国作为负责任的最大发展中国家，联合国安理会的常任理事国，粮食生产不仅保障了国家粮食安全，而且从 2006 年起就成为仅次于美国和欧盟的世界第三大粮食援助捐赠国，未来将继续为世界粮食安全做出自己应有的贡献。

（本文发表于《中国粮食经济》2019 年第 10 期，笔者有修改）

第五章

粮食市场预测

小麦市场 2022 年回顾与 2023 年展望

国家粮食和物资储备局宣传教育中心

中国粮食经济学会课题组

稻谷、小麦、玉米、大豆为养活中国人的 4 个口粮品种。据中国农业科学院农业信息研究所数据，2021 年中国口粮消费总量 6010.0 亿斤，稻谷等 4 个品种食用消费量 5448.8 亿斤，其中稻谷 3160.0 亿斤、小麦 1834.4 亿斤、玉米 192.0 亿斤、大豆 262.4 亿斤，分别占 4 个品种食用消费量的 58%、34%、3%、5%。小麦是我国全年粮食生产的第一个品种，2022 年产量 2754.4 亿斤，占粮食总产量 13731 亿斤的 20%。产需有余，进出口主要是调剂品种的需要。通过回顾小麦国际国内 2022 年市场，预测 2023 年趋势，对于做好粮食工作具有重要意义。

2022 年，国际市场，乌克兰是世界粮仓、小麦主要出口国，乌克兰危机导致国际小麦供应紧张，加之需求强劲等因素叠加影响，上半年小麦价格创历史新高。随着新季小麦上市以及黑海港口农产品外运协议签订，小麦供需趋于宽松，下半年小麦价格回落至年初水平。国内市场，上半年小麦价格屡创新高，6 月随着新季小麦丰产上市，小麦价格高开后震荡运行。

2023 年，国际市场，小麦价格将维持弱势。国内市场，小麦价格将由强转弱。

一、国内市场，2022 年新麦价格大幅高开后震荡运行，饲用需求明显减少，预计 2023 年价格将由强转弱

（一）2022 年供需形势

1. 小麦再获丰收、质量明显提高。受秋汛灾害影响，2021 年秋季我国小麦播种大面积延迟，但在政策支持下，各地抢种及时，保证了小麦播种面积，加上后期天气整体良好，小麦返青后并未遇到干旱、洪涝等灾害，也未发生"倒春寒""干热风"等天气，小麦籽粒饱满，单产高品质好。

2022 年小麦产量 2754.4 亿斤, 同比增长 0.6%。2022 年河北等 13 省份新收获小麦三等以上比例达 96.2%, 千粒重平均值 45.9, 不完善粒率平均值 3.1%。

2. 小麦进口量处于高位, 进口澳大利亚小麦明显增加。据海关数据, 2022 年我国进口小麦 199.2 亿斤, 同比增加 1.9%。由于澳大利亚小麦价格相对较低, 进口利润丰厚, 2022 年我国进口澳大利亚小麦 114.4 亿斤, 占进口总量的 57.4%。

3. 饲用消费明显减少, 小麦产需基本平衡、供需有余。受新冠疫情防控、各地增加成品粮储备等因素影响, 小麦制粉消费略有增加, 国家粮油信息中心估算, 2022 年小麦制粉消费量 1874 亿斤, 同比增加 2 亿斤。由于小麦玉米价差持续维持高位, 小麦饲用消费明显减少, 产需趋于平衡, 加上企业库存、储备及进口, 小麦市场供应有保障。

（二）2022 年价格走势

主产区河南省小麦产量约占全国 1/4, 郑州小麦价格为全国价格风向标。2022 年上半年, 小麦价格屡创新高。4 月下旬, 郑州小麦价格涨至 1.675 元/斤, 为历史最高。6 月新季小麦丰收, 质量明显提高, 受种植成本增加、市场看好后市、收购主体积极入市等因素影响, 新季小麦价格大幅高开, 6 月初郑州小麦开秤价格达到 1.55 元/斤以上, 同比上涨 0.30 元/斤。7 ~ 9 月, 因小麦产量增加、饲用需求明显减少, 小麦价格高开后继续上涨动力不足, 小麦价格呈稳中偏弱走势。10 月以来, 部分地区物流不畅, 加之贸易企业存粮成本较高, 郑州小麦价格再次回升至 1.65 元/斤以上。进入 12 月, 国内新冠疫情防控政策优化, 物流逐步恢复正常, 由于基层余粮较多、食用需求增幅有限, 国内小麦价格震荡回落, 12 月 30 日, 郑州的小麦价格为 1.615 元/斤, 比 1 月初上涨 0.185 元/斤, 涨幅约 13%。2007 ~ 2022 年河南省郑州市小麦价格走势如图 5-1 所示。

（三）2023 年展望

小麦市场形势将存在以下特点:

1. 供给充裕。供给方面, 我国小麦供给来源主要包括产量、进口量、政策性销售三个方面。产量方面, 2022 年丰收, 小麦质量也明显提高, 由于物流不畅、农民惜售等原因, 年底基层余粮较往年偏高。进口方面,

图 5-1   2007～2022 年河南省郑州市小麦价格走势

资料来源：国家粮油信息中心。

2022 年世界小麦整体丰产，澳大利亚、法国低价小麦大量供应世界，在进口利润较好的情况下，预计 2023 年我国进口将维持在 180 亿斤以上高位。政策性销售方面，由于 2022 年夏收期间小麦价格处于高位，6 个主产省小麦最低收购价预案均未启动。2023 年 1 月国家重启最低收购价小麦拍卖，2 月中央及地方储备小麦轮出将会加快，充实市场小麦供给。在产量、进口、政策性销售向好的情况下，预计 2023 年上半年小麦供给充裕。

需求方面，小麦需求主要来自食用和饲用，常年食用消费约占总消费的七成，饲用不足两成，因小麦玉米价差由正转负，小麦饲用价格优势凸显，2020 年、2021 年小麦饲用消费占总消费的比例较常年提高近 10 个百分点（约 400 亿斤），抬高了国内总需求。2022 年新季小麦价格高开，与玉米价差明显拉大，小麦饲用消费回归常年。在供给增、需求减的形势下，预计国内小麦产需趋于平衡、供给宽裕。

2. 小麦丰产预期较强，供给依然充裕。2022 年我国冬小麦播种进展顺利，小麦苗情好于上年。农业农村部农情调度信息显示，3 月初，冬小麦在田面积 3.3 亿亩以上，面积稳中有增，长势总体较好。北方冬麦区 2 月下旬开始陆续返青，中东部两次大范围降水，有效补充了土壤墒情和库塘蓄水，利于春管春耕。西南地区冬小麦一、二类苗比例 88.4%；江淮地区冬小麦一、二类苗比例 85.7%，苗情均好于上年；山东小麦一、二类苗面积占比 89.5%，比上年同期提高 38.5%。2023 年小麦高产丰收基础扎实，若后期不出现极端天气，新季小麦将再获丰收。届时小麦开秤价格可能会低于 2022 年。

3. 居民面粉采购节奏将逐步回归正常。2022 年面粉消费多次出现"旺季提前""旺季不旺"等现象，随着各地物流逐步恢复正常水平，2023 年面粉消费将恢复至常年，面粉销售和采购将回归平稳。

4. 价格走势将由强转弱。在产需均衡、供给充裕的形势下，随着各级储备轮出增多，预计上半年基层售粮进度将加快，小麦价格将由强转弱，新麦上市前郑州小麦价格可能降至 1.50 元 / 斤左右。随着小麦玉米价差缩小，饲料企业采购小麦数量将会增多，会对小麦价格形成较强的底部支撑。6月新季小麦开始逐步上市，预计郑州新麦开秤价格在 1.50 元 / 斤左右，饲料企业收购新麦数量可能较 2022 年增多。

二、国际市场，2022 年小麦产需基本平衡，小麦价格大涨后回落至年初水平，预计 2023 年价格将震荡偏弱运行

（一）2022 年上半年国际小麦价格涨至历史高位，下半年震荡回落至年初水平

2022 年 1 月至 2 月中旬，小麦价格维持窄幅震荡走势，2 月下旬乌克兰危机爆发，黑海港口关闭导致乌克兰小麦出口停滞，世界小麦供应链紧张，加之 2021 年主要出口国减产、高品质小麦供应不足等因素，3 ～ 5 月小麦价格暴涨。3 月 8 日，美国芝加哥期货交易所（CBOT）软红冬小麦期货主力合约一度涨至 1363.5 美分 / 蒲式耳，比年初上涨 79.9%，创历史新高。

6 月以来，北半球新季小麦大量上市，叠加世界经济衰退预期增强、黑海港口农产品外运协议签署等，小麦价格持续回落，8 月底 CBOT 软红冬小麦价格跌至 832.5 美分 / 蒲式耳，比 3 月高点下跌 38.9%，基本处于年内最低。9 月以来，乌克兰危机升级，市场担心黑海港口农产品外运协议不能续签，加上阿根廷和美国小麦主产区持续干旱，小麦价格小幅反弹。10 月 10 日，CBOT 软红冬小麦价格涨至 933.5 美分 / 蒲式耳，较 8 月底上涨 12.1%。10 月下旬以来，随着南半球新季小麦大量上市，尤其是澳大利亚小麦丰产有助于压低小麦价格，加之 11 月黑海港口农产品外运协

议续签，乌克兰低价小麦大量供应全球，小麦价格震荡下跌，12月30日CBOT软红冬小麦价格为791美分/蒲式耳，比3月高点下跌42.0%，基本回落至1月初价格水平。

（二）2023年国际小麦价格将震荡偏弱运行

1. 小麦供给充足。随着澳大利亚小麦产量创历史新高以及黑海港口农产品外运协议续签，大量澳大利亚、法国、乌克兰低价小麦供应世界。俄罗斯将2023年2月至6月谷物出口配额提高至2550万吨，较上年度提高2.5倍，后续俄罗斯小麦出口可能大幅增加，小麦阶段性供给较为充足。

2. 乌克兰危机对上半年小麦价格影响逐步减弱。据乌克兰农业部数据，截至2023年3月13日，2022/23年度（7月至次年6月）乌克兰小麦出口量1187万吨，已经完成了年度出口目标1350万吨的87.9%，协议3月18日到期后续签，乌克兰小麦继续从黑海港口运出，预计乌克兰将大概率完成小麦出口目标。尽管3月协议再次续签时俄乌存在分歧，但在乌克兰基本完成出口目标，俄罗斯、澳大利亚小麦大量供给的情况下，乌克兰危机对上半年小麦价格影响逐步减弱。乌克兰新季小麦将于7月收割，届时协议能否再次续签将直接关系乌克兰新麦出口及下半年小麦供需形势。

3. 宏观经济形势拖累小麦价格。乌克兰危机导致世界大宗商品价格大幅走高，受多国经济基本面不佳、美联储加息引发全球货币政策紧缩、供需紧张逐步缓解等因素影响，年底主要品种价格基本回落至年初水平，2023年世界经济复苏缓慢，特别是欧美地区银行业危机爆发以来，市场对未来经济形势担忧，将拖累包括小麦在内的大宗商品价格下跌。整体来看，预计2023年上半年CBOT软红冬小麦期货主力合约在550~750美分/蒲式耳弱势震荡，下半年随着新季小麦收获上市，小麦价格可能出现阶段性低点。

在宏观经济复苏缓慢、乌克兰危机持续的形势下，2023年小麦产量显得尤为重要，预计2023年世界小麦产量将维持历史高位。联合国粮食及农业组织3月预计2023年世界小麦产量7.84亿吨，同比有所下降，仍是历史次高。

（执笔人：孙　恒）

稻谷市场 2022 年回顾与 2023 年展望

国家粮食和物资储备局宣传教育中心

中国粮食经济学会课题组

稻谷、小麦、玉米、大豆为养活中国人的 4 个口粮品种。据中国农业科学院农业信息研究所数据，2021 年中国口粮消费总量 6010.0 亿斤，稻谷等 4 个品种食用消费量 5448.8 亿斤，其中稻谷 3160.0 亿斤、小麦 1834.4 亿斤、玉米 192.0 亿斤、大豆 262.4 亿斤，分别占 4 个品种食用消费量的 58%、34%、3%、5%。稻谷是我国全年粮食生产的第二个品种，2022 年产量 4169.9 亿斤，占粮食总产量 13731 亿斤的 30%；人均占有量 294 斤，高于世界平均水平的将近一半。产需有余，进出口主要是调剂品种的需要。通过回顾稻谷国际国内 2022 年市场，预测 2023 年趋势，对于做好粮食工作具有重要意义。

2022 年，国际市场，全球稻谷产量创历史新高。受乌克兰危机、进口替代需求增加、印度（2022 年大米出口量 2250 万吨，占国际大米出口总量 5490 万吨的 41%）等国实施出口限制等因素叠加影响，提振了市场需求和预期，大米价格普涨、高位运行。国内市场，受内部种植结构调整及南方高温干旱影响，我国稻谷播种面积、单产、总产均同比减少，尤其是南方新季中晚籼稻生长期间遭遇罕见旱情，品质有所下降。同时，我国大米进口创历史新高，加上稻谷库存充裕，国内稻谷供需形势依然宽松。上半年，稻谷价格整体弱势平稳。下半年，南方籼稻在成本增加、减产预期双重支撑下价格走高。稻谷价格整体表现为籼强粳弱、副产品上涨。

2023 年，国际市场，大米价格将保持区间震荡偏强运行。国内市场，稻谷价格底部将抬升。

一、我国稻谷市场 2022 年回顾

稻谷市场供应充裕。新季早稻生长形势较好，中晚稻生长期间遭遇罕

见旱情，品质有所下降，主产区江苏省粳稻受旱情影响较小，主产区黑龙江省粳稻生产条件较好。价格表现上，中晚籼稻价格上涨，粳稻价格下降，同时，因饲料消费需求较好叠加豆粕油脂价格上涨，稻谷副产品价格大幅上涨。

（一）稻谷供给充裕，饲用消费需求较好

据国家统计局数据，受内部种植结构调整及南方高温干旱影响，2022年我国稻谷播种面积和单产双减，播种面积 4.42 亿亩，比上年减少 706.6万亩，下降 1.6%，单产 944 斤 / 亩，比上年减少 4.6 斤 / 亩，下降 0.5%。2022 年稻谷总产量 4169.9 亿斤，比上年减少 87 亿斤，下降 2.0%。虽然我国新季稻谷产量减少，但是，进口大米 123.8 亿斤，同比增加 24.6 亿斤，增幅 24.8%。加上我国稻谷多年产需过剩，库存充足，稻谷供需仍宽松。稻谷食用消费较为平稳；约 580 亿斤定向销售给饲料企业，饲用消费需求较好。

（二）早稻播种面积稳中有增，单产持平略降，早稻产量实现增长

国家提高稻谷最低收购价，加大对产粮大县奖励力度，增加资金投入，多措并举稳定双季稻生产。各地压实粮食生产责任，落实稻谷、农机购置和种粮农民一次性补贴等政策，配套出台相关支持措施。全国早稻播种面积 7132.6 万亩，比上年增加 31.5 万亩，增长 0.4%。由于早稻生长期间气象条件"两头好、中间差"，单产较上年略减。早稻单产 788.6 斤 / 亩，比上年减少 0.6 斤 / 亩，下降 0.1%。全国早稻总产量 562.46 亿斤，比上年增加 2.12 亿斤，增长 0.4%。

（三）新季中晚籼稻生长遭遇罕见旱情，单产和品质有所下降

从 1961 年有完整气象观测记录以来，南方产区 6～8 月遭遇综合强度最强的高温干旱天气，高温持续时间长、发生范围广，且与多地一季稻抽穗扬花期碰头，导致部分稻谷干瘪，新季中晚籼稻单产品质下降。中晚籼稻质量调查结果显示，湖北省总体质量较上年有所下降，出糙率平均值 76.8%，较上年降低 0.8 个百分点；整精米率平均值为 55.1%，较上年降低 1.8 个百分点；整精米率达到中等以上的样品比例为 92.5%，较上年降低 3.4 个百分点。安徽省穗粒不饱满，结实率普遍降低，籽粒瘪谷相对多发，中籼稻亩均产量为 951.52 斤，比上年减少 172.6 斤，减幅 15.35%。

（四）稻谷价格"籼强粳弱"，副产品价格大幅上涨

早稻价格一向被认为是当年稻谷价格走势的风向标。2022年在储备需求支撑、种植成本上涨的影响下，主产区新季早稻价格同比高开，后期随着早稻上市量持续增加，市场价格回落并逐步企稳。受旱情影响，中晚籼稻品质下降，尤其是早期上市的中籼稻品质相对更差，新季中籼稻低开上市。为切实保护种粮农民利益，10月中旬至11月初，江苏、安徽、河南、湖北、黑龙江5个省相继启动中晚稻最低收购价预案，其中，中晚籼稻启动时间均早于上年。随着后上市的中籼稻及晚籼稻品质的改善，叠加市场对中晚籼稻供给的担忧，中晚籼稻价格上涨。同时，江苏省高温时段粳稻主要处于拔节孕穗期，不是需水敏感期，极端天气对江苏粳稻影响较小。黑龙江省粳稻生产期间天气良好，新季粳稻质量较好，出米率普遍高于上年。加上，粳稻库存充裕，粳稻价格回落。国家粮油信息中心监测，2022年12月30日，主产区江西省九江市早籼稻收购价1.32元/斤，与1月初基本持平。湖南省长沙市中晚籼稻收购价1.37元/斤，比1月初上涨0.10元/斤。黑龙江省佳木斯市圆粒粳稻收购价1.31元/斤，比1月初回落0.01元/斤。江西省九江市、湖南省长沙市、黑龙江省佳木斯市2007～2022年的稻谷价格如图5-2、图5-3、图5-4所示。江苏省粳稻收购价1.39元/斤，比1月初回落0.02元/斤。稻谷加工副产品价格大幅上涨，2022年12月30日，主产区油糠价格1.40～1.55元/斤，比1月初上涨0.17～0.30

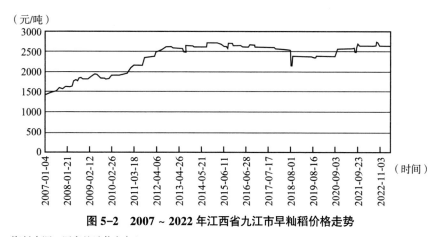

图5-2　2007～2022年江西省九江市早籼稻价格走势

资料来源：国家粮油信息中心。

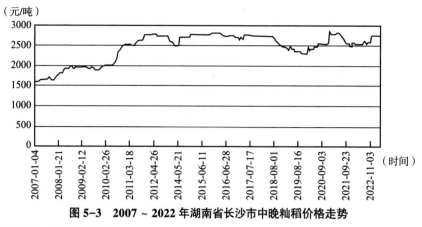

图 5-3　2007～2022 年湖南省长沙市中晚籼稻价格走势

资料来源：国家粮油信息中心。

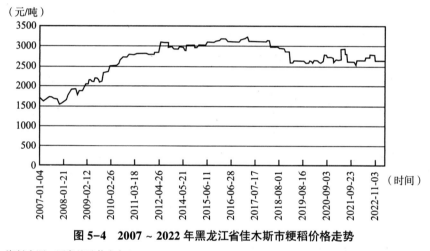

图 5-4　2007～2022 年黑龙江省佳木斯市粳稻价格走势

资料来源：国家粮油信息中心。

元/斤，碎米价格 1.225～1.52 元/斤，比 1 月初上涨 0.07～0.125 元/斤。国内玉米、小麦价格大幅上涨，豆粕和植物油价格处于高位，碎米和油糠的替代消费需求增强，叠加国内稻谷加工企业开工率较低，副产品产出有限，米价整体较弱，副产品挺价较强。

二、国际大米市场 2022 年回顾

因国际小麦价格大幅上涨，替代消费需求增加，部分国家加大进口增加库存以保障各自国内大米供给，国际大米需求旺盛。叠加 9 月上旬国际

最大出口国印度对大米实施短期出口限制，市场恐慌情绪加剧，提振购买需求，国际市场大米价格上涨。

（一）多因素叠加影响，2022年以来国际大米价格整体上涨

2022年1月至6月初，国际大米价格上涨。随着小麦价格大幅回落，6～9月，国际大米价格回归供需基本面，主要出口国竞争国际市场，报价高位回落。9月上旬，印度对大米出口采取限制措施，加剧了市场恐慌情绪，提振大米贸易，主要出口国大米报价纷纷上调。9月之后，国际大米价格上涨。联合国粮食及农业组织报告显示，国际稻米价格在2022年全年大部分时间持续上涨。2022年12月，联合国粮食及农业组织各类大米价格指数平均为119.02，高于上年同期的98.35，同比涨幅21.02%。国家粮油信息中心监测，2022年12月30日，泰国、越南和印度3国5%破碎率大米出口FOB报价分别为477美元／吨、460美元／吨、390美元／吨，比2022年1月初分别上涨80美元／吨、60美元／吨、50美元／吨，其中，越南和印度大米价格上涨至2022年的高位。

（二）国际大米供需同频增加，需求更为旺盛

美国农业部预计，2021/22年度国际稻谷产量5.13亿吨，同比增加465万吨，为历史最高。国际大米消费总量达到历史新高的5.17亿吨，同比增加1836万吨；消费增量远超产量增加。国际稻谷期末库存1.83亿吨，减少521万吨。监测显示，主要出口国泰国和越南大米出口量同比大幅增长，1～10月，泰国出口大米620万吨，同比增加33%。1～11月，越南出口大米668万吨，同比增加16%。

（三）主要出口国大米出口政策频繁调整，扰动市场预期

2022年，相对于国际玉米、小麦市场，国际大米市场较为平稳，不时出现影响市场预期且频繁更迭的政策。2022年上半年，国际大豆、玉米、小麦市场价格大幅上涨，化肥等生产资料成本增加。5月下旬，泰国建议越南联手提高大米议价能力，帮助缓解不断上涨的生产成本。9月下旬，泰国政府表示，与越南正在讨论生产成本上升和供应问题。虽然越南没有与泰国达成共同提高大米价格的协议，但是，对国际大米市场有短暂的影响。更为重要的是，9月上旬，最大的大米出口国印度宣布禁止碎米出口，对除巴斯马蒂大米和蒸谷米之外的其他大米出口征收20%的关税，引发了

市场较大恐慌，短期内主要出口国全面上调大米出口报价。考虑已经签订尚未运出的碎米出口合同，印度政府先后三次延长碎米出口期限至 10 月 15 日。11 月 29 日，宣布取消 9 月对碎米等部分大米采取的出口限制措施。

三、稻谷市场 2023 年展望

我国市场，稻谷库存充裕，食用消费保持稳定，存在"去库存"需求。小麦饲用替代大幅减弱，甚至多数时间不具备替代优势，能量饲料供给仍需要其他饲料粮对玉米有效补充，不宜存稻谷饲用替代仍将保持高位。2022 年以来国内化肥、农药等农资产品价格上涨，受旱情影响，南方产区稻田用水用电增加，新季稻谷种植成本上涨，农民价格预期上调；加上，新季中晚籼稻和南方产区粳稻出米率有所下降，小麦、玉米价格更为强势，提振稻谷市场预期，稻谷价格底部将抬升。

国际市场，因印度和巴基斯坦遭遇不利天气，美国农业部预计，2022/23 年度国际稻谷产量将比上年度创纪录水平大幅减少 414 万吨，降至 5.10 亿吨。国际大米需求，将保持相对强势，消费量处于 5.19 亿吨的高位。国际稻谷期末库存将降至 1.73 亿吨，为近 5 年来最低。考虑到国际稻谷库存消费比高达 33%，印度 2022 年 11 月底取消了大米出口限制，泰国、越南、缅甸和柬埔寨等出口国产量稳中有增，若这些主要出口国生产和政策不发生大的变化，预计 2023 年国际大米市场价格将保持区间震荡偏强运行。

（执笔人：周　惠）

玉米市场 2022 年回顾与 2023 年展望

国家粮食和物资储备局宣传教育中心

中国粮食经济学会课题组

稻谷、小麦、玉米、大豆为养活中国人的 4 个口粮品种。据中国农业科学院农业信息研究所数据，2021 年中国口粮消费总量 6010.0 亿斤，稻谷等 4 个品种食用消费量 5448.8 亿斤，其中稻谷 3160.0 亿斤、小麦 1834.4 亿斤、玉米 192.0 亿斤、大豆 262.4 亿斤，分别占 4 个品种食用消费量的 58%、34%、3%、5%。玉米是我国全年粮食生产的第三个品种，2022 年产量 5544 亿斤，占粮食总产量 13731 亿斤的 40%，位居第一位。进出口主要是调剂品种的需要。通过回顾玉米国际国内 2022 年市场，预测 2023 年趋势，对于做好粮食工作具有重要意义。

2022 年，国际市场，受南美干旱、美国玉米减产预期及乌克兰危机冲击玉米供应链等因素叠加影响，玉米供给偏紧、价格剧烈震荡。上半年，价格上涨自 2012 年以来创新高。下半年，黑海港口粮食出口协议签订，谷物出口逐渐恢复，供需结构性矛盾明显弱化。同时，美联储连续加息，导致国际大宗商品价格普跌，玉米价格回落。国内市场，玉米面积、产量双增，玉米及替代谷物进口量有所下降，养殖需求增加，工业消费相对稳定，供需双增背景下，产需缺口仍然存在，价格中枢整体上移。

2023 年，国际市场，价格大概率将呈现震荡下跌走势。国内市场，价格保持高位运行态势，总体特征是区间波动和上涨乏力。

一、国内市场，2022 年回顾与 2023 年展望

2022 年玉米产需仍有缺口、价格高位运行，预计 2023 年玉米价格维持高位震荡运行。

（一）2022 年供需形势

1. 玉米播种面积增加、总产增加、单产减少。据国家统计局数据，

2021年全国玉米播种面积为6.50亿亩，比上年增加3090万亩，增长5.0%。玉米单产419千克/亩，同比减少1.7千克/亩，下降0.4%。玉米产量2.726亿吨，比上年增加1189万吨，增长4.6%。

2. 玉米及替代谷物进口量将有所下降。2022年国际玉米价格处于高位，部分时段价格大幅高于国内，进口利润消失，玉米及其替代品进口有所下降。海关数据显示，2022年我国进口玉米2062万吨，同比下降27%。从进口国别来看，2022年我国主要从乌克兰、美国进口玉米，进口量分别为526万吨、1486万吨，占比分别达到26%和72%，分别比上年下降3个百分点和提升2个百分点。总体来看，2022年我国饲料谷物进口量有所下降，累计进口玉米、高粱、大麦（未剔除酒用大麦）共3652万吨，同比下降27%。

3. 养殖需求继续增加，工业消费相对稳定。2021年下半年生猪养殖进入亏损周期，生猪存栏开始环比下降，但2022年整体仍处于较高水平。2022年，不宜存稻谷原料替代下降，酒精消耗玉米量结构性回升。此外，玉米价格上涨至历史高位。受新冠疫情影响，淀粉、淀粉糖等深加工产品消费低迷，企业加工利润降低，开工率同比下降。深加工产能略有增加，部分抵消行业开机率下降的影响，全年玉米工业消费基本持平。

（二）2022年价格走势

2月乌克兰危机爆发，国际粮价上涨，传导国内玉米价格快速上涨，4月29日，辽宁省锦州市港口现货收购价格为2870元/吨，比年初上涨200元/吨，涨幅7.5%。12月底，辽宁省锦州市港口现货收购价格为2863元/吨，比年初上涨193元/吨，涨幅7.2%。2007~2022年辽宁省锦州市港口玉米价格走势如图5-5所示。

（三）2023年展望

1. 2022年玉米产量再创历史新高。全国玉米播种面积6.46亿亩，比上年减少381.1万亩，下降0.6%。单产429.1千克/亩，比上年增加9.7千克，增长2.3%。产量27720万吨，比上年增加465万吨，增长1.7%。

2. 玉米及替代品进口数量将有所下降。国家粮油信息中心预计，2022/23年度，玉米及替代谷物进口量为3600万吨，同比减少12.5%。

图 5-5　2007 ~ 2022 年辽宁省锦州市港口玉米价格走势

资料来源：国家粮油信息中心。

3. 2023 年玉米需求有所增加。据农业农村部监测，2022/23 年度，玉米饲用消费 1.92 亿吨，同比增加 1200 万吨，增幅 6.7%。玉米工业消费 7700 万吨，同比持平。

4. 2023 年玉米价格预测。玉米价格保持高位运行态势，总体特征是区间波动和上涨乏力。一是 2023 年饲料养殖需求向好，玉米产需缺口仍存，农民种粮成本攀升，均支撑玉米价格。二是从巴西进口玉米增加，3 月船期进口完税成本低于国内玉米价格 200 ~ 300 元 / 吨，第一季度陆续到港，有效增加市场供应。三是不宜存稻谷定向销售，增加饲料粮供应，压制玉米价格。

二、国际市场，2022 年回顾与 2023 年展望

（一）2022 年市场价格剧烈波动

1. 多因素导致上半年国际玉米价格达到近 10 年来高点。价格经历了"过山车"式的行情走势。4 月底，美国芝加哥期货交易所（CBOT）玉米期货主力合约收盘价，从年初的 606.5 美分 / 蒲式耳上涨至 813.3 美分 / 蒲式耳，涨幅 34.1%。主要原因是，不利天气，种植成本提升带来的美国玉米减产预期，乌克兰危机冲击玉米供应链。

2. 美联储加息、乌克兰危机缓和等因素叠加影响，玉米价格高位回

落。下半年，乌克兰危机逐步缓和，俄乌与联合国签署黑海粮食出口协议，黑海谷物出口逐渐恢复，供需结构性矛盾明显弱化。美联储采取激进的紧缩货币政策以抑制国内高通胀，美元指数连续上涨，投资者对世界经济衰退担忧升温，国际大宗商品普跌，玉米期价走弱。7月下旬，CBOT玉米主力合约收盘价，最低562.5美分/蒲式耳，比4月底高点下跌30.8%，风险溢价显著回落。

3. 玉米供求偏紧导致玉米价格高位运行。第三季度，供应减少预期再度成为助推国际玉米价格攀升的驱动力。一方面，美国中西部及欧洲产区玉米、小麦等谷物，生长关键期面临极端干旱和高温天气影响，作物生长前景堪忧。美国农业部连续三个月下调美国、欧洲玉米单产，以法国为代表的欧盟产区减产幅度屡超预期。另一方面，黑海港口谷物出口反复出现变数，引发市场对玉米供应担忧。10月中旬，CBOT玉米主力合约收盘价，最高为691.8美分/蒲式耳，比7月低点反弹129.3美分/蒲式耳，但并未突破新高，总体维持高位盘整。

受减产因素、乌克兰危机减弱等因素影响，11月中旬以来玉米价格震荡回落。12月上旬，CBOT玉米主力合约收盘价，回落至635美分/蒲式耳，市场更多开始关注美国玉米出口和需求，玉米消费或伴随着经济预期走弱而放缓。

（二）2022年供应冲击和需求萎缩并存

1. 玉米主产国和地区产量下降导致供应偏紧。2022年，美国、欧盟和乌克兰等玉米播种面积下降。美国农业部预计，2022/23年度全球玉米播种面积20197万公顷，同比减少519万公顷，减幅2.5%。其中，美国播种面积3272万公顷，同比下降5.2%。乌克兰播种面积400万公顷，同比下降27.1%。预计2022/23年度全球玉米产量11.62亿吨，同比下降4.5%。玉米供应呈收紧趋势，库存消费比继续降低。

受经济形势等因素影响，全球玉米需求可能略减。例如，欧盟饲料中玉米比例占比一直在下降。最大出口国美国玉米库存消费比仍然处于低位，上半年，美联储持续加息以控制通胀，各方面对经济衰退预期上升，市场需求呈下降趋势。美国农业部预计，2022/23年度国际玉米消费量11.65亿吨，同比下降1836万吨，降幅1.55%。玉米库存9228万吨，同比减少

567万吨。

2. 全球玉米出口总量下降，贸易格局可能发生重构。由于乌克兰玉米出口缺位，冲击全球玉米供应链。美国农业部预计，2022/23贸易年度（10月至次年9月）全球玉米出口1.82亿吨，同比减少1132万吨。

世界贸易格局正在发生重构，类似大豆贸易格局演变。巴西玉米出口竞争力有明显提升，逐步缩小与美国的差距，而中国的购买需求会加快贸易格局转变。美国农业部预计，与上年度相比，巴西出口占全球份额提高8.8个百分点，至25.6%。阿根廷出口占比增加1.9个百分点，至21.9%。美国下降2.4个百分点，至30.2%。乌克兰下降4.3个百分点，至9.6%。

（三）2023年展望

1. 全球玉米供给仍将结构性收紧。一是美国农业部预计，2023/24年度美国玉米播种面积9100万英亩，高于上个年度8860万英亩。由于供应以及期末库存预计大幅提高，预计2023/24年度美国玉米年度均价同比，下跌1.1美元或16%左右。二是市场仍担忧南美洲玉米产量。阿根廷的布宜诺斯艾利斯谷物交易所（BAGE），将2022/23年度阿根廷玉米产量调低至3750万吨，同比下降1450万吨。2023年，巴西玉米产量将缓解全球供应的紧张程度。巴西农业部下属的国家商品供应公司（CONAB）预测，巴西2023年玉米产量1.26亿吨，同比增长12.5%。但考虑到巴西玉米主要出口港集中在桑托斯和帕拉纳瓜港，且出口窗口期集中在第三季度，在同一发运点运力不变的情况下，销售集中进一步加剧了贸易格局的集中，销售窗口期需求阶段性紧张仍然会导致贸易供求趋于紧张。

2. 国际玉米价格呈震荡下跌走势。2023年，全球资金流动性收紧，宏观经济预期偏弱带来较大的利空影响，国际大宗商品价格将呈现高位回落态势。全球玉米产不足需、库存继续下降，供需基本面对国际玉米价格形成支撑。对国际宏观经济形势、玉米产需等情况综合分析，2023年国际玉米价格大概率呈现震荡下跌走势。

（执笔人：齐驰名 刘石磊 谌 琴）

大豆市场 2022 年回顾与 2023 年展望

国家粮食和物资储备局宣传教育中心

中国粮食经济学会课题组

稻谷、小麦、玉米、大豆为养活中国人的 4 个口粮品种。据中国农业科学院农业信息研究所数据，2021 年中国口粮消费总量 6010.0 亿斤，稻谷等 4 个品种食用消费量 5448.8 亿斤，其中稻谷 3160.0 亿斤、小麦 1834.4 亿斤、玉米 192.0 亿斤、大豆 262.4 亿斤，分别占 4 个品种食用消费量的 58%、34%、3%、5%。大豆 2022 年产量 405.7 亿斤，占粮食总产量 13731 亿斤的 3%。大豆供应缺口是饲用大豆，不缺食用大豆。通过回顾大豆国际国内 2022 年市场，预测 2023 年趋势，对于做好粮食工作具有重要意义。

2022 年，国际市场，大豆价格整体呈现倒"U"形走势，波动剧烈，全年低点到高点变动幅度 38.5%。主要影响因素：一是天气因素导致主产国减产。二是地缘政治因素导致替代性作物供给下降。三是美联储接连大幅加息引发经济前景和弱需求担忧。国内市场，大豆价格整体呈现倒"U"形走势，波动相对偏弱，现货价格波动幅度为 10.9%。

2023 年，国际市场，大豆供应形势好转，预计价格总体水平将低于 2022 年，4 月南美大豆丰收上市后，可能会出现明显回落。国内市场，2022 年大豆产量创下历史最高纪录，但消费需求低迷，国产大豆供应压力后移。2023 年上半年，价格或将维持弱势震荡运行。

一、国内市场，2022 年回顾与 2023 年展望

2022 年国内大豆产量创历史新高，消费需求低迷，价格持续走低，预计 2023 年价格呈现"先抑后扬"走势。

（一）2022 年供需形势

受种植收益下降等因素影响，2021 年，我国大豆种植面积下降至 1.26

亿亩，同比减幅14.8%，产量1640万吨，同比减幅16.4%。估计大豆食用、工业及压榨消费1710万吨，国产大豆产需形势趋紧。

2022年，政府高度重视大豆油料生产，东北三省一区生产者补贴向大豆倾斜，全国16个省份推广大豆玉米带状复合种植。另外，2021年国产大豆价格创历史新高，种植收益良好，且超过玉米收益，农户积极改种大豆，大豆播种面积大幅增加，加上生长期天气状况良好，单产好于上年，全国大豆单产、播种面积和产量"三增"。2022年，大豆播种面积1.54亿亩，同比增长21.7%；产量2029万吨，同比增长23.7%，首次迈上2000万吨台阶，创历史最高纪录，与2015年相比累计增长64%。

国产大豆主要用于食用销售，预计年直接食用量约1400万吨，蛋白加工用豆180万~200万吨，油脂压榨用豆100万~200万吨。食用和蛋白加工用量相对稳定，油脂压榨量年度间变化较大。2022年10~12月，国内豆粕价格高企，国产大豆压榨利润较好，黑龙江省大豆压榨企业纷纷开机压榨，由于可利用产能及资金充足的企业不多，大豆压榨量预计仅增加30万吨。1月以后，国内豆粕价格下跌较多，压榨开始亏损，油厂加工积极性明显下滑，预计年度国产大豆压榨量在190万吨，同比增加90万吨，远不能覆盖增产幅度。尽管随着经济恢复，市场预期食用消费需求增加，但产大于需的基本面难以改变。

（二）2022年价格走势

受2021年国产大豆大幅减产影响，2022年上半年，国产大豆供给趋紧，大豆价格维持高位运行，黑龙江省收购价格集中在6000~6300元/吨。第三季度，国产大豆进入季节性消费淡季，但基层豆源偏少，继续支撑现货价格维持高位运行。第四季度，新季国产大豆收获上市，2022年产量创历史最高纪录。2022年，黑龙江省大豆质量差于上年，蛋白含量下降2~3个百分点。新季大豆上市后，受各种因素影响，下游厂商采购意愿普遍较低，国产大豆需求总体偏弱，大豆价格持续下行。12月30日，黑龙江省食用大豆收购价格集中在5400~5600元/吨，比年初下降600~700元/吨。2007~2022年黑龙江省哈尔滨市大豆价格走势如图5-6所示。

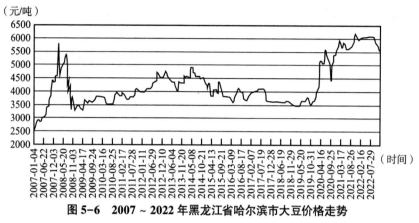

图 5-6　2007～2022 年黑龙江省哈尔滨市大豆价格走势

资料来源：国家粮油信息中心。

（三）2023 年展望

1. 国产大豆价格将呈现"先抑后扬"走势，但反弹难超前期高点。受国产大豆产量大幅增加，在食用需求有限、榨油需求短期难以大幅增加的情况下，国产大豆产量增量短期内较难消化，叠加南美大豆大幅增产预期，消化供应压力将传导至 2023 年。在供应过剩的情况下，预计 2023 年上半年国产大豆走势偏弱。按目前国产大豆和玉米市场价格测算，大豆种植收益明显低于玉米，加上春播成本预期上升，2023 年国产大豆种植面积可能缩减，产量或将再度回落。随着外部环境逐渐优化，物流趋于正常，餐饮行业复苏，预计 2023 年国产大豆需求呈现"前低后高"态势。受产量和需求预期变化影响，2023 年国产大豆价格或将呈现"先抑后扬"走势。

国产大豆上市后，价格持续走低，大豆种植收益扭盈为亏，按目前国产大豆和玉米市场价格测算，考虑补贴后大豆种植收益仍比玉米低 100 元/亩左右，加上 2023 年春播成本预期上升，国产大豆种植面积可能缩减，产量或将再度回落。

2. 我国大豆进口量 2023 年有望回升至 9500 万吨左右。2022 年为 9108 万吨，结束连续两年下降局面。一是南美大豆丰产预期较强，供应由紧转松将使国际大豆价格回落，进口大豆供应充裕、成本降低。二是随着国内经济和餐饮逐渐恢复，畜禽存栏维持高位，带动豆粕消费增加，进而刺激大豆进口。我国进口大豆维持高位主要受蛋白粕消费需求增加带动。

据国家统计局数据，2022 年末，全国生猪存栏 45256 万头，同比增加 333 万头，增长 0.7%；能繁殖母猪存栏 4390 万头，同比增加 62 万头，增长 1.4%，能繁殖母猪存栏已相当于 4100 万头正常保有量的 107.1%，高于合理区间上沿的 105%，表明 2023 年上半年国内生猪存栏量还将持续增加，有利于增加饲料消费，进而刺激蛋白粕需求。预计 2022/23 年我国蛋白粕饲用消费将达到 9500 万吨，其中豆粕饲用消费量为 7360 万吨。考虑进出口因素，国内需压榨大豆 9700 万吨，其中国产大豆压榨量预计仅为 200 万吨。我国大豆供应缺口是饲用大豆，不缺食用大豆。由于进口转基因大豆主要来自巴西、美国、阿根廷等国家，生产成本低于国产大豆。今年 5 月船期巴西大豆到港完税成本约 4810 元 / 吨，比黑龙江省大豆价格低 500 元 / 吨，比大连商品交易所 5 月合约期货价格低 700 元 / 吨，国内非转基因大豆增产并不能完全转化为饲用大豆需求。

3. 国产大豆产量有望保持高位。2023 年中央"一号文件"明确提出要稳定全年粮食播种面积和产量，大力实施大豆和油料产能提升工程。农业农村部出台了相关实施意见，提出千方百计稳定大豆面积、力争有所增加。预计 2023 年国产大豆播种面积将稳定在上年水平，产量继续保持在历史高位。

二、国际市场，2022 年回顾与 2023 年展望

2022 年全球大豆供应由紧转松、价格上涨后大幅回落。预计 2023 年国际大豆价格震荡偏弱运行。

（一）2022 年回顾

受南美大豆大幅减产影响，2022 年全球大豆供应偏紧，叠加地缘政治冲突、贸易保护等因素影响，1 月初到 6 月上旬，国际市场大豆价格大幅上涨，并触及近 10 年来高点。6 月 9 日，CBOT 的 7 月大豆期货合约盘中达到 1784 美分 / 蒲式耳，略低于 2012 年的历史最高点 1789 美分 / 蒲式耳，较 1 月初上涨 31.4%。主要原因：一是天气因素，导致主产国或地区减产。拉尼娜天气导致南美大豆产区遭遇严重干旱，全球大豆产量由预期增产变为大幅减产。二是地缘政治因素，导致替代性作物供给下降。乌克兰危机导致全球葵花籽油出口大幅减少，马来西亚棕榈油因劳工短缺连续两年减

产，叠加印度尼西亚限制棕榈油出口，推动全球油脂油料价格大幅上涨。6月中旬到7月中旬，随着印度尼西亚取消棕榈油出口禁令，叠加众多国家通胀加剧、美联储大幅加息，市场对世界经济增长放缓预期增强，国际市场植物油、能源等大宗商品价格大幅下跌，带动大豆价格下跌。7月22日，CBOT大豆期货主力合约最低价为1288.75美分/蒲式耳，比6月上旬的年内高点下降27.8%。7月下旬至12月底，国际市场大豆价格震荡上涨，高于年初水平。12月30日，CBOT大豆期货主力合约收盘价为1524.25美分/蒲式耳，比7月中旬的年内低点上涨18.3%，比年初上涨12.4%（见图5-7）。

（美分/蒲式耳）

图 5-7　2022 年 CBOT 大豆主力合约收盘价

资料来源：芝加哥商品期货交易所（CBOT）。

（二）2023 年展望

美国农业部预测，2022/23 年度，全球大豆产量 3.75 亿吨，同比增加 1701 万吨，同比增长 4.7%，创历史最高水平。大豆供应将由紧转松。

大豆出口量 1.68 亿吨，同比增长 9.35%。其中前三大出口国为巴西、美国、阿根廷，出口量分别为 9270 万吨、5484 万吨、340 万吨，同比增长分别为 17.25%、-6.61%、18.84%。

大豆进口量 1.65 亿吨，同比增长 5.29%。其中前三大进口国或地区为中国、欧盟、墨西哥，进口量分别为 9600 万吨、1390 万吨、640 万吨，同比增长分别为 4.84%、-4.45%、7.45%。

大豆期末库存 1 亿吨，同比增长 1.02%。其中前三大期末库存国分别为中国、巴西、阿根廷，期末库存分别为 3428 万吨、3154 万吨和 1980 万吨，同比增长分别为 9.17%、17.3%、-17.15%。

（执笔人：丁艳明）

植物油市场 2022 年回顾与 2023 年展望

国家粮食和物资储备局宣传教育中心

中国粮食经济学会课题组

植物油是国民的生活必需品，其消费量为衡量一个国家人民生活水平的重要指标，在国家粮食安全中占有重要的地位，保障其供给安全对促进国民经济发展和社会稳定具有重要作用。通过回顾植物油国际国内 2022 年市场，预测 2023 年趋势，对于做好粮食工作具有重要意义。

2022 年，国际市场，受乌克兰危机、南美大豆减产、印度尼西亚限制棕榈油出口等因素影响，全球油脂供应紧张，带动植物油价格大幅走高。随着印度尼西亚放开棕榈油出口，价格转而快速下跌。国内市场，全球油脂供应紧张，进口成本增加，带动国内植物油价格大幅走高。全年国内植物油进口量大幅下降。

2023 年，国际市场，全球油脂油料恢复性增产，价格已自上年高位下滑。受生产成本上涨、生物柴油需求增加、极端灾害天气、通货膨胀、地缘冲突等因素影响，将限制价格继续下跌幅度。国内市场，国内经济在新冠疫情后恢复性发展，油脂消费预计恢复性增长，但总量不会超过 2021 年，国内供应有保障，价格有压力。

一、国内市场，2022 年回顾与 2023 年展望

2022 年，全球植物油供应紧张、进口成本增加，带动国内植物油价格大幅走高，预计 2023 年价格承压运行。

（一）2022 年供需形势

我国 2022 年食用植物油产量 3105 万吨，同比增加 24 万吨。受乌克兰危机爆发、印度尼西亚限制出口等因素影响，食用植物油进口成本增加，进口量明显下降。据海关数据，我国 2022 年进口食用植物油 648 万吨，同比下降 391 万吨，降幅 37.6%。其中棕榈油、菜籽油进口量分别下降 124

万吨、109 万吨。食用植物油消费量 3878 万吨，同比下降 141 万吨。年度供需缺口 125 万吨。

（二）2022 年价格走势

上半年，受乌克兰危机爆发、南美大豆减产、印度尼西亚限制棕榈油出口等因素影响，全球植物油供应紧张，带动国内植物油价格大幅上涨。6 月，国内棕榈油价格创历史新高。6 月 6 日，广东黄埔港 24 度棕榈油价格达到 16200 元 / 吨，同比上涨 7150 元 / 吨，涨幅达 79%，带动其他油脂价格纷纷上涨，江苏南通三级菜油报价 15000 元 / 吨，山东日照一级豆油报价 12760 元 / 吨，同比分别上涨 32.7%、31.3%。

下半年，全球油脂油料产需形势好转，加之印度尼西亚放开棕榈油出口，全球植物油供应增加，国内植物油价格快速下跌。12 月底，广东省黄埔港 24 度棕榈油报价 8080 元 / 吨，比年内高点下跌 50.1%，跌幅最大。江苏省南通市三级菜油报价 13210 元 / 吨，山东省日照市一级豆油报价 12760 元 / 吨，分别较年内高点下跌 11.9%、25.6%。山东省日照市一级豆油、江苏省南通市三级菜油、广东省黄埔港 24 度棕榈油价格走势分别如图 5-8、图 5-9、图 5-10 所示。

图 5-8　2022 年山东省日照市一级豆油价格走势

资料来源：国家粮油信息中心。

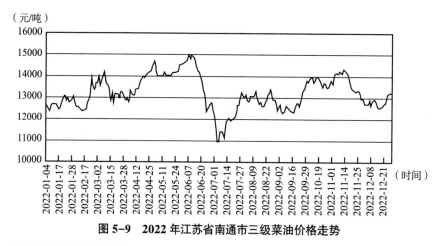

图 5-9　2022 年江苏省南通市三级菜油价格走势

资料来源：国家粮油信息中心。

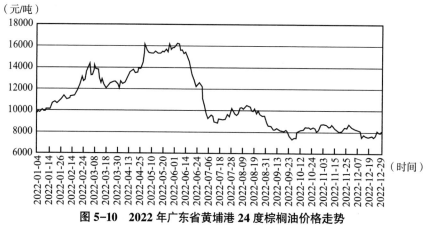

图 5-10　2022 年广东省黄埔港 24 度棕榈油价格走势

资料来源：国家粮油信息中心

（三）2023 年展望

预计 2023 年国内大豆油料产量增加，消费恢复性增长，国内植物油价格承压下行。

1. 我国植物油自给水平有望提升。2023 年，我国实施新一轮千亿斤粮食产能提升行动，将扩大大豆油料生产，并下达 1000 万亩冬油菜扩种计划，鼓励长江流域利用冬闲田扩种油菜，并给予每亩 150 元轮种补贴。调查显示，四川省冬油菜面积 2245 万亩，扩种 180 万亩，基本都种在适播期，大部分长势好于上年同期。江西、安徽两省油菜扩种面积都超过 100 万亩。湖北、湖南两省分别超额完成 180 万亩、160 万亩的油菜扩种计划。多措并举，确保 2023 年大豆油料播种面积稳定在 3.5 亿亩以上，力争扩种 1000 万亩以上。冬播油菜扩种 1000 万亩计划已超额完成，如果后期不出现严重灾害性天气，2023 年我国油料产量将继续增加，植物油自给水平有望提升。

2. 餐饮消费快速复苏，带动植物油消费恢复性增加。通常，餐饮消费占植物油食用消费量的一半以上。2023 年，随着我国经济反弹，餐饮消费需求有望大幅增长。预计从 2023 年第二季度开始，植物油消费需求将逐渐向 2021 年水平靠拢。另外，自 2022 年下半年开始，全球植物油产量持续恢复，国际市场植物油价格已经自 2022 年高点大幅回落，国内外价差缩小，刺激进口量大幅增加。2022 年 9 ～ 12 月，我国进口食用植物油 358 万吨，超过 1 ～ 8 月的进口量 291 万吨，同比增加 67 万吨。虽然 2022 年我国进口食用植物油 648 万吨，同比减少 391 万吨、减幅 37.6%，但是随着 2022 年 9 月份以后的进口量快速恢复，国内食用植物油供应充裕。预计 2023 年食用植物油进口量将超过 1000 万吨，国内食用植物油消费需求呈现恢复性增长（预计增加 140 万～ 150 万吨），但难以达到 2021 年的消费增量 300 万吨（当年植物油消费大幅增加受动物油产量下降影响较大），国内食用植物油供应将保持充裕状况。

3. 全球植物油供给充裕，我国油脂油料进口量超过上年。自 2020 年 5 月以来，国内外植物油市场经历了两年的牛市行情，到 2022 年 6 月初，豆油、棕榈油、葵花籽油等植物油国际市场价格均升至历史高位，部分品种刷新历史最高纪录。油籽油料种植收益丰厚，各国农民纷纷增加投入，加大油料生产。2022/23 年度，预计全球大豆播种面积增加 3.1%，油菜增加 6.0%，油棕榈面积增加 1.4%，且棕榈油收益丰厚刺激棕榈园增加化肥投入，对未来产出发挥积极作用。在全球植物油产量增加 800 多万吨的背景下，2023 年全球植物油供应充足。预计 2023 年我国大豆、油菜籽和植物油进口量将恢复性增加，供应有保障。其中，大豆进口量增至 9500 万吨，同比增加 392 万吨以上。油菜籽进口量超过 300 万吨，同比增加 104 万吨。植物油进口量将超过 1000 万吨，同比增加 352 万吨。价格承压下行的概率较大。国内植物油价格受国际市场影响较大，但波动幅度还将受到国内采购节奏和消费需求变化影响。预计 2023 年国内植物油价格跟随外盘宽幅震荡，偏弱运行，价格重心低于 2022 年水平。

二、国际市场，2022 年回顾与 2023 年展望

2022 年，植物油国际市场价格前涨后跌。随着全球油脂油料增产，预计 2023 年国际大豆价格承压下行概率较大。

（一）2022 年回顾

2020 年 5 月以来，国内外植物油市场经历了两年的牛市行情，到 2022 年 6 月初，豆油、棕榈油、葵花子油等植物油国际市场价格均升至历史高位，部分品种刷新历史最高纪录。下半年，随着印度尼西亚放开植物油出口，美联储持续加息加剧全球经济衰退预期等，植物油国际市场价格大幅回落。12 月 30 日，马来西亚衍生产品交易所（BMD）棕榈油期货主力合约报收 4176 令吉 / 吨，较 4 月底的年内高点下跌 41.2%，比年初下跌 13.9%（见图 5-11）。

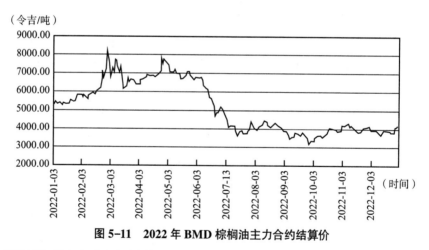

图 5-11　2022 年 BMD 棕榈油主力合约结算价

资料来源：马来西亚衍生产品交易所（BMD）。

（二）2023 年展望

2023 年预计油脂油料产量大幅增加。近两年，植物油国际市场价格大幅上涨，油料种植收益丰厚，各国农民纷纷增加投入，加大油料生产，2022～2023 年，全球大豆播种面积预计增加 3.1%，油菜增加 6.0%，油

棕榈增加 1.4%，且棕榈油收益丰厚刺激棕榈园增加化肥投入，对未来产出发挥积极作用，马来西亚劳工问题也有望得到缓解，均有利于刺激油脂生产。美国农业部预计，2022/23 年度，全球豆油、菜油、棕榈油等九种主要植物油产量达到创纪录的 2.18 亿吨，同比增加 880 万吨，为近 5 年来最大增幅，主要植物油品种产量均保持增长态势。随着全球油脂油料增产，预计 2023 年全球植物油供应充足，价格承压下行的概率较大。

1. 全球大豆产量预期增加带动豆油供应提高。2022/23 年度，美国大豆生长期遭遇干旱天气，产量同比下滑 515 万吨。但南美大豆产量预期增幅较大，全球大豆产量预计达到创纪录的 3.88 亿吨，同比增加 2991 万吨，全球大豆供应将由紧张转向宽松。1 月下旬，巴西大豆陆续开始收获，预计大豆产量将超过 1.53 亿吨，同比增加超过 2350 万吨。阿根廷大豆产区持续干旱少雨，大豆产量前景可能不及之前预估，但上年产量基数较低，增产概率依然较大。乌拉圭、巴拉圭等国大豆产量都呈现恢复性增产。在全球大豆增产预期下，2022/23 年度全球豆油产量预计达到 6149 万吨，同比增加 224 万吨。

2. 全球油菜籽增产千万吨，菜籽油增产基本确定。2022 年，加拿大油菜籽恢复性增产，澳大利亚产量再创历史纪录，欧盟、俄罗斯和乌克兰产量均出现增加，预计 2022/23 年度全球油菜籽产量大幅增加 1055 万吨至创纪录的 8479 万吨，菜籽油产量达到 3180 万吨，同比增产 273 万吨。随着油菜籽和菜籽油供应增加，菜籽油国际市场价格已经自 2022 年 6 月的 2170 美元 / 吨高位回落至 2023 年 1 月 9 日的 1747 美元 / 吨，跌幅为 19.5%。

3. 全球棕榈油产量恢复性增加。2022 年，印度尼西亚、马来西亚棕榈油主产国降雨高于正常水平，有利于棕榈花序生长。预计 2023 年可收获的棕榈果串数量将增加。马来西亚政府表示，继续采取有效措施推进劳工引进工作，此前抑制该国棕榈油增产的种植园工人短缺问题将缓解，棕榈油产量预期增加。由于树龄结构的原因，全球棕榈油增产主要来自印度尼西亚。预计 2022/23 年度全球棕榈油产量将达到 7722 万吨，同比增加 339 万吨。其中，印度尼西亚增加 230 万吨，马来西亚增加 65 万吨，其他国家增加 44 万吨。

4. 预计油脂油料消费需求跟随产量增长。美国农业部预计，2022/23年度，全球9种主要植物油消费（含工业消费）2.131亿吨，同比增加892万吨。一方面，全球经济保持正增长、人口数量持续增加等继续带动油脂油料消费需求。另一方面，主要植物油生产国的生物柴油支持政策，刺激植物油工业需求增加。

5. 全球经济正增长持续推动油脂油料消费需求。2023年，全球经济面临增速放缓甚至衰退的风险，但逐渐走出新冠疫情影响，保持正增长的预期仍很大。大部分机构预计，全球经济保持2%～2.7%的增幅，可支配收入增加及全球油脂油料大幅增产，价格下滑，带动植物油和肉禽蛋奶等畜产品消费需求呈现恢复性增长。另外，按照全球每年净增人口6200万人，人均年植物油消费19.6千克测算，仅人口增长就带来110万吨植物油消费增幅。美国农业部预计，2022/23年度，全球9种主要植物油食用消费1.566亿吨，同比增加574万吨。

6. 生物柴油产量大幅增加带动植物油工业消费提高。德国分析机构油世界预计，2023年，全球生物柴油（含氢化植物油）产量将达5585万吨，同比增加450万吨。过去10年间，全球生物柴油产量几乎翻了一倍。一方面，原油价格大幅波动，生物柴油替代需求增加；另一方面，为保护环境，各国积极推动生物柴油等清洁能源使用。过去8年，美国豆油工业消费量增长1倍多，几乎囊括了美国豆油消费的所有增量。印度尼西亚自2023年2月起将生物柴油掺混率由30%提高到35%，将使棕榈油工业消费增加140万吨左右。美国农业部预计，2022/23年度全球9种主要植物油工业消费量增加362万吨，占消费增幅的42.1%。

7. 中国经济预期强劲复苏，带动全球大豆需求。国内新冠疫情防控措施优化，支撑消费、生产和经济增长的政策加快落实，预计2023年中国经济将强劲增长。摩根士丹利表示，从2023年3月开始，中国经济的流动性将持续改善，从第二季度开始，流动性将"更快更急剧地上升"。高盛预计，2023年中国居民消费增幅将在下半年强劲反弹。美国农业部预计，2022/23年度全球大豆进口量增加719万吨，其中，中国大豆进口量增加443万吨，占比61.6%。同时，预计中国油菜籽进口量同比增加85万吨。

（执笔人：王辽卫）

第六章

节粮减损

多措并举　推进节粮减损工作

肖春阳　姚　磊　胡　兵　徐广超

党的十八大以来，全国粮食和物资储备部门深入学习贯彻习近平总书记关于节约粮食、反对浪费的重要指示批示精神，认真落实中共中央办公厅、国务院办公厅《粮食节约行动方案》，把节粮减损作为保障国家粮食安全的重要工作之一，实施粮食安全保障工程和优质粮食工程，推广粮食产后减损技术，提升科学储粮减损能力，减少粮食产后流通环节损失。

一、开展农户科学储粮专项

自2007年开始，在国家发展改革委大力支持下，实施农户科学储粮专项，结合部分地区扩建、自建和农户自购等情况，全国建设农户标准化小型粮仓近1000万套，有效减少粮食产后损失。从2014年以来，该专项在东北地区开始建设大农户组合式储粮仓，减少"地趴粮"造成的粮食损失浪费。近两年，在实施粮食产后服务体系建设中，部分省（区、市）新建农户科学储粮装具近60万套。据科研机构测算，正确使用科学储粮装具的农户储粮损失由平均8%降至2%以内。

二、推进粮食安全保障工程

"粮食安全保障工程"自2013年启动以来，粮食和物资储备部门加强组织领导、统筹协调，发展改革、财政部门大力支持，有力有序推进。在粮油仓储设施建设方面，2013～2019年，累计安排0.9亿吨粮食仓储设施建设计划，布局不断优化，粮食收储能力大幅提升，为粮食收储环节减损奠定了基础。在"危仓老库"维修改造和粮库智能化升级改造方面，2013～2017年，中央财政支持改善粮食仓储设施条件，提高粮食行业信息化管理水平，有效保障粮食收储安全。"十三五"期间，我国新增粮食仓容1.2亿吨，仓储设施总体达到世界先进水平。目前，粮食储备仓库储藏周期粮食综合损失率降至 1% 以内。

三、实施优质粮食工程

2017 年以来，粮食和物资储备、财政部门实施优质粮食工程，完善粮食产后服务体系。在 26 个省（区、市）及新疆生产建设兵团建成粮食产后服务中心 5500 多个，基本实现全国产粮大县粮食产后服务全覆盖。近 5 年来，粮食产后服务中心为种粮农民提供清理、干燥、收储、加工、销售等服务，管理、服务、运营水平不断提高。同时，不断优化应急保粮功能，改善粮食产后烘干条件，减少粮食产后损失。目前，全国新增粮食清理能力每小时 40 万吨以上、干燥能力每天 110 万吨以上，促进粮食质量提档升级，帮助农民减损增收。

四、推广粮食储藏减损技术

一是国有粮食企业的粮库广泛采用机械通风、谷物冷却、环流熏蒸、粮情测控"四合一"技术，其中机械通风、粮情测控技术，基本实现仓容全覆盖。二是应用氮气等气调储粮技术，仓容 3500 万吨以上。应用准低温储粮技术，仓容 1 亿吨以上。应用内环流等控温储粮技术，仓容 2000 万吨以上。三是横向通风新工艺、横向负压谷冷通风新工艺、粮食循环和连续控速干燥工艺及控制系统等，在 23 个省（区、市）的 130 多个粮食仓库和粮油加工企业中示范应用。四是粮食科研机构加强粮食烘干理论研究成果、温度传感器和烘干精准控制系统的开发应用，为保障粮食烘后品质提供有效支持。高效生物杀虫剂多杀菌素的发酵生产及应用技术基本成熟，为减少粮食仓储环节损失提供技术路径。

五、提高粮食物流技术水平

第一，2013 ~ 2019 年，全国粮食和物资储备系统建设一批散粮设施，完善八大跨省粮食物流通道，顺畅"两横六纵"八条重点线路，应用"公铁水"多式联运技术，将粮食运输损耗控制在 0.5‰ 以内。第二，机械化平房仓刮平机、粮食内河运输高效中转装卸技术与装备、"北粮南运"过程高水分粮食品质劣变规律及监测控制技术等进行系统性研发。目前，浅圆仓进出仓装置，实现散粮入仓作业均匀化布粮、仓内粮堆体积和表面形状的实时监测；装备基于无线射频技术的库内运输车辆及移动作业设备联动技术，提高粮食流通效率，为减少粮食搬倒次数提供技术支持。

六、引导适度加工和副产物综合利用

其一，2014年，粮食和物资储备部门向粮油加工业发出适度加工的倡议，通过完善粮油加工标准体系，引导和规范企业适度加工，加大粮油加工节粮技改，鼓励开发新产品，发展节约型粮油加工产业。其二，粮食科研机构积极研发成品粮油适度加工技术及其成果推广，研发应用适度加工装备，为有效减少不必要的粮食损失和能源消耗提供支持。新开发的柔性碾米设备，可提高出米率5个百分点。积极挖掘米糠、麸皮、豆粕等综合利用潜力，提高粮食利用率，开辟节粮新渠道，促进加工环节节粮减损。

七、制定修订节粮减损标准

自2012年以来，粮食和物资储备部门坚持节粮减损、绿色优质、适度加工，持续做好节粮减损标准制定修订工作，组织制定修订节粮减损标准47项（其中制定21项，修订26项），基本建立了覆盖粮食收购、储存、运输、加工等环节的节粮减损标准体系。

一是《大米》国家标准，通过设置"加工精度"指标上限，总出米率提高1.25%。二是《小麦粉》国家标准，降低加工精度要求，由原来的四个等级修改为"精制粉""标准粉""普通粉"三个类别。以普通粉为例，总出粉率提高0.5%~3%。这样，有利于引导企业适度加工，促进节粮减损。

八、加强节粮减损宣传

近几年来，粮食和物资储备部门联合相关部门单位，组织开展形式多样的爱粮节粮主题宣教活动。首先，弘扬爱粮节粮传统美德，倡导勤俭节约、理性消费理念，普及节粮减损相关标准和知识。其次，每年结合世界粮食日、全国粮食安全宣传周、全国科技活动周等活动，宣介粮食收购、销售、物流、加工、储藏等环节节粮减损技术。最后，成功举办"节约一粒粮，我们在行动""兴粮惠农进万家""积极应对气候变化，促进粮食减损增效"等系列主题活动，组织开展节粮减损进农户、进家庭、进学校、进企业活动。多部门联合开展"爱粮节粮之星""粮安之星""爱粮节粮从我做起"国家级和省级粮食安全宣传教育基地确定发布等活动。同时，主动开展国际合作交流，分享节粮减损中国经验。

（肖春阳，国家粮食和物资储备局宣传教育中心。姚磊、胡兵，国家粮食和物资储备局安全仓储与科技司。徐广超，国家粮食和物资储备局标准质量中心。原文刊载于《中国粮食经济》2022 年第 9 期）

我国稻谷加工业的现状、问题、对策

——对湖北等 4 省 41 家粮食企业的调查报告

吴少堂　吴娜娜　吴非霏

稻谷加工业是保障国家粮食安全的重要产业，70% 的国民把大米作为口粮。稻谷加工成大米，一般要经过清理（去杂、去石、去铁等）、砻谷、谷糙分离、碾白、凉米、抛光、精选、白米分级、色选、包装 10 道主要工序，稻谷过度加工体现在碾白、抛光两道工序上。

2023 年 5 月至 7 月，笔者赴湖北、江苏、安徽、浙江 4 省深入粮食企业进行调查研究，重点了解碾米机、抛光机使用、温升、增碎的情况。通过调查发现，碾白最多 6 道，抛光最多 5 道，稻谷过度加工问题长期普遍存在。解决这个问题是全社会的责任，必须综合治理，常抓不懈。笔者提出，稻谷适度加工，采用碾白 4 道、抛光 1 道的适碾工艺，大米留皮度 2% ~ 7%。同时，采取推广使用碾米新技术新装备、完善大米产品标准体系、树立科学健康的膳食观念等措施。

一、我国稻谷加工业的现状

我国是世界稻谷生产大国、大米消费大国。近几年来，稻谷常年产量稳定在 2 亿吨以上，2022 年稻谷产量 20849.5 万吨。2022/23 年度国内稻谷消费量 2.05 亿吨。

稻谷加工业进入门槛低、中小企业数量多，稻谷资源利用粗放。据国家粮食和物资储备局统计，2022 年，我国稻谷加工规模以上企业 10155 家，稻谷年加工能力 3.87 亿吨，稻谷年实际加工 1.04 亿吨，产能利用率 26.9%；实现工业总产值 4380.2 亿元。

二、我国稻谷加工业存在的主要问题

（一）稻谷过度加工，长期普遍存在

近 20 年来，国民对大米产品过分追求外观的"精、白、亮"，稻谷加工企业为迎合国民偏好，过度加工。

据北京东孚久恒仪器技术有限公司抽样 2019 年至 2021 年 483 份市场销售大米的调查，95% 以上市场销售大米的留皮度低于 0.5%，不仅导致出米率低，而且造成营养物质损失、能源消耗大、企业经济效益差等问题。一是碾米机道数多。调查的粮食企业碾米机超过 2/3 的配置 3 道至 5 道，最高 6 道。二是抛光机道数多。调查的 40 家稻谷加工企业，抛光机配置多数 3 道至 4 道，最多 5 道。三是出米率低。据调查，增加一道碾白，出米率减少 0.3% ~ 0.5%。增加一道抛光，出米率减少 0.3% ~ 0.4%。

（二）大米产品单一，不能满足国民消费需求

在调查的湖北省 37 家稻谷加工企业中，1 家生产留胚米，其他主要生产精碾的一级籼米或一级粳米。

国民多样化消费需求的大米、特殊人群需要的功能性大米、年轻人需要的方便大米，产品开发和市场供应严重不足。

（三）稻谷加工副产物数量大，增值利用率低

在调查的湖北省 37 家稻谷加工企业中，2 家将米糠用于制取米糠油，其余将米糠作为饲料用，稻谷加工副产物的精深加工水平低。

我国稻谷加工业对稻谷资源的增值率仅为 1.3 倍，而在日本、美国等发达国家，稻谷加工业对稻谷资源的增值率约达到 4 倍。

（四）国民长期食用过度加工大米，增加患慢性病风险

过度加工的大米失去了糙米皮层中膳食纤维、B 族维生素、矿物质、多酚、谷维素、植物甾醇等营养物质。

国民长期食用过度加工的大米，可能导致机体缺乏膳食纤维、维生素、矿物质等人体必需营养素，引发系列慢性病的风险升高。

三、我国稻谷加工业发展的对策

（一）引导稻谷加工企业采用稻谷适度加工工艺

借鉴日本、美国等国的稻谷加工工艺，碾米机使用道数不宜超过四道，碾米温升应控制在 15℃ 以内；抛光机使用一道；大米留皮度 2% 至 7%。目前，解决稻谷过度加工最有效的方式是引导稻谷加工企业减少碾米机和抛光机的使用道数。

（二）推广使用碾米新技术新装备

自世界上第一台立式碾米机诞生以来，碾米机朝着降低碎米率、提高产能、减少电能耗的方向发展。近几年来，稻谷加工业的新发明、新技术、新装备正在逐步改变我国稻谷加工业和大米产品的生态。

1. 推广智能柔性碾米技术。一是碾米柔性智能，大米之间、大米和腔室之间作用力是柔性的，可以对糙米从 1%～100% 实现精准分层碾磨。二是温升低，三道柔性碾米机，大米平均温升 6℃ 至 7℃。三是能耗低，与传统碾米机相比柔性碾米机每加工 1 吨糙米降低电耗 8～12 千瓦·时。

2. 使用蒸谷米生产技术。蒸谷米是国际上常见的一种半熟化大米，以稻谷或糙米原料，经过浸泡、蒸煮和干燥等一系列水热处理后，再经常规碾米工序得到的大米产品。

（三）完善大米产品标准体系，大米产品朝多样化、功能化、方便化方向发展

随着国民消费水平的提高、膳食结构的变化，国民对大米产品的需求不断升级换代。针对大米不同品种、不同工艺，研究大米产品标准体系，制定和完善大米的国家标准、行业标准、地方标准、企业标准，充分发挥各自标准的作用。

稻谷加工企业应统筹考虑大米产品的营养特性、加工特性、食味特性，生产适应市场需求的大米产品。

（四）稻壳、米糠等副产物的数量大、经济价值高，推动其综合利用

我国稻谷加工企业常年生产约 4000 万吨稻壳、1600 万吨米糠等副产物，这些副产物的经济价值潜力巨大。

因此，要加快推进稻壳、米糠等副产物的综合利用；引导稻谷加工企

业应用低碳低耗、循环高效的绿色加工技术，综合利用碎米、米糠、稻壳等副产物，开发米粉、米线、米糠油等食品或食品配料，提高粮油综合利用效率；发展米糠产业，挖掘米糠营养价值，促进粮食减损增效和国民营养健康。

（五）树立科学健康的膳食观念，引导大米消费，加强科普工作

世界卫生组织研究报告指出，在各种影响健康的因素中，个人生活方式占60%，而合理膳食是健康生活方式的重要环节，对于慢病防控起着关键性作用。研究表明，大米皮层的膳食纤维、维生素、甾醇等营养物质对人体营养健康很重要。

要向国民普及全谷物营养健康等科学知识，在全社会树立科学健康的大米消费理念，形成科学健康的膳食习惯。

（吴少堂　吴娜娜　吴非霏　国家粮食和物资储备局科学研究院）

第七章

古代粮食

宋代常平仓制度若干问题的研究[①]

穆中杰　河南工业大学粮食政策与法律研究所所长

宋代常平仓制度承继于汉唐，肇始于宋太宗淳化三年（公元 992 年）。宋真宗天禧年间，常平仓遍布天下，其规模远超汉唐时期。随着新旧党争起伏，常平仓法亦随之摇摆不定、进退往复，时而实行常平新法（青苗法），时而恢复常平旧制。南迁临安后，宋高宗重建常平仓制度，直到政权覆灭。本文拟就宋代常平仓制度所涉若干重要问题进行梳理研究，供商榷。

一、宋代常平仓的仓额确定制度

粮食储备多大规模较为合适素来是个值得研究的问题。"在我们这样一个十三亿多人口的大国，粮食多了是问题，少了也是问题，但这是两种不同性质的问题。多了是库存压力，是财政压力；少了是社会压力，是整个大局的压力。"[②] 宋代法律关于仓额的规定可以为我们提供有益借鉴。

（一）宋初承唐代仓粮限额规定

开元七年六月，唐玄宗敕："关内，陇右、河南、河北五道，及荆、扬、襄、夔、绵、益、彭、蜀、汉、剑、茂等州，并置常平仓。其本上州三千贯，中州二千贯，下州一千贯。"[③] 尽管它是按照货币仓本来显示储量的，但仍可视为我国历史上首次为地方行政单位的常平仓粮规定限额。

宋真宗景德三年，有大臣奏请在"京东西、河北、河东、陕西、江南、淮南、两浙皆立常平仓"。每处储备标准，"计户口多寡，量留上供钱自

① 本稿撰写期间，中国粮食经济学会肖春阳先生提供了重要资料线索和稿件修改意见，在此谨致谢意。

② 《走中国特色社会主义乡村振兴道路》（2017 年 12 月 28 日），《习近平关于"三农"工作论述摘编》，中央文献出版社 2019 年版，第 87 页。

③ 《旧唐书·食货志》，中华书局 2000 年版，第 1432 页。

二三千贯至一二万贯"。由此可见，宋初曾承继唐代按照购买力来确定粮食储备量。宋真宗召集三司集议，在此基础上初步确定以实物为粮食储备量标准，规定了每处常平仓粮食储备的上限和下限："大率万户岁籴万石，户虽多，止五万石。"①可以说，在常平仓运行初期，宋政权是以货币购买力和粮食实物两种方式来确定储备量的，有可能前者在当时还占据主导地位。

（二）北宋细化仓粮具体规定

无论是按照购买力来确定粮食储备量，还是以设定实物储量区间方式来确定粮食储备量，都有着不可忽视的弊端。如何将粮食储备量与所辖区域人口数相关联，成为北宋统治者细化相关规定的最初出发点。

天禧二年（公元1018年）正月，宋真宗下诏对各地州仓储备数额进行具体规定："诸州常平仓斛斗，其不满万户处，许籴万硕；万户已上、不满二万户，籴二万硕；二万户已上、不满三万户，籴三万硕；三万户已上、不满四万户，籴四万硕；四万户已上，籴五万硕。"②天禧四年（公元1020年），国家在荆湖、川峡、广南都建立了常平仓。比照此时北宋疆域图可知，常平仓已经覆盖了北宋的主要统治区域。天禧五年，"诸路总籴数十八万三千余斛，粜二十四万三千余斛"。③此后，常平仓制在宋仁宗、宋英宗执政时期保持相对稳定。当然，这些规定在一定条件下也可以灵活掌握。比如，宋仁宗景祐年间，淮南转运副使吴遵路上奏说："本路丁口百五十万，而常平钱粟才四十余万，岁饥不足以救恤。愿自经画增为二百万，他毋得移用。"④后来该奏请得到批准。可见，以救恤为名增加储备是符合常平仓设置初衷的。

（三）根据饥馑程度确定储量

宋神宗在位期间，北宋政局出现新旧党争，常平仓粮食储备量规定的执行受到较大影响，几乎背弃了常平仓设立宗旨。常平仓法由于处于不稳

---

① 《宋史·食货志》，中华书局2000年版，第2865页。

② 《宋会要辑要》（第12卷），上海古籍出版社2014年版，第7198页。

③④《宋史·食货志》，中华书局2000年版，第2866页。

定状态，遇到饥荒年景就必然影响对灾民的救济。于是，全国流民状况越来越严重，逐渐影响京师。"顷岁河北灾伤，流民至齐、郓；去岁河北又饥，流民偏及京东。"①

元符三年（公元 1100 年）十月二十八日，前京东西路提刑郑仅奏请改革常平之法。他首先痛陈"今常平有折纳之法而未尝折纳，有粜籴之法而多不广粜"，明确提出"欲民不流，不若多积谷；欲多积谷，不若推行折纳、粜籴之法。"各县州粮食储备量确定的具体办法是："视民口多寡，使县常有三五万斛，州常有三五万斛。小饥则平价粜与下户，中饥则粜及中户而贷下户，大饥则粜及上户而贷中户，甚则贷及上户。"郑仅认为这种方式可以实现官民双赢，"官不虚费，而民实受惠，自不流徙。"②该法被宋哲宗所接受，其实行结果对缓和社会矛盾起到了积极作用。此后，宋代有关粮食储备量的确定规则再未发生大的变化。

二、宋代常平仓的选址建库制度

粮食储存的影响因素主要是温度、湿度和粮食的水分。故而，无论是选址建库制度还是日常库存管理的规定，宋人都围绕这三个因素展开设计。在仓廪选址建造方面，宋代的最主要法律依据是《天圣令·仓库令》（以下简称《仓库令》）第一条。③当然，由于选址建库是个较为复杂的问题，它不仅涉及地质条件、水文等自然因素，还与政策、交通、区域环境、建设成本以及其他社会因素密切相关，并且"安全"问题更是首选因素，因此实际结果与《仓库令》的规定有一定出入。

（一）仓廪的选址条件

根据《仓库令》规定，宋代仓廪选址需要有城内和高燥两个条件。

---

① ②《宋会要辑要》（第 12 卷），上海古籍出版社 2014 年版，第 7208 页。

③中国社会科学院历史研究所天圣令整理课题组校证：《天一阁藏明抄本天圣令校证》（上），中华书局 2006 年版，第 69 页；《天一阁藏明抄本天圣令校证》（下），中华书局 2006 年版，第 277 页。笔者注：该书上册是该文献原版影印，该书下册是该文献的校证版，本文所用文献加入了笔者自己的有关断句理解，特此说明。第一条具体规定是："诸仓窖，皆于城内高燥处置之，于仓侧开渠泄水，兼种榆柳，使得成阴。若地下湿，不可为窖者，造屋贮之。皆布砖为地，仓内仍为砖场，以拟输户量覆税物。"

1. 仓廪要建在"城内"。"城内"是仓廪建造选址的地理位置要求,可能主要基于仓廪免受军事攻击考虑。据有关资料①,兴建于隋炀帝时期的回洛仓因在洛阳城外的邙山成为瓦岗军的攻击重点,而在城内的含嘉仓则得以避免战火的冲击。唐统治者认识到城外建设粮仓的弊端,于是将粮仓选址重点转移到城内,后来含嘉仓成为天下一仓与此不无关系。但遗憾的是,我们并未在唐代有关仓储法令中看到这方面的规定。宋代《仓库令》明确规定将仓廪建在"城内",足以说明隋唐两代的正反两方面历史经验给宋代统治者以很大启示,仓廪建在"城内"可以最大限度地确保粮仓免受军事攻击。另外,从方便角度来看,"城内"因属于人口聚居区有利于粮食的支取。

仓廪建在"城内"的具体地点,根据有关地方志记载大致有三种情况:一是建在州府、县衙治所附近。在江浙一带,比如《镇江志》记载:"金坛县常平仓,在县治东南五十步。丹阳县常平仓,在县东北一里,普宁寺北。"《义务县志》记载:"常平仓,在县治西廊。"《临安志》记载:"临安县常平仓,在县南六十步。盐官县常平仓,在县西一十五步,唐正元十年置。于潜县常平仓,在县治东。昌化县常平仓,在陈留后。"在江西,《信丰县志》记载:"常平仓,在县治之东南。"在湖广一带,比如《长沙县绿江志》记载:"常平仓,在县衙两庑。"《衡阳志》记载:"衡阳府常平仓,在行衙之南。安仁县常平仓,在县治之西。"《南雄郡志》记载:"常平仓,在府治西南。"在安徽,《合肥新志》记载:"舒城县常平仓,在县治西庑。"二是与其他仓库相邻。比如,《吉水志》记载:"常平仓,在足食仓之侧。"《太和志》记载:"常平仓,在县仓之西"。《永丰志》记载:"常平仓,在省仓之后。"三是建在其他仓库之内。比如,《太平州图经志》记载:"常平仓,在省仓内。"《临汀志》记载:"临汀县常平仓,在省仓内。"《蒲阳志》记载:"兴化府常平仓,在都仓之北"。

2. 仓窖要建在"高燥处"。仓廪不仅要建在"城内",而且还要建在"高燥处"。选择在高处建仓,有利于排水防涝,避免因"水淹"而致使粮

---

①《争夺回洛仓》,载《河南日报·农村版》2014年7月23日第4版。

食损失，这是人们对生活经验的智慧总结。从现存法律资料来看，唐律已有粮仓"须高燥之处安置"的相关规定。①《宋刑统》"损败仓库物"条全文继受了该条规定。②作为《宋刑统》的下位法，《仓库令》也要求仓廪在城内的高燥处进行具体选址，并且还将具体建造仓窖还是仓屋，与仓址的水文地址密切相关。如果地面湿润则不能建造仓窖，而是要建造仓屋，"不可为窖者，造屋贮之。"

（二）仓廪的修建形制

宋代仓廪的修建有着较为严格的规定。

（1）仓廪结构有统一的标准。与其他仓廪一样，宋代常平仓主体建筑一般包括围墙、仓门、官厅、仓敖、吏舍、斛斗库、亭、廊等。据《永乐大典》记载，宋神宗时，郑汝谐所建常平仓样式是："乃即仓之故基而经营之，夷高增庳，陶瓦伐木，为屋十有二楹，峙于东西。下版以却湿，旁垣以防穿，中为公廨以接官吏役。"③这应当是宋代较为标准的仓房。

（2）仓廪地底有明确的规定。粮食储存除了房屋本身之外，仓廪的地底是另外一个重要方面。仓廪地底总的要求是注重防潮。防潮一方面与仓廪的直接选址密切相关，另一方面就是具体修建时要做到最大限度的防潮。据宋代《仓库令》规定，仓窖窖底需要铺上厚度高达五尺的槁草；然后槁草上面再铺设两层"大稕"，并且仓窖周壁也填成"稕"；凡是用"大稕"的地方，都要"以小稕掩缝"；"稕"铺好后，再用"苫"覆盖，"然后贮粟。"④这样，仓窖的防潮效果即可达到极致。

如果建造的是仓屋，要求仓屋地面"皆布砖为地"，仓屋内仍要建设

---

① 参见《唐律疏议·厩库》第二百一十四条，岳纯之点校，上海古籍出版社 2013 年版，第 246 页。

② 参见《宋刑统》，薛梅卿点校，法律出版社 1999 年版，第 277 页。

③《永乐大典》，线装书局 2021 年版，第 2471 页。"陶瓦伐木"中的"瓦"在线装书局版本为"("；在大众文艺出版社的版本中为"瓦"——参见《永乐大典》，大众文艺出版社 2009 年版，第 2138 页。

④ 中国社会科学院历史研究所天圣令整理课题组校证：《天一阁藏明抄本天圣令校证》（上），中华书局 2006 年版，第 69 页；《天一阁藏明抄本天圣令校证》（下），中华书局 2006 年版，第 277 页。

"砖场"，"以拟输户量覆税物"。^①当然，铺砖的主要目的除了防潮之外，就是保证所堆放的"税物"的干净。即使是在库区空地亦须"置砖场以备量覆，其敖内地皆布砖"。^②这样有利于保证晾晒粮食的干净。

（三）仓廪的周边要求

仓廪对周边环境总的要求是有利于防火防水降温。

（1）有利于排水灭火的规定。《仓库令》规定要"于仓侧开渠泄水"，在粮仓旁边要开挖沟渠，便于排水。"诸监仓于敖板下以瓮承卤，不得别设水器。"^③为防火防水，要求仓库常备防火防水之物，仓库管理人员要"除治草秽，疏导沟渠"。如违反规定造成"官物"损失，则"勒主守及地分公人均备"。虽然遵守了这些规定，"诸仓库水火防虞有备"，但由于"非人力所及致损败官物者"，则"监专具所损所收实数申州保明奏裁"。^④

（2）有利于降低仓温的规定。"低温储粮"是我国古代人民创造的宝贵储粮经验之一。众所周知，绿色植物通过植物树冠的遮阴作用和蒸散作用，可以降低周边空气温度。该科学规律引起宋代执政者的高度重视。宋代《仓库令》改变唐律"诸仓库空地不得种莳"^⑤的规定，允许"兼种榆柳，使得成阴"，^⑥"诸仓植木为阴"，但"不得近屋"^⑦。考究由"不得种莳"到允许栽种，并在法令中明确其目的在于"使得成阴"，实际上反映了宋人在低温储粮技术的理解和掌握较之唐代更进一步。

三、宋代常平仓的日常运行制度

宋代常平仓的粮源渠道较为多样。据有关研究，和籴在宋代粮食买卖中属于规模最大的。所为和籴，即指官府以买主身份出现于粮食市场，从商人或者农民手中购买粮食，主要用作军储、政府官员消费和填补官

①⑥中国社会科学院历史研究所天圣令整理课题组校证：《天一阁藏明抄本天圣令校证》（上），中华书局 2006 年版，第 69 页；《天一阁藏明抄本天圣令校证》（下），中华书局 2006 年版，第 277 页。

②③⑦《庆元条法事类》，戴建国点校，黑龙江人民出版社 2002 年版，第 558 页。

④《庆元条法事类》，戴建国点校，黑龙江人民出版社 2002 年版，第 558-559 页。

⑤《庆元条法事类》，戴建国点校，黑龙江人民出版社 2002 年版，第 558 页。"莳"，即栽种。——参见《现代汉语词典》，商务印书馆 2013 年版，第 1192 页。

仓。和籴的具体方式主要有"博籴""寄籴""兑籴""括籴""劝籴""均籴""结籴""俵籴""坐仓"等。① 除此之外，南宋时期还设有常平田，其所收租课也属于粮源重要渠道之一。至于收购品种总原则，宋代的规定是："少籴麦豆，多籴谷米"②。其运行制度设计从筹集籴本汇集粮源开始，期间还有定期轮换或者不定期轮换，以及粮食如何赈粜。

（一）运行初期既定规则

宋代常平仓设置伊始即对其运行进行了明确规定。

1. 关于"籴本"的确定与管理。依据各州"户口"的多少，留取上供钱作为常平仓粟籴本，标准是大州一二万贯，小州二三千贯；籴本专款专用，"付司农司系帐，三司不问出入"；由转运使委任各州一名官员"专掌其事"。

2. 关于籴粜的规定。每年夏秋以略高于市价"收籴"粮食，待到粮价上涨时，以低于市价"出粜"予民；"收籴"价一般比市价高三到五文钱，"出粜"价一般比市价低三文钱到五文钱，但是"所减不得过本钱"。

3. 关于最高收购量的规定。规定万户以下的县"岁籴万石"，每年收购量不能超过一万石；超过万户的县"止于五万石"，最高收购量不能超过五万石。

4. 关于轮换的规定。规定仓内储存超过三年以上的粮食，若"不经粜"必须进行轮换，"即回充粮廪"，另外补充"新粟"。③

根据该规定，结合粮食生产季节的差异，执政者不断重复着这种看似简单的籴、粜活动，由于"所减不得过本钱"规定的存在，能够使常平仓粮不至亏本，从而保持整个制度能够持久运行。需要说明的是，该规定属于基本规定，由于经济社会始终处于千变万化之中，有时需要不断修正或者进行补充规定，甚至有些情况下根本不执行该基本规定，从而常平仓制度不免遭到破坏。

---

① 刘彦威：《宋代粮食政策略述》，载《古今农业》1994 年第 2 期。

② 李焘撰：《续资治通鉴长编》，中华书局 1986 年版，第 9351 页。

③《文献通考》（第 1 册），中华书局 2011 年版，第 614 页。《宋史·食货志》，中华书局 2000 年版，第 2865 页。

（二）籴本变为政府补助

常平仓成立之初，其籴本来源为诸路留取上供钱，后来演变为由政府进行补给。政府补给的方式呈现多样化。需要说明的是，无论这种方式如何变化，宋政权都要求籴本总体上要保本。其主要补助方式有：

1. 内库资金。比如，嘉祐七年（1062年）冬十月，宋仁宗下诏："内藏库、三司共出缗钱一百万，助籴天下常平仓。"①熙宁二年九月，宋神宗"立常平给敛法"后不久，即下诏"出内库缗钱百万籴河北常平粟"。②

2. 交子。比如，熙宁四年（1071年）二月，宋神宗"赐交子十万缗钱为梓州路常平籴本。"③

3. 度牒。比如，熙宁五年（1072年）闰七月，宋神宗"赐荆湖北路度僧牒五百为常平本钱。"④当年11月，宋神宗又"诏赐广南西路常平司度牒千，为籴本。"⑤元丰六年（1083年）八月，宋神宗"赐泾原路经略司度僧牒千道为常平钱"。⑥

（三）赈粜价格低于籴本

由于自然损耗等原因，收籴积贮的粮食若按原"收籴"价出售，必定就会产生亏损。至于低于原收购价进行出粜，只会让亏损进一步拉大。那么，宋代常平仓的粮食在赈粜时售价具体情况如何呢？

1. 按照原收籴价出售。据记载，皇祐三年十月十八日，淮南、两浙路体量安抚陈升之等上奏，由于"灾伤州军，乞出粜常平仓斛斗。"由于如按原价出售粮食必定会亏损，宋仁宗便下诏要求在"元籴价上每斗量添钱十文至十五文足出粜。"可以推断，如按货币价格来计算，宋朝常平仓中的粮食每斗损耗在十文至十五文之间，每斗粮食售价需高出原"收籴"价的十文至十五文，方可保本。在陈升之提出"如添钱，即非恤民之意"的不

①《宋史·仁宗本纪》，中华书局2000年版，第166页。

②《宋史·神宗本纪》，中华书局2000年版，第181页。

③李涛撰：《续资治通鉴长编》，中华书局1986年版，第5348页。

④李涛撰：《续资治通鉴长编》，中华书局1986年版，第5729页。

⑤李涛撰：《续资治通鉴长编》，中华书局1986年版，第5834页。

⑥《宋会辑要》（第12卷），上海古籍出版社2014年版，第7206页。

同意见后，宋仁宗同意不再上浮，"依原籴价出粜"。①可见，宋仁宗时曾试图对宋初出粜减价"三五文"进行修正。因此，常平仓如按原"收籴"价出售粮食的话，实际上是在亏本出卖。当年12月，宋仁宗在全国下诏："天下常平仓其依元籴价粜以济贫民，毋得收余利以希恩赏。"②

2. 低于市价出售。熙宁七年（1074年）三月，宋神宗批复："闻都下米麦踊贵，可令司农寺发仓常平麦，不计元籴价，比在市见卖之直量减钱出粜。"那么，当时粮食市价多少呢？据记载，当时京都"米价钱百五十"。宋神宗在此之前已经下诏"司农寺以常平米三十二万斛、三司米百九十万斛，平其价至斗百钱"。这次"又减十钱，益置官场出粜"。这样，常平仓粮每斗售价为90文钱，比市价足足低了60文钱。故"民甚便之。"③

（四）粮食轮换规定异化

基于数量、质量和储存安全，保持粮食市场稳定等多重因素，储备粮要求进行定期轮换。在宋代，常平仓粮一般三年更新一次。尽管常平仓制度设立之初即有"岁歉，减价以粜，用赈贫民，以为永制"④的规定，在实际工作中，至少由于以下两个方面原因支出常平仓粮而需要大量购进新粮，从而实现常平粮的另类轮换。

1. 因兴修水利支出常平仓粮。比如，熙宁五年（1072年）九月，宋神宗"诏司农寺出常平仓粟十万石，赐南京、宿亳泗州募饥人浚沟河"。⑤再比如，熙宁六年，宋神宗又"赐淮南西路转运司常平米三万石，募饥民兴修水利。"⑥因兴修水利而支出常平仓粮的事例比较多，据粗略统计，仅宋神宗在位期间，就先后13次因兴修水利动用常平仓粮，其他如宋哲宗、宋徽宗、宋高宗、宋孝宗、宋光宗等皇帝执政时都曾有过类似事例。笔者认为，这种类似于"以工代赈"轮换方式对宋代社会发展史有着积极作

---

① 《宋会要辑要》（第12卷），常平仓，上海古籍出版社2014年版，第7197页。

② 李涛撰：《续资治通鉴长编》，中华书局1986年版，第4120页。

③ 李涛撰：《续资治通鉴长编》，中华书局1986年版，第6137页。

④ 《宋会要辑要》（第12卷），上海古籍出版社2014年版，第7199-7200页。

⑤ 李涛撰：《续资治通鉴长编》，中华书局1986年版，第5769页。

⑥ 李涛撰：《续资治通鉴长编》，中华书局1986年版，第6059页。

用的。

2. 因军费支出常平仓粮。宋政权存续期间，内部农民起义不断，外部与周边其他政权之间战事频繁，因此在军粮接济不上时就会挪用常平仓粮抵充。最初，动用常平仓粮充作军粮尚是主动为之。比如，大中祥符六年（1013 年）十一月，宋真宗下诏将快到期常平粮支作军饷："其在京及诸路常平仓斛斗，若经二年，即支作军粮，以新者归还。"这应当视作对常平仓粮动员制度的修正。从避免浪费角度来看，尚属于正常管理需要，没有背离常平仓设置初衷。但在此之后，由于军粮短缺日益严重，经常以军需名义动用常平仓粮就带有浓厚的被动色彩。据统计，宋仁宗、宋神宗、宋哲宗、宋高宗等皇帝在位期间都曾动用常平仓粮，其中以宋神宗动用次数为最多，总数高达 26 次之多。应当说，这种动用常平仓粮方式已非正常状态。

四、宋代常平仓的库房管理制度

宋代法律对常平仓库房管理已经建立了较为完善的制度。

（一）禁火制度

宋代法律对失火作了具体处罚规定。《宋刑统·杂律》"失火门"条规定禁止在粮仓内燃火，违者进行刑事处罚："诸库藏及仓内皆不得燃火。违者，徒一年"。该条进一步"疏议"："凡官库藏及敖仓内，有舍者，皆不得燃火。违者徒一年"。[1] 这里所说的"敖仓"，即现代常说的粮仓。[2]

对于发现有火情，宋代法律对知悉火起而不告、不救者按知悉者身份分情况是否进行处罚。对一般人来讲，"诸见火起，应告不告，应救不救，减失火罪二等"；对负有"守卫宫殿、仓库及掌囚者"来讲，"虽见火起，并不得离所守救火，违者杖一百。"这类负有守卫职责的人见到"火起"，即使选择"不告，亦不合罪"。[3] 由此可见，在宋人看来，防火固然重要，粮

①《宋刑统》，薛梅卿点校，法律出版社 1999 年版，第 490 页。

②据《辞海》解释：敖仓是秦所置谷仓。故址在今河南荥阳市东北敖山上。汉魏仍均在此设仓。亦泛指粮仓为敖仓。——《辞海》（第七版），上海辞书出版社 2020 年版，第 81 页。

③《宋刑统》，薛梅卿点校，法律出版社 1999 年版，第 496 页。

仓守卫者坚守岗位的职责更为重要，其原因必然与"国之大者"密切相关。

（二）禁谒制度

中国人自古就将迎来送往视为人之常情，但官场上的迎来送往则多是在该幌子下意图直接地或者间接地影响公务活动的正常开展。北宋中后期开始，国家就以禁令方式对此种行为从方方面面进行规范和限制。比如宋代法律禁止监临诸场、库、院、局等各种税收、库藏、专卖事务官在工作场所会见宾客。"诸监当官，于所监仓库"并非由于岗位工作需要而会见宾客，本人及来访宾客"各徒二年"。至于直接收储粮草官员，宋代法律规定更为严格，"诸籴买粮草官，非职事相干辄见宾客，及见之者，各徒二年"。甚至由于意外原因相见也不允许，"以邂逅为名相见者同。"①

（三）双人双锁制度

为防止库房监守自盗等弊端发生，宋令规定仓库开门与闭门时有多人在场见证，并且库房钥匙原则上实行分工管理。"诸仓库，监专同开闭，并压记锁封。掌钥以长官，门钥以监门。"若"无监门处"，则"长官兼掌"。②

（四）文书制度

宋代对库房文书管理非常严格。首先，禁止将文书带回家处理。"诸仓库内无廨舍者，监官不得住家。"其次，移交文书严格"批印"手续。"收支文书，监官廨封锁，遇替移交，受都簿赤历足，批上印纸离任。"③上报有关文书（如账簿）时不仅有时限要求，而且也要严格移交手续。第三，收支官物文书规范"勾抹"。宋令规定，收支官物文书如有"空缺处及剩纸"要求"勾抹"，对违反此规定者，"若赤历内预先虚收者，各杖一百，本行吏人仍降一资"。对于"已支官物旁、帖之类"，若"不勾抹"，则按前者处理。④

（五）主司搜检制度

为防止出入库时发生盗窃，宋代承继了唐律的"库藏主司搜检"规定。

---

① 《庆元条法事类》，戴建国点校，黑龙江人民出版社 2002 年版，第 33 页。
② 《庆元条法事类》，戴建国点校，黑龙江人民出版社 2002 年版，第 558 页。
③ 《庆元条法事类》，戴建国点校，黑龙江人民出版社 2002 年版，第 83 页。
④ 《庆元条法事类》，戴建国点校，黑龙江人民出版社 2002 年版，第 577 页。

依照《宋刑统》规定，凡是从库房出来者，都要接受搜检。如果"应搜检而不搜检"，此时要对"防卫主司"笞二十的处罚。有个例外情况是，五品以上官员，"皆不合搜检。"如果由于没有搜检而致官物被盗，则"计所盗之赃，主司减盗者罪二等。"[①]

此外，宋令还规定籴粜粮食时不能靠近仓门，"诸谷不得近仓仓门籴粜"。甚至，官员所用的收粮器具也要单独存放："诸仓官斛、斗、升、合各刻仓分、监官押字，置库封锁，应修者，当官较量。"[②]

五、宋代常平仓的监督管理制度

为保证常平仓制度顺利执行，宋朝人设计了一套监管制度，包括监管机构和奖惩措施等。

（一）管理机构

宋代常平仓管理机构变化情况比较复杂。设立之初，宋政权并没有设立相应的管理机构。宋真宗执政时期，先由司农寺掌管常平仓，大中祥符年间改由三司主管。宋神宗在位期间，常平仓先是转归司农寺管理，推行改革后再次转归户部右曹掌管。直到南宋末期，基本上维持此种管理体制。"右曹分案六：曰常平，掌常平、农田水利及义仓振济，户绝田产"[③]。在地方，常平仓主要由各路提举常平司（提举常平茶盐司）主管。而常平司则曾归提点刑狱司、经制司等主管。

中央和地方设立的这些机构，既是行政机构，又是监管机构。提举常平司是负有双重职能的机构，"提举常平司，掌常平、义仓、免役、市易、坊场、河渡、水利之法，视岁之丰歉而为之敛散，以惠农民。凡役钱，产有厚薄则输有多寡；及给吏禄，亦视其执役之重轻难易以为之等。商有滞货，则官为敛之，复售于民，以平物价。皆总其政令，仍专举刺官吏之事"[④]。当然，宋史上也出现过提举常平司职责不清晰的情况，致使管理较

①《宋刑统》，薛梅卿点校，法律出版社 1999 年版，第 273 页。

②《庆元条法事类》，戴建国点校，黑龙江人民出版社 2002 年版，第 558 页。

③《宋史·职官志》，中华书局 2000 年版，第 2578 页。

④《宋史·职官志》，中华书局 2000 年版，第 2659 页。

为混乱。

（二）奖励措施

需要作出说明的是，国家规定奖励措施，同时授权监管机构落实并对相关人员采取惩罚措施。故此处所说奖励措施包含监管可以采取的法律措施。

1. 鼓励举报。比如，宋真宗曾经下诏鼓励举报仓管人员抬高籴米价格行为，并给告者"赏钱百千"。后来，统治者又鼓励陈告"诸色公人因给纳常平仓等钱斛取受"者，奖励力度为"杖罪支赏钱五十千，徒罪一百千"。具体方式为"先以官钱给赏，后以犯事及干系人家财充；或无可送纳，官吏保明除破。"而对被举报者本人，则"杖罪送邻州编管，徒罪以上刺配本州牢城"。①

2. 鼓励多籴粮食。天禧年间，宋真宗下诏："当职官于元约数外增籴及一倍已上者，并与理为劳绩。"②这种激励措施可以大大调动有关人员收粮的积极性。

3. 鼓励增收节支。元丰七年（1084 年）十月十一日，尚书吏部上奏："经制变运川峡路常平仓积息钱，所增息钱二百九十二万缗，乞推恩。"宋神宗下诏奖励："李元辅迁两官；史君俞、张茂先候改官日各迁一官，减二年磨勘；刘何、虞仲荀减磨勘年月有差。"③

（三）惩罚措施

天下大务，莫过赏罚。官治必有赏罚。宋朝统治者在设计奖励制度的同时，还设计了危害常平仓制度的惩罚措施。这些措施主要有：

1. 禁止食禄之家并形势人入中粮食。我国素有"食禄者不得与下民争利"的传统。早在宋太宗执政期间，就在有关粮食的诏令中规定"所有食禄之家并形势人，并不得入中斛斗及与人请求折纳。违者许人陈告，主吏处死，本官除名贬配，仍委御史台纠察。其所中斛斗，不计多少，并支与告事人充赏。主吏自能陈告，并免罪，亦依告事人例施行。其监纳朝臣、

---

① 《宋会要辑要》（第 12 卷），上海古籍出版社 2014 年版，第 6061—6062 页。

② 《宋史·食货志》，中华书局 2000 年版，第 2665 页。

③ 《宋会要辑要》（第 12 卷），上海古籍出版社 2014 年版，第 7207 页。

使臣，不得受人嘱托纳中斛斗，违者并除名贬配。"①另据《庆元条法事类》记载，"诸在任官及公使库中麦粮草入官者，以违制论。"②不难看出，宋代以十分严密的惩罚措施最大限度地防止"食禄之家并形势人"入中粮食的可能。

2. 严惩巧立名目收粮者。大观三年（1109年）四月，宋徽宗下诏："常平所籴斛斗，多是本仓合干人巧为名目弊幸，自行收籴，甚非我神考立法之本意。可严行止绝，除依常宪外，重立配法，仍增赏典，许人陈告。官吏准此。"③

3. 严惩籴粜失时及欺弊者。宋政权非常重视粮食的及时籴粜，认为"神考常平之政，以年之上下制谷价，以岁之丰耗为兴积。"宣和元年六月，宋徽宗下诏，要求诸路提举常平司"检详前后诏条，令州县官审度年岁，遇贱必籴，遇贵必粜，不许他司辄有移用。虽奉诏支借，亦须执奏不行。每岁春季，提举司具前一年部下所粜、所籴及所收息数申尚书省，取旨赏罚。"如果出现"籴粜失时及有欺弊"的情况，则"官以违制论，人吏决配千里。"④

4. 严惩虚报粮数不实者。乾道四年（1168年）七月，尚书省将信州虚报粮数情况上报："信州常平、义仓米，元申帐状管九万三千余硕，今次提举司申有六万八千余硕，乃至盘量，止得一万二千九百余硕，其余皆是虚数。"该虚报数高达85%。更为严重的是，"提举官李庚到任已及二年，并不检察，是致缺米，有误赈济，知州赵师严、通判李桐系干道三年在任之人，所申帐状隐庇虚妄"。宋孝宗非常震怒，下诏将"李庚特降两官放罢，赵师严、李桐各降两官，今后更不得与堂除差遣。"⑤

此外，对于囤积居奇、哄抬粮价、掺杂使假、收受贿赂、粮政官员渎职失职等其他行为也进行了规制，规定了严厉的惩治措施。

---

①《宋会要辑要》（第12卷），上海古籍出版社2014年版，第7550页。

②《庆元条法事类》，戴建国点校，黑龙江人民出版社2002年版，第569页。

③《宋会要辑要》（第12卷），上海古籍出版社2014年版，第7208-7209页。

④《宋会要辑要》（第13卷），上海古籍出版社2014年版，第7211页。

⑤《宋会要辑要》（第13卷），上海古籍出版社2014年版，第7574页。

六、宋代常平仓制度的作用评价

习近平总书记在 2013 年中央农村工作会议曾指出："设立常平仓是我国的传统，在稳市、备荒、恤农方面有重要作用。"[1] 客观地说，宋代常平仓制度在当时社会较好地发挥了积极作用，这方面的作用是主要的。可是由于缺少资金、官员徇私以及少数人对多数人专权的社会制度等综合因素，这种作用又被限制在一定范围之内，从而又以负面形象出现在人们面前，为后人开展相关工作提供了反面教材。

（一）"稳市"作用效果较好

"天下无常安之势，无常胜之兵，无常足之民，无常丰之岁"。[2] 古代粮食产能受气候环境影响较大，常常因水灾、旱灾、冰雹等自然灾害而造成粮食减产甚至绝收，其结果常常是"粮贵"，遇到风调雨顺的年景则在丰收之余，又遭受"谷贱"之苦，虽然"多收了三五斗"但有可能生活比平常年景更糟。再加上不法商人的囤积居奇抑或其他扰乱粮食市场秩序的行为，进一步增加了农业社会的不稳定性。宋代常平仓制度就是在这样背景下实施的。

据记载，淳化三年（992 年），"京畿大穰，物价至贱"，宋太宗派遣大臣到"京城四门置场，增价以籴"，并"令有司虚近仓贮之"。[3] 由此不难看出，宋代常平仓设置的初衷是平抑粮价，在市场处于非正常时段能够保障每个民众能够得到较为及时的粮食供应，从而有效避免"籴甚贵伤民，甚贱伤农"[4] 的情况出现。从本质来说，常平仓制度是一种政府干预粮食市场的政策设计，其实就是利用价格对粮食市场进行调节，粮价高时抛售"储备粮"，粮价低时买进新粮补充储备，政府在此过程中的角色就是市场主体之一。宋代社会繁荣发展，生活秩序总体稳定，与常平仓的"稳市"功

---

① 习近平：《在中央农村工作会议上的讲话》（2013 年 12 月 23 日），载《十八大以来重要文献选编》（上），中央文献出版社 2014 年版，第 665 页。

② ［明］黄淮、杨士奇编：《历代名臣奏议》，上海古籍出版社 2012 年版，第 3201 页。

③ 李涛撰：《续资治通鉴长编》，中华书局 1986 年版，第 737 页。《宋史·食货志》，中华书局 2000 年版，第 2865 页。

④《汉书·食货志》，中华书局 2000 年版，第 949 页。

能是密不可分的。

（二）"备荒"作用得到公认

在宋代，政治上不仅空前高度集权，经济上空前极度繁荣，而且遭受的自然灾害也极其严重。据邓云特先生统计，两宋前后487年，遭受水灾、旱灾、雹灾、风灾、蝗灾、歉饥、地震、疫灾、霜雪之灾等各种自然灾害，总计874次。"两宋灾害频度之密，相当于唐代，而其强度和广度，则更有甚于唐代。"①自然灾害的直接结果就是粮食歉收，再加上对外战争、农民起义、苛政等因素，饥荒就不可避免地发生了。

对于政府来讲，在灾害来临情况下，亟须实行一揽子政策：遇灾先治标，比如现场施粥、实行赈济、调粮稳定市场、治蝗防疫等；灾后急补救，比如就地安置、减免赋税、放贷救灾、实行节约等。但这些并非治本之策。要实现社会恢复正常秩序，还必须实行积极的救荒政策：比如可以兴修水利、浚治河川、造林垦荒等，还可以实行重农政策促进粮食生产发展，实行仓储政策"以待凶荒"。正如宋人董煟所言："救荒之法不一，而大致有五：常平以赈粜，义仓以赈济，不足则劝分于有力之家，又遏籴有禁，抑价有禁。"②在所有的救济措施中，常平仓的设置被公认为是作用最大的。"恤民备灾，储蓄之政，莫如常平、义仓"。

（三）"恤农"作用极其有限

常平仓制度为两宋社会稳定发展起到了重要作用。北宋前期，常平仓的主要职能聚焦为粜粜谷粟、平抑粮价，成为让普通百姓得实惠的惠民制度。宋神宗执政以后，常平仓法反复发生变化，但归根结底是常平新法和常平旧法之间的博弈，前者主张"节流"，后者主张"开源"，两者实质上并非根本矛盾之间的对立。因此，其职能随之多样化就成为必然结果。据有关研究，常平仓此时的职能增加了兴修水利、修筑城寨、支为军用、镇压夷变、上供国库以及救济流民等多个职能。③与此同时，常平仓在北宋社会似乎成了"唐僧肉"，成为皇帝和王公大臣们以及其他有权者的敛财乐园。

---

① 邓云特著：《中国救荒史》，商务印书馆2011年版，第25页。

② ［宋］董煟撰：《救荒活民书》，中国书店2018年版，第81页。标点为笔者所加。

③ 孔祥军：《两宋常平仓研究》，载《南京农业大学学报》2009年第4期。

虽然国家曾试图立法制止，但随着靖康之难的到来就被历史洪流所湮没。

宋政权南迁以后，常平仓逐渐恢复了粜籴赈济的本位，成为保障南宋社会繁荣稳定发展的"压舱石"和"稳定器"，恰好契合了北宋重臣司马光有关"常平仓者，乃三代圣王之遗法"①的评价。当然，"至于深山长谷力穑远输之民，则虽饥饿濒死而不能及"②现象较为广泛的存在，则又说明常平仓制度并非惠及全体人民，而只是部分居住在城市或者靠近城市的群体而已，对于广大乡村百姓来讲，受惠力度还是极其有限的。

七、宋代常平仓制度的继承与移植

肇始于西汉时期的常平仓制度在宋代得以定型。它不仅对两宋经济社会发展产生了重要影响，而且还为传统中国后世政权所继承和发展。进入近代社会以后，定型于宋代的常平仓制度超越了国界，甚至超越了粮食本身，成为中华民族贡献给人类文明的瑰宝。

（一）常平仓制度为宋代以后传统中国所传承

常平仓制度为后世元明清政权所继承和完善。据《宋会要》记载，"元世祖至元六年始立常平仓，其法丰年米贱官为增价籴之，歉年米贵官为减价粜之。于是八年以和籴粮，及诸河仓所拨粮贮焉二十三年定铁法，又以铁课籴米充焉。"③明清时期，常平仓制度逐步完备。明代常平仓多建在地方州县，一般每县建有 4 个常平仓，开展籴谷收储和赈济活动。清政权入关以后，开始在全国推广常平仓制度，由地方州县政府管理常平仓，其基本职能依旧是平抑粮价，其他职能涉及售卖存粮、粮种借贷和慈善救济。常平仓制度在元明清时期的发展和完善，成为中国传统社会超稳定的重要原因，而作为社会发展重要指标的人口在清代中叶即突破了 4 亿人，很显然这与常平仓制度的重要作用是分不开的。

（二）常平仓制度对美日等粮食安全产生重要影响

宋代常平仓制度在实行过程中虽有反复和曲折，但都是当时的仁人

①《文献通考》（第 1 册），中华书局 2011 年版，第 623 页。

②陈焕章：《孔门理财学》，商务印书馆 2015 年版，第 451 页。

③《永乐大典》，线装书局 2021 年版，第 2460 页。

志士、国之栋梁对如何更好推动中国传统社会的有益尝试和努力。即使是"昙花一现"的王安石变法，虽然收效甚微，但随着清末民初学者陈焕章先生对其独特的解读，传统中国的古老智慧在偶然或者必然情况下受到西方精英人士的关注与思考，为后来不可避免地对罗斯福新政某些领域产生了重要影响，并由美国转道引起其他国家乃至整个国际社会的关注和学习，从而使其走出国门，在世界范围内产生了重要影响。

20 世纪 30 年代的经济大危机，给美国带来了经济上的大萧条。作为罗斯福总统重要助手的华莱士，借鉴中国常平仓制度，成功将北宋王安石的"常平新法"移植进入《农业调整法》。"华莱士的'常平仓计划'更大程度上是王安石青苗法和市易法的美国化，不同之处是华莱士的常平仓更符合现代市场经济社会和资产阶级民主要求，同时作为立法更为规范。"[1]当时华莱士依托建立的"商品信贷公司"和"联邦剩余商品救济公司"，通过在农业地区发放贷款、开办农作物保险，把农村过剩粮食通过政府行为转移支付到城市，从而迅速稳定了粮价和城市生活，奠定了恢复美国经济的农业基础。正如华莱士所说："从国家利益、消费者利益和农业利益的不同角度考察，常平仓带来的供给和价格稳定至关重要。""二战"结束后，联合国粮食及农业组织曾试图建立一个世界粮食委员会，基本目标是建立粮食储备，当其他国家有大量卖不掉的粮食剩余时，穷国能免除饥饿之灾。该计划因美国等国反对而被无限期搁置。

（三）常平仓制度对其他物资储备产生了重要影响

1942 年 1 月，华莱士还发表文章，希望"在世界范围内针对一系列商品建立可称之为'常平仓原则'的制度"。目前，除建立粮食储备外，世界各国在其他领域也借鉴"常平仓"思想建立相应的储备。比如，美国、俄罗斯等国制定了战略及重要物资储备法，日本、英国、法国、德国、葡萄牙、芬兰、瑞典等国制定了石油储备法。可以说，物资储备观念来源，应该都与中国古代常平仓制度有关，至少是思想影响层面的。

---

[1] 李超民：《常平仓：当代宏观经济稳定政策的中国渊源考察》，《复旦学报》2002 年第 2 期。

八、宋代常平仓制度对当代粮食工作的启示

钱穆先生曾在《中国历史研究法》中谈到一则轶事："抗战时期，美国副总统华莱士来华访问，在兰州甫下飞机，即向国府派去的欢迎大员提起王安石来，深表钦佩之忱，而那些大员却瞠目不知所对。"该则故事固然发生在1944年，我们可以当时中国"落后"而辩解，然则"常平仓原则"不仅影响了超级大国的粮食安全工作，还对异域他国储备其他物资以思想启迪，不得不引起我们深思和重视。

（一）坚持政府主导的多元化粮食储备体系

常平仓只是宋代官仓的一种。它由国家建造，一般设立在州县。它的功能主要在于，一是粮食丰收时，由国家提供"籴本"大量收购粮食，从而避免"谷贱伤农"的发生；粮荒发生或者粮食市场不稳时，政府大量投放粮食，从而使粮价得以稳定。二是常平仓还低利息放贷给种粮农民，让其购买口粮和粮种，从而保证受灾农民的基本口粮供应和农业生产的恢复。三是常平仓还需要给建造河堤、水渠等工程提供经费。四是常平仓粮还常常被充作军饷。由此可见，与社仓、广惠仓等其他官仓以及民仓相比，常平仓在宋代当之无愧地发挥着"压舱石"作用。这种情况表明，在多元化粮食储备体系中，各类储备都有着自己的角色，如果主次不分，则潜在的粮食安全问题随时可能会爆发。故而，在当代中国倡导完善多元化粮食储备体系的同时，建议该项工作依旧在政府主导下进行，充分发挥政府在宏观调控中的重要作用，让各类储备按照法定方式有序发挥功能，从而实现多方合力保障国家粮食安全的良好局面。

（二）坚持以市场配置粮食资源的市场机制

定型于宋代的常平仓制度，蕴含着如何处理供求关系以及政府与市场的关系。从供给角度来看，随着某种商品价格上升，那么这种商品的供给量就会增加；反之，当某种商品价格下降，那么该商品的供给量就会减少。从需求角度来看，随着某种商品价格下降，那么该商品的需求量就会增加；如果该商品价格上升，那么该商品的需求量就会减少。在粮食领域，就体现在当粮食丰收时，市场上可能就会出现"谷贱伤农"现象；当粮食歉收时，市场上则可能出现"谷贵伤民"现象。纯粹依靠市场进行自我调节固

然可以，但社会成本付出较大，比较可行的是，当市场处于不良状态或者不稳状态时，由公权力作为另类市场主体介入其中，可以有效地促其恢复正常状态，引导市场秩序的良性发展。而常平仓制度的设计就是为了最大限度地避免这两种不良现象的发生，保障粮食市场稳定有序发展。因此，在我们坚持政府主导多元粮食储备体系的同时，我们还主张让市场在粮食资源配置中发挥决定性作用。

（三）坚持用法治方式守住管好政府储备粮

在宋代，不断出现破坏常平仓制度的现象。前文提到的多位宋朝皇帝冲破制度限制，挪用常平仓粮充作军饷便是典型例证。日常工作中官员因渎职、失职或者徇私而致使常平仓粮出现"堆积腐烂"等问题更是常见。据司马光所述，"向者有因州县阙常平籴本钱，虽遇丰岁，无钱收籴。又有官吏怠慢，厌籴粜之烦，虽遇丰岁，不肯收籴"。当开始"收籴"时，已经错过收购良机，"县申州，州申提点刑狱，提点刑狱司申司农寺取候指挥，比至回报，动涉累月，已至失时，谷价倍贵"。司马光慨叹："是致州县常平仓斛斗有经隔多年，在市价例终不及元籴之价，出粜不行，堆积腐烂者。此乃法因人坏，非法之不善也。"[1] 此外，还有"借支官钱以充官用"现象发生，将用来"赈赡饥荒"的"常平"之钱挪作他用。这种现象在当代粮食工作中是否存在呢？近年来，推进粮食购销领域腐败问题专项整治，各级纪检监察机关接连通报多起粮食购销领域严重违纪违法案件，少数粮食行政管理部门和粮食企业负责人接受纪律审查和监察调查，反映出粮食购销领域腐败问题的严重性。因此，以法治方式管好政府储备粮显得十分紧迫和必要。

---

①《文献通考》（第1册），中华书局2011年版，第627页。

中国历史上社仓制度若干问题的研究[①]

穆中杰　河南工业大学粮食政策与法律研究所所长

摘要： 社仓之名最早出现在隋文帝时期，社仓之制定于南宋孝宗时期，并为元明清政权所继受和发展。民国时期，以"社仓"为名的制度基本名存实亡。

社仓制度是隋唐以后，中国传统社会逐渐兴起的一种救灾赈济制度，其主要特征是民办民营，有助于增强乡村集体抵御灾荒救济能力。

社仓粮库的选址有着一套自己的独特原则，主要是选址于社、节省费用、防火防水、禁占耕地等。

各代社仓的社本来源大致有本谷、息谷、义谷和罚谷四种方式，其中本谷是社本的最重要来源。社仓的日常运行制度主要涉及四个方面：稽查户口、汇聚社本、春借秋还、加收息米。作为社仓的主要管理人员，不仅要求社首本人品行端方、家道殷实良善，而且在具体职责分工方面，规定社首并非包揽社仓一切事务，而是与其他人员一起有着明确的分工。

新中国建立至今，社仓制度有了不同于中国传统社会的表现形式和载体。社仓制度对于当代中国做好粮食安全保障工作意义重大。一是要重视传承社仓文化，把粮食安全的第一道防线放在"民防"，支持农民专业合作社等民间力量做好储备工作。二是要参考社仓制度，重新审视"藏粮于民"思想，建立健全政府、企业、民间等多元化粮食储备体系。三是要采取财政支持、税收优惠和金融、科技、人才的扶持以及产业政策引导等措施，鼓励和支持国民、法人和其他组织为农民专业合作社提供帮助和服务。四是要在国家支持农民专业合作社发展的同时，采取措施对其加强监管。

---

① 本稿撰写期间，中国粮食经济学会肖春阳先生提供了重要资料线索和稿件修改意见，在此谨致谢意。

在传统中国救灾话语体系中，社仓、义仓与常平仓一起构成中国古代粮食仓储体系。按照通常认识，社仓、义仓与常平仓三者之间应该有明确的区分，但长期以来的事实是，社仓和义仓两个概念经常引人混淆、难分彼此，学界存在两仓相同说、两仓相异说、两仓既相似又有区别等方面的争论。① 即使我国权威工具书《辞源》②的解释也模棱两可：社仓即"积谷备荒的义仓。始于隋代，因为乡社所设，并自行经营管理，故名社仓。后也有设于州县而由官府直接主持的，其制代有不同。"笔者认为，本研究的切入点必须从厘清社仓和义仓两个概念入手，然后才可以对其相关问题开展研究，为此溯源社仓的发展历史就成为必然。③

一、社仓制度的源流考辨

社仓究竟始于何时？作为一种制度存在，社仓制度与社仓之名的出现是否同步？社仓制度定型以后，又是如何演进发展的？它与义仓、常平仓之间又有何关系？如果把这些问题搞清楚，那么，我们就能够较为清晰地将社仓和义仓区分开来。

（一）社仓之名首现隋代文帝时期

从现有史料看，社仓之名最早出现在隋文帝时期。它几乎在其出现伊始就与义仓之名有着天然的纠葛，与常平仓功能之局限有着密切的关系。这是因为，常平仓一般建在京师、郡城附近，城镇居民获得救济较为容易，距离较远的乡村居民获得救济则较为困难。如何增强乡村居民防灾能力，就成为治国理政者考虑的重要问题。

开皇初年，工部尚书长孙平见"天下州县多罹水旱，百姓不给"，便上奏隋文帝设立"义仓"。④该事件在《文献通考》中的记载是，长孙平奏请

---

① 吴四伍：《义仓、社仓概念之辨析》，载《清史论丛》2018 年第 2 期。

②《辞源》（第三册合订本），商务印书馆 2019 年版，第 1647 页。

③ 本文有关《湖广沣州社仓规约序》《汪道亨修举社仓事宜》《劝文》《沈鲤社仓条议》《翼富仓条例》《蔡懋德修复社仓》《汤来贺劝设义仓序》《沈兰先社仓议》等资料，均来源于李文海、夏明方主编：《中国荒政全书》（第 2 辑），北京古籍出版社 2003 年版。

④《隋书·长孙平传》，中华书局 2000 年版，第 838 页。

"令诸州百姓及军人劝课当社，共立义仓"，具体方式是"收获之日，随其所得，劝课出粟及麦，于当社造仓窖贮之"。①此时尚未出现"社仓"之名。《隋书》接下来的记载是，由于"义仓贮在人间，多有费损"，开皇十六年（596 年）"诏秦银、扶等州社仓，并于当县安置"。这里的问题是，"社仓"之名为何突然出现？如果是史料笔误的话，该史料接下来有关谷本上交的规则记载也有"社仓"之名："社仓准上中下三等税，上户不过一石，中户不过七斗，下户不过四斗。"②从该仓设立"以备凶年"之目的来看，社仓与义仓又兼而有之，于是推之，社仓之名可能是该类储备谷本来源方式与久已有之的义仓有所不同，且其仓窖系由"当社"建造而得名，它在出现之初就与义仓有着天然的密切联系。这可能是后人将两者混用的根源所在。

"社仓"之名出现在隋文帝时期并非史料笔误，在唐代有关文献以及相关文献中也有"社仓"之名的由来记载。比如，唐朝建立以后，唐高祖李渊于"武德元年九月四日，置社仓。"贞观二年（628 年），尚书左丞戴胄在给唐太宗的奏折中提到"隋开皇立制，天下之人，节级输粟，多为社仓，终于文皇，得无饥馑。及大业中年，国用不足，并贷社仓之物，以充官费，故至末涂，无以支给。"③此记载从一个侧面表明，隋朝曾出现过"社仓"。值得注意的是，唐太宗时期即有了优先动用"社仓"粮食的规定，"其凶荒则有社仓赈给，不足则徙民就食诸州"。④另据《致知篇·唐仓法何以数变》记载，"唐自武德置社仓，本因隋制，社仓正为凶荒赈给设"。该资料接下来的记载，可能更说明了社仓与义仓有着天然联系，"于是有义仓之请，然则自隋以来，社仓兼充官费，不专为赈荒用，社仓之不足为备宜矣。"⑤这些史料表明，"社仓"不仅在隋唐时期已经出现，而且社仓制度已经成为当时治国理政制度体系的重要组成部分。

---

① 《文献通考》（第 1 册），中华书局 2011 年版，第 605-606 页。

② 《隋书·食货志》，中华书局 2000 年版，第 464 页。

③ 《旧唐书·食货志（下）》，中华书局 2000 年版，第 1431 页。

④ 《新唐书·食货志一》，中华书局 2000 年版，第 883 页。

⑤ 《致知篇·唐仓法何以数变》，载《永乐大典》，线装书局 2021 年版，第 2472-2473 页。

（二）社仓之制定于南宋孝宗时期

南宋进士魏掞之曾在总结"回源洞"起义的原因时认为是"盖缘艰食"，因此"乃请常平仓米一千六百石以贷乡民，至冬而取，遂置仓于邑之长滩铺，自后每岁散敛如常"。①《宋史》有关这段历史的记述是，公元1150年，南宋魏掞之"依古社仓法，请官米以贷民，至冬取之以纳于仓。"其善举在当地得到较为普遍支持，"部使者素敬掞之，捐米千余斛假之，岁岁敛散如常，民赖以济"。魏掞之的这一做法后来被评价为"诸乡社仓自掞之始。"② 可惜的是，魏掞之推行的社仓并未得到国家认可，我们可以理解为这是南宋初年由官员主导的一种民间自助行为。因为作为一种制度，必须以国家名义颁行方为有效。

乾道四年（1168年），朱熹所在的建宁府发生灾荒。面对"民艰食"的社会惨象，朱熹向建宁府申请，"得常平米六百石赈贷"。朱熹并没有将该批粮食无偿发放给灾民，而是以此为谷本，实行有偿救灾，"夏受粟于仓，冬则加息以偿；歉，蠲其息之半，大饥尽蠲之"。经过14年的实践，朱熹不仅将六百石米还给建宁府，还有"储米三千一百石"。朱熹的"社仓"实践取得了良好的社会效果，"虽遇歉，民不缺食"。③ 公元1181年，朱熹向淳熙皇帝宋孝宗奏请推广实行社仓制度，同时将其总结的《社仓事目》一并报呈。"孝宗从其言，遍下诸路仿行其法，任从其便。其敛散之事，与本乡耆老公共措置，州县并不得干预抑勒。"④ 自此，社仓之法开始在全国推行。

这里需要说明的是，朱熹本人在相关文献中多处提到在其之前的"社仓"以及实践。比如，他在《建宁府崇安县五夫社仓记》中"以待凶荒"措施时说："隋唐所谓社仓者，亦近古之良法也"，大臣刘如愚主张"粟

---

① 李文海、夏明方主编：《中国荒政全书》（第2辑），北京古籍出版社2003年版，第89页。

②《宋史·魏掞之传》，中华书局2000年版，第10445页。

③《智囊全集》，北方文艺出版社2016年版，第283页。

④ 李文海、夏明方主编：《中国荒政全书》（第2辑），北京古籍出版社2003年版，第92-93页。

分贮民家，于守视出纳不便，请放古法，为社仓以储之。"① 他在淳熙八年（1181年）上书皇帝的奏折中提到该法系"因窃惟念里社有仓，实隋、唐遗法"。② 他在《建宁府建阳县长滩社仓记》评价他的社仓之法"其规模大略仿元履，独岁贷收息为小异。"③ 针对"州县之间，每遇水旱合行赈济、赈粜去处，往往施惠止及城郭，不及乡村"的顽疾，赵汝愚也在奏疏中曾建议宋孝宗"远采隋唐社仓之制"。④ 那么，既然史实如此清晰，为何后人还将"社仓"之法始于朱熹作为通说呢？笔者推断，隋唐时期兴起的社仓制度，由于后来多种主客观原因致使"社仓"背离了设立初衷，虽然北宋时期有左司谏贾黯、殿中侍御史里行钱觊、知齐州王广渊等大臣上书请立社仓但并未广泛实践，故而才因"社仓久敝"⑤ 而致有的研究者未将隋唐时期作为社仓制度的起点。之所以将朱熹之法作为社仓制度的起点，不仅是因为该制度持续为其后历代政权所继受，而且与朱熹在历史上的崇高"圣人"地位密切相关。这恰恰是符合人们有关承继关系的认知规律的。

（三）元明清时期社仓制度的发展

南宋时期的社仓制度为元明清政权所继受和发展。元代"始置仓廪"⑥ 始于元太宗初年，但效果并不理想。根据《程雪楼集·跋鱼山李氏社仓事后》记，元代程雪楼曾慨叹，虽然"官有常平，私有社仓，皆所以利民"，然而"常平废不复举，社仓之存者亦无几"，但在"识鱼山翁之子仁寿"之后，"独能嗣其翁所里社仓规制，至于今不废。吁可谓难矣！"元世祖忽必烈即位以后，深刻认识到"国以民为本，民以衣食为本，衣食以农桑为本"⑦ 为首要政务，将国家经济政策重新调整为以农业为主，国家粮仓制度

①《朱子全书》（25）"建宁府崇安县五夫社仓记"，曾抗美、徐德明点校，上海古籍出版社 2022 年版，第 3722 页。

②《朱子全书》（26）"跋语"，曾抗美、徐德明点校，上海古籍出版社 2022 年版，第 4603 页。

③《朱子全书》（25）"建宁府建阳县长滩社仓记"，曾抗美、徐德明点校，上海古籍出版社 2022 年版，第 3779 页。

④ 李文海、夏明方主编：《中国荒政全书》（第 2 辑），北京古籍出版社 2003 年版，第 89 页。

⑤《宋史·赵汝愚传》，中华书局 2000 年版，第 9446 页。

⑥《元史·太宗本纪》，中华书局 2000 年版，第 19 页。

⑦《元史·食货志》，中华书局 2000 年版，第 1563 页。

由此发生相应变化，"立义仓于乡社，又置常平仓于路府"。① 据《元史·李德辉传》，至元元年，大臣李德辉赴太原任职即把"立社仓"② 作为施政之初的重要措施之一。元代每社设一仓，由社长主持，名曰"义仓"，从其运行本质来看就是社仓。据有关资料，按照传统说法，义仓和社仓都属于"民间积贮"，功能都是"储以待凶荒者"，两者区别的标准是"义仓立于州县，社仓立于乡都"。但元代统治者改变了这种方式，"国朝酌古准今，立义仓于乡都"，把"社仓之设"一举兼尽。③ 这个史实可能也是后人将义仓和社仓往往混淆起来的重要原因。

明英宗正统元年，为"备荒赈恤"，顺天府推官徐郁上奏建议增设"社仓"，具体管理方法仍然效仿宋代朱熹之法。明英宗认为该办法"甚善"，"敕命有司行之"。明孝宗弘治年间，江西巡抚林俊曾向皇帝奏请建设社仓。直到公元 1529 年，嘉靖帝下令"各抚、按设社仓"。按照规定，"一社"由二三十户人家组成，管理人员共有 3 人，其中"社首"由家境殷实而且"有行义者"担任，"社正"由处事公平者担任，"社副"由能写会算者担任。④ 比较遗憾的是，"其法颇善，然其后无力行者"，⑤ 这些措施并没有得到很好的实行。比如，嘉靖二十年，御史沈越上书"请申饬社仓法，令有司亟行整理，抚按以此为考成，吏部据此行黜陟，以备荒政。从之"。⑥

清兵入关后，清政府即开始整顿包括社仓在内的仓政，主要措施就是通过颁布上谕，鼓励各地建设包括社仓在内的各类仓储设施。比如，顺治十一年，清政权就把包括社仓在内的各类仓存粮多少作为官员政绩的评价标准。康熙四十二年，不仅下令直隶各地建立社仓，还出台了具体的管理制度。康熙五十四年，清廷出台了直隶省社仓劝谕条例。可以说，与顺治帝时期相比，社仓建设在康熙年间的特定区域范围内有了一定的发展，但就全国范围而言进展并不太理想。雍正帝即位之初，就制定了社仓的具体

①《元史·食货志》，中华书局 2000 年版，第 1635 页。

②《元史·李德辉传》，中华书局 2000 年版，第 2548 页。

③ 李文海、夏明方主编：《中国荒政全书》（第 2 辑），北京古籍出版社 2003 年版，第 105 页。

④⑤《明史·食货三》，中华书局 2000 年版，第 1284 页。

⑥《明会要·社仓》，中华书局 1956 年版，第 1077—1078 页。

管理办法。雍正三年，还颁发针对云南、江苏社仓的上谕。此后，雍正朝又多次颁发类似谕旨，大大促进了陕西、云南等地社仓的建立。乾隆三年（1738 年），政府要求四川建立社仓，并出台了社仓息谷的处理办法。乾隆十年（1745 年），还就社长任期及社长人选等问题做了明确规定。经过雍正、乾隆两朝出台的这一系列措施，全国各省州县都建立了社仓。此后，清政府又着手完善社仓制度，不断采取措施克服社仓实行过程中出现的种种弊端。嘉庆、道光以后，随着常平仓逐渐走向衰落，尤其是进入晚清时期以后，清政府在仓政方面主要致力于鼓励建立社仓，并使社仓的仓谷来源出现了赋税化倾向，但社仓制度的衰败趋势已不可避免。以江西为例，民国初年，全省社仓、义仓合在一起才有库存粮食 30 万石。经过整顿仓储，甚至实行按县摊派，到 1938 年，江西全省库存粮食达到 420 万石的最高纪录。但后来中国进入长达 12 年之久的战乱时期，许多谷仓已然是颗粒无存。"1949 年 2 月，省内 54 县统计，仅存稻谷 33 万石。"① 以"社仓"为名的制度已经名存实亡，民间储粮防饥荒传统亟须在新政权时代迎来新的传承。

（四）社仓的主要特征是民办民营

《义仓、社仓概念之辨析》② 认为，作为民间仓储最为基本的两种类型，社仓强调的是以春借秋还为特征的民仓，义仓强调民间举办，服务社区的民仓，综合两者来看，社仓与义仓总的区别，即差异为主，认同为辅。该成果随后又提出，如果把义仓和社仓流变之争放到具体历史境域中来考察，救灾实践与后人的救灾阐释，又存在着极大的差距，因此适用单一的或者静态的标准又显得过于简单。该观点虽然对于区分社仓与义仓具有重要参考价值，但就本研究而言，笔者认为还应有一个明确定义，不仅能够将历代社仓与义仓区别开来，而且有益于探寻社仓的历史演进规律，实现社仓制度的有效传承，以兹鉴于粮食安全保障工作。

从南宋到清代，社仓都有官府提供社本介入或者其他监督的色彩，但

---

① 苏远新：《民间储粮防饥荒》，载《粮油市场报》2021 年 3 月 18 日第 004 版。

② 吴四伍：《义仓、社仓概念之辨析》，载《清史论丛》2018 年第 2 期。

从总体来说，其主要是由民间举办、民间经营，官府的功能只是具有劝导支持和监管功能。明代关于社仓的界定系从粮源角度来确定，"社仓，收民谷以充也"。清代有关社仓的界定更为明确。根据乾隆朝编纂的《大清会典》，所谓社仓，"凡民间收获时，随其所赢，听出粟麦，建仓贮之，以备乡里借贷，曰社仓"；所谓义仓，"凡绅士捐谷，以待赈贷，曰义仓"。该定义较为清晰的厘清了义仓和社仓关键区别在于捐谷的主体不同，义仓的捐谷主体为乡绅阶层，社仓的捐谷主体为辖区内居民。社仓和义仓的共同目的都是用于救灾，都既有"贷"而取息的功能，又有无偿赈济部分灾民的实践。它们既可以建仓于市镇，又可以建仓于乡村。而义仓的"春颁秋敛，取赢散滞，奖善酬劳"等日常运作依据，都是参考社仓相关规定，"悉依社仓规条"。[①] 由此规定看来，后世有关社仓与义仓的有关争议，大约这也是历史原因之一。因此，本书有关"社仓"的口径，我们不仅以是否按照社仓之名来进行区分社仓与义仓，而溯源于该仓设置之最初目的，如具有"群策群力"之群体特征者，即谷本主体来源于辖区内居民为社仓，而将具有"行善积福"之个体特征者，即谷本来源于乡绅的界定为义仓。另有清代雍正元年《闽浙总督满保等为报闽省官员捐输社仓事奏折》，针对满保等官员"通共捐谷二万石，分别州、县大小，交与地方、社长公同收贮，以备不时"，雍正帝否定了他们捐谷社仓的行为，明确指出社仓"非官举之事"，官员在社仓中的作用是"密密缓缓相机劝导百姓自为"，否则结果就是"又添出一常平仓来了"，[②] 这样就失去了社仓设立的初衷。而另有奏折更直接点明了社仓的主要特征"总期收掌在民，官无加派"。[③]

二、社仓的粮库选址原则

社仓制度设立的主要目的是通过"民捐"进行"民贷"，有助于增强乡村集体抵御灾荒救济能力，带有强烈的互助性。因此，这就决定了社仓粮

---

① （清）允裪等：《大清会典（乾隆朝）》，杨一凡、宋北平主编，李春光点校，凤凰出版社2018年版，第76页。

②《闽浙总督满保等为报闽省官员捐输社仓事奏折》，载《历史档案》2004年第2期。

③《河东河道总督王士俊为报雍正十二年各属社仓积贮数目事奏折》，载《历史档案》2004年第4期。

库的选址有着自己的独特原则。下面,我们以朱子社仓为例,兼顾元明清时期的社仓予以介绍。

（一）选址于社

朱熹主张社仓粮库的选址距离乡民居住地尽量要近。在《建宁府建阳县大阐社仓记》开篇中,朱熹就招贤里大阐罗汉院之社仓的地址提出了不同意见。他认为该社选址"非择其地而处之",因为"仓之所在,极里之东北,而距西南之境远或若干里"。朱熹认为该仓距离乡民太远,致使"贷者多不便之",并且乡民需要经常往来,"则犹未甚以为苦也"。社仓举办人周居晦也认识到这一点。朱熹接着记述仓址的变更情况,"更为此仓,以适远近之中"。朱熹称赞说,"民既岁得饱食,而又无独远甚劳之患,于是咸德周君",他很乐意接受邀请撰文而记述此事。[①] 至于当社建仓的好处,朱熹在《建宁府崇安县五夫社仓记》曾明确说:"既以纾民之急,又得易新以藏。"[②]

选址于"社"在后世的社仓实际建址也有实证。元代跋鱼山李氏社仓"散在武陵县诸乡僧舍",瑞阳社仓"散在十七乡",吉水义惠社仓"在州南二里计",南安社仓"在郡治之西,与药局对峙",新昌社仓"散在各乡团"。[③] 明代嘉靖八年(1803 年),令"各抚、按设社仓。令民二三十家为一社"。[④] 雍正帝则提出"备荒之仓莫便于近民,而近民莫善于社仓"。[⑤] 雍正五年(1727 年)二月,山东巡抚塞楞额在《为在衙署内择地建立社仓事奏折》中提出在"济南城内盖造社仓,以备积贮"。雍正七年(1729 年),岳钟琪在其所拟社仓收放稽查条约中明确提出"按粮分仓,按村分社",建议"齐集本社适中最大之村堡内公同相度建仓地面,令本社各村堡老民就

①《朱子全书》(25),曾抗美、徐德明点校,上海古籍出版社 2022 年版,第 3779-3780 页。

②《朱子全书》(25),曾抗美、徐德明点校,上海古籍出版社 2022 年版,第 3721 页。

③(元)《程雪楼集·跋鱼山李氏社仓事后》《瑞阳志·社仓》《吉水志·义惠社仓》《南安郡志·社仓》《新昌县志·社仓》。载《永乐大典》(6),线装书局 2021 年版,第 2498-2499 页。

④《明史·食货三》中华书局 2000 年版,第 1284 页。

⑤《清朝文献通考》卷 35《市籴四》。转引自王卫平、黄鸿山:《清代江南地区的乡村社会救济》,载《中国农史》2003 年第 4 期。

于建仓堡内"。① "建立社仓，每县不过数处，或建于市集村镇之区，或建于居民稠密之地，其远乡僻壤村舍寥落者不能遍设。"② 其实，社仓选址于"社"除便民外，还有防盗之考虑。

（二）节省费用

社仓制度的设置目的是赈济救荒，因此节省费用成为建仓选址的重要原则，以减少百姓集资、官府出钱建仓的负担，其主要途径一般是充分利用祠堂、寺庵、书院、旧仓等闲散房舍。汪道亨：《修举社仓事宜》多处提及充分利用闲散公房，诸如"须查各处旧有仓者，其址或嫌狭隘，相应设法量增，房屋或系假借，相应措处"；"其平素无仓地方，若新敛有谷，或于各乡约宽余处所寄囤，或各乡约所有空居，即度其值易买"；"或借废寺庙庵观暂停"。

蔡懋德《修复社仓议》将"因仓基"作为社仓规则的重要一环。蔡懋德指出，社仓设立之初，"建仓工费，此时必难即办"，那么可以"于寺观内择坚固空房一间或三间，量里蕃寡以为增减"，也可以"其他预备常平之剩、空闲公署之余屋，亦可随宜酌用"。总之，他认为"因仓基"要"总求因便，以省营造之费"。沈兰先《社仓议》也提出社仓粮库要"取私创寺院改造"。在清代，有些大臣向皇帝提出的建仓建议或者报告的粮食存储地点的有关情况也体现了节省费用的原则，如浙江巡抚杨廷璋建议，"如无捐费之人，即择各村庄寺院余房，或殷户宽闲房屋，暂赁二三间"③；署理福建布政使乔学尹在奏折中建议，"从前社谷或交社长、副收贮，或令本家自存，又或寄顿寺院，并无专仓"④；河南巡抚硕色在奏折中也提到，"查通省社粮，各属内有扣留息谷变价建造社仓，报明完竣者止有七州县，其余各州县社粮或收存公所，或暂贮寺院"⑤。"山东省社粮向因捐输无多，现在借

①《宁远大将军岳钟琪所拟社仓收放稽查条约）》，载《历史档案》2004 年第 3 期。

②《江南总督赵弘恩等为遵谕酌议社仓出借仓谷核对保甲底册事奏折》，载《历史档案》2004 年第 3 期。

③《浙江巡抚杨廷璋为陈酌筹修举社仓管见事奏折》，载《历史档案》2015 年第 1 期。

④《浙江巡抚杨廷璋为陈酌筹修举社仓管见事奏折》，载《历史档案》2014 年第 3 期。

⑤《河南巡抚硕色为请酌定社仓正副社长所用杂费事奏折》，载《历史档案》2014 年第 4 期。

贮庙宇民房，未经建仓。"① 另外，将常平仓多余空仓作为社仓储粮场所也得到官府的大力支持。革职留任陕西巡抚陈弘谋曾上书建议"将陕省各属常平空闲仓厫"拨充社仓储粮的奏折得到雍正帝的肯定和支持。②

在清代社仓实践中，还充分利用了宗族祠堂、大户人家的空房等闲散房屋。据《泰和县志》，全县共有17所社仓，其中仙槎乡社仓的社本由朱光辉、朱梦龙、朱宏、朱衍、朱光廷、朱嗣魁等捐输，粮库地址设在朱姓等祠堂内。③ 当然，当社仓达到较大规模时，就需要建设新的仓厫以存放社谷，所需支出由息谷部分承担，"建仓之费，即请于各该处从前报部息谷内扣出"。④

（三）防火防水

社仓虽然要求方便实用，但并非不重视储粮安全，更是明确要求防火、防水。据汪道亨《修举社仓事宜》，"凡建仓屋，四围空旷，不近民居烟火"。据《翼富仓条例》，"仓以防盗备火为要"。

粮仓选址要注意地势"高燥"，要防水防潮。据浙江巡抚杨廷璋奏折，新建储粮场所要"高燥通气"。⑤ 雍正五年（1727年）三月，上文提到的山东巡抚塞楞额在《为遵旨择地建造社仓等事奏折》中，针对皇帝"极好之事，但逼近抚署恐不便"等意见，向皇帝报告"济南城内裁缺都司衙门旁有空地一块，基址高燥，可建仓厫十二座，每座十间，共计一百二十间。"⑥ 这里提到的社仓建址选择的也是"高燥"之地。社仓粮库当"社"而建，除了便民考虑之外，其他考虑就是储粮安全，一旦发生水火灾害时，便于救护。"社仓须建于本社人户适中人家稍多之处。如有风雨水火，便于

① 《山东巡抚硕色为遵旨详议社仓事目及动支余平银两买补社粮并建仓事奏折》，载《历史档案》2014年第3期。

② 《革职留任陕西巡抚陈弘谋为请将常平无用仓厫拨充社仓事奏折》，载《历史档案》2014年第4期。

③ 同治《泰和县志》卷6《政典·储备》，转引自白丽萍：《清代长江中游地区的宗族、乡绅与社仓》，载《求索》2011年第2期。

④ 《护理河南巡抚赵城为酌动社息营建社仓事奏折》，载《历史档案》2014年第4期。

⑤ 《浙江巡抚杨廷璋为陈酌筹修举社仓管见事奏折》，载《历史档案》2015年第1期。

⑥ 《署理山东巡抚塞楞额为遵旨择地建造社仓等事奏折）》，载《历史档案》2004年第3期。

救护，仍当于仓侧捐盖小房二间，着社长分定合社之人轮流看守，无致疏虞。"① 在盛京将军达尔当阿等的奏折中，曾表达了"奉天各属皆近海滨，地多潮湿，存贮仓廪尚恐霉烂，藏于土内者岂能久远无虞"的担忧，也说明了社仓粮库选址不仅要防水还要防潮湿。② 有关社仓条约中也规定了社仓粮库要防水防潮的内容："仓底之板须衬垫离地二三尺，使其透风。仓顶每间开一气帽，另加橡瓦，如帽覆之。"③

此外，有利于防盗也是粮库选址的重要原则。比如，在社仓大门上写"某字号社仓"，就是一旦发生盗窃事件，有利于进行追查被盗粮食。

（四）禁占耕地

在朱熹看来，"所谓社仓者，聚可食之物于乡井荒闲之处"。④ 他反对将社仓粮库建在耕地上，主张充分利用"废地"。比如，他在《建宁府崇安县五夫社仓记》记载的社仓即"是得籍坂黄氏废地，而鸠工度材焉。"⑤ 从后世社仓建址来看，基本上都遵循了尽量不占用耕地的选址原则。

三、社仓的社本来源制度

作为民间的一种互助制度，居民自愿参加是社仓制度的内在要求。如果不是出于自愿而是被迫或者勉强，即使能够实行一时，但终归还是要归于失败。因此，社仓之法虽有全国规定，但同时"更许随宜立约"，以便实现其有较为充裕的社本。综合来看，各代社仓的社本来源大致有如下几种方式：

（一）本谷

在社仓制度发展史上，本谷既可以是粮食，又可以在特定条件下以田产、金钱等其他形式出现，从而使其与其他制度紧密地结合在一起，成为

①《奉天府府丞陈治滋为敬陈奉天筹划备荒置设社仓管见事奏折》，载《历史档案》2014 年第 4 期。

②《盛京将军达尔当阿等为议复奉天社仓效法旧例积贮谷石等事奏折》，载《历史档案》2014 年第 4 期。

③《宁远大将军岳钟琪所拟社仓收放稽查条约》，载《历史档案》2004 年第 3 期。

④《朱子全书》（25），曾抗美、徐德明点校，上海古籍出版社 2022 年版，第 3809 页。

⑤《朱子全书》（25），曾抗美、徐德明点校，上海古籍出版社 2022 年版，第 3722 页。

中国古代乡村社会治理的重要制度。本处阐释的是以粮食为本谷的形式。社仓本谷的来源共有三种途径。

一是向官府借贷。这种方式主要存在于南宋时期。朱熹在创建社仓之初，其本谷来源即"常平米六百石。"① 魏掞之在建阳县所进行的长滩社仓实践，其谷本来源也是官方资助，"为言于常平使者袁侯复一，得米若干斛以贷。"② 周某之的大闸社仓谷本来源同样是官方资助，"始以常平使者宋公之檄，司其发敛之政，而以岁贷收息之令从事"。③ 据《常州宜兴县社仓记》，该社仓的本谷是因为饥荒向郡守徐公嘉请示，获得官方资助，"得米六百斛以贷，而因以为社仓"。④ 考究南宋时期社仓的本谷来源主要由官方资助之原因，大抵是因为社仓的实行都是迫于"活民"与"弭盗"的压力，因而获得了官方的必要支持。虽然官方最后收回了谷本，没有背离社仓的原旨，但后世还是摒弃甚至禁止本谷源自官方的方式。比如《湖广总督杨宗仁为报湖北举行社仓情形事奏折》就提到有关社仓社本来源是"劝捐谷本，出纳听民自主，不许官吏会计侵肥"。⑤ 岳钟琪在其拟定的《社仓条约》的第二条即提出："社仓之粮原系民力，故专交百姓自司出纳，不许官员管理"。⑥ 笔者分析，之所以逐渐摒弃这种方式，是因为社仓的主要目的是"取之于民，用之于民"，运行方式是春借秋还，如果本谷有来源于官方的成分，可能会带来官方对社仓的不必要干预，从而失去了设立社仓的初衷。

二是官府牵头筹粮或者出资。官方牵头筹粮的社仓设立方式也出现在南宋时期。据《邵武军光泽县社仓记》，该县官员张诉之等通过"节缩经营"方式取得社仓的第一笔"本谷"，"得他用之余，则市米千二百斛以充

① 朱熹从官府取得的六百石常平米，本来用于赈济灾民，但他改变赈济方式，以此为谷本，采用"社仓"运营方式。不仅归还了来自官府的六百石常平米，还积蓄了蔚为可观的息米。当然，朱熹这种改变赈济方式是违反国家规定的。

② 李文海、夏明方主编：《中国荒政全书》（第 2 辑），北京古籍出版社 2003 年版，第 99 页。

③《朱子全书》（25），曾抗美、徐德明点校，上海古籍出版社 2022 年版，第 3780 页。

④《朱子全书》（25），曾抗美、徐德明点校，上海古籍出版社 2022 年版，第 3808 页。

⑤《湖广总督杨宗仁为报湖北举行社仓情形事奏折》，载《历史档案》2004 年第 2 期。

⑥《宁远大将军岳钟琪所拟社仓收放稽查条约》，载《历史档案》2004 年第 3 期。

入之"。接着，他们又广开渠道，通过购买民田、利用僧田和应当没收的民田，又"岁收米合三百斛，并入于仓"。①由官府直接出资设立社仓在历代也不鲜见。比如，清代川陕总督岳钟琪建议用火耗"八万余两分发各州县，购买粮米收贮社仓"。他还解释说，此法"是以出之民间者仍还民间，隐寓社仓之法于不言之中。"该建议得到雍正帝批准和支持。②雍正十三年（1735年），云南"通计一省捐积谷麦等项止有七万余石。其中一千石以上者仅二十余处，此外皆数百石、数十石，亦有全无社谷者"，为解决该问题，布政使陈弘谋建议"除旧有社本一千石以上已敷接济毋庸议外，其未及一千石者均于该处常平、官庄等谷内动拨五百石或八百石，作为社本"。③

三是民间捐输。这种方式开始于隋代，类似于辖区内居民"集资"建仓，捐输额度不限，这是社仓谷本的最基本来源。隋代长孙平针对"天下州县多罹水旱，百姓不给"的现象，向皇帝奏令民间自主缴纳粮食以备灾荒，"奏令民间每秋家出粟麦一石已下，贫富差等，储之闾巷，以备凶年。"④到明代，这种方式仍在延续。明代汪道亨《修举社仓事宜》中，⑤缴纳方式的主要内容是：①缴纳之前由社长会议根据贫富程度、人口多少缴纳。"本社集社长社副众会议，各量贫富家口为多寡。"②共分三个等级，每个等级又分三种情况，其中最贫户不用缴纳。"上上户每会六斗，上中户每会五斗，上下户每会四斗，中上户每会三斗，中中户每会二斗，中下户每会一斗，下户不与。"③允许用现金代替缴纳粮食。"如粟不便者评纳银钱登簿。"明代《张朝瑞之社仓办法》中⑥，本谷大部分由民间自主缴纳，"大凡当秋熟之时，或每亩量出谷半升，或通乡各户，富者以石计、贫者以升斗计，俱报数，约正副登簿，保长收入社仓。"另据嘉靖年间史料，社仓谷本

①《朱子全书》(25)，曾抗美、徐德明点校，上海古籍出版社 2022 年版，第 3798-3799 页。

②《川陕总督岳钟琪为请留火耗买谷积贮社仓等事奏折》，载《历史档案》2004 年第 2 期。

③《云南布政使陈弘谋为酌通社仓借本以资接济事奏折》，载《历史档案》2004 年第 4 期。

④《隋书·长孙平传》，中华书局 2000 年版，第 838 页。

⑤ 李文海、夏明方主编：《中国荒政全书》(第 2 辑)，北京古籍出版社 2003 年版，第 110 页。

⑥ 李文海、夏明方主编：《中国荒政全书》(第 2 辑)，北京古籍出版社 2003 年版，第 101 页。

交纳也有差异，"别户上中下，出米四斗至一斗有差，斗加耗五合。"①清朝时期的社仓基本延续了这种办法。

（二）息谷

息谷是社本的另一重要渠道。朱子社仓兴起之初，从官府借了六百石米作为底本，通过借贷收息方式，经过十四年运行，不但还清了官府借贷，还有现粮"三千一百石"。朱熹还特别说明，这些粮食"是累年人户纳到息米"。②息谷成为朱子社仓后续运行的重要基础。

在元代，社仓依旧"各以差等出谷为本"，按照"每年收息谷一斗"标准收取。③清代岳钟琪在其所拟社仓收放稽查条约中就有"借放收息每岁必有增添"的制度设计。④《湖广总督迈柱为请奖励倡捐社仓谷石官员等事奏折》中也有收取息谷是国家规定的记载："查百姓借领社谷，定例每石收息谷二斗"。⑤而雍正年间的广西巡抚李绂在《为请将捐谷借民取息为社仓之本等事奏折》则直接将息谷列为"社仓之本"："若各府均贮有捐谷，则以捐谷借民，取息为社仓之本"。该建议得到雍正的支持。⑥乾隆年间也有收取息谷系"定例"的记载，"至青黄不接之时，与社仓之谷一体听人借领，每石亦照例收息谷一斗"。⑦据乾隆朝编纂的《大清会典》，"有习业而贫者，春夏贷米于仓，秋冬大熟加一计息以偿"。⑧而乾隆《清会典则例》对息谷的交纳记载更为详尽："其收息之多寡，每石收息二斗，小歉减息之半，大歉全免其息，止收本谷，至十年后息已二倍于本，止以加一行息，其出入

①《明史·食货三》中华书局 2000 年版，第 1284 页。

②《朱子全书》（26），曾抗美、徐德明点校，上海古籍出版社 2022 年版，第 4601 页。

③李文海、夏明方主编：《中国荒政全书》（第 2 辑），北京古籍出版社 2003 年版，第 105 页。

④《宁远大将军岳钟琪所拟社仓收放稽查条约》，载《历史档案》2004 年第 3 期。

⑤《湖广总督迈柱为请奖励倡捐社仓谷石官员等事奏折》，载《历史档案》2004 年第 4 期。

⑥《广西巡抚李绂为请将捐谷借民取息为社仓之本等事奏折》，载《历史档案》2004 年第 2 期。

⑦《河南巡抚雅尔图为劝捐社谷照例收息济赈有恃事奏折》，载《历史档案》2014 年第 3 期。

⑧（清）允祹等编纂，杨一凡、宋北平主编：《大清会典（乾隆朝）》，李春光点校，凤凰出版社 2018 年版，第 76 页。

之斗斛，均照部颁斗斛公平较量。"①

（三）义谷

如果说"民捐"方式是社仓之基的话，多方捐助就使社仓基础更为夯实。这种粮源历史上称为"义谷"。南宋魏掞之在社仓实践时，其社本除官方资助外，还得到其部署"捐米千余斛假之"。朱子社仓也鼓励"有富家情愿出米作本者，亦从其便"。②《劝立社仓榜》记载：绍兴府会稽县官员"乞请官米置仓给贷"，而致政张承务、新台州司户王迪功、衢州龙游县袁承节等官员"又乞各出本家米谷置仓给贷"。③金华县社仓建立时，有"务赈恤、乐施予"家风传承的富人潘叔度"慨然白其大人出家谷五百斛"。④这说明，富裕大户所捐"义谷"在南宋已是社仓社本的重要来源。此后，历代政权继续鼓励捐"义谷"以充社本，将社仓打造成为封建政权治理乡村社会的重要制度。

元代大德年间，蒙古人燕赤不花倡议设立南安路社仓，率先用自己的薪俸购买一百硕粮食作为社本。⑤明朝时期，政府鼓励捐"义谷"的制度已经较为稳定。汪道亭《修举社仓事宜》中，相关激励制度主要包括如下几个方面：一是捐"义谷"无论多少，都会在类似"德行榜"上予以记载，并加盖官印。"凡社中富而好德，能于本谷外，愿输二石入仓者，纪善一次，四石者纪善二次，十石者纪大善一次，二十石者纪大善纪二大善，三十石者纪三大善，州县掌印官奖赏。"二是如果捐"义谷"数量超过了五十石，相关激励措施分为三个层面：①由不同等级的官员"送匾"，并按

① 乾隆《大清会典则例》卷四〇《户部·积贮》，文渊阁《四库全书》本，第 621 册第 249-250 页。转引自常建华：《清康雍时期试行社仓新考》，载《史学集刊》2018 年第 1 期。

②《朱子全书》（26），曾抗美、徐德明点校，上海古籍出版社 2022 年版，第 4601 页。

③《朱子全书》（26），曾抗美、徐德明点校，上海古籍出版社 2022 年版，第 4604 页。

④《朱子全书》（25），曾抗美、徐德明点校，上海古籍出版社 2022 年版，第 3776 页。

⑤ 刘节修：《嘉靖安南府志》（天一阁藏明代方志选刊续编本）卷二五五，燕赤不花：《南安路社仓记》，转引自王德毅：《朱熹的社仓法及其对元明的影响》，载《国际社会科学杂志》2016 年第 3 期。

照捐谷数量在"匾"上题不同字，同时还"给予冠带"①以进一步彰显其捐赠功德。"输五十石以上者，该府及州县送匾，书'好义'二字，输百石以上者，本道送匾，书'施仁'二字，照例给予冠带，输至二百石以上者，准给冠带优礼，本道及两司送匾，书'乐善'二字，其输四百石以上者，申请两院送匾，书'积德'二字"。②将捐"义谷"行为与所负徭役以优待，即"优免杂从差役"。③如触犯国家法律，"犯罪不许刑"。三是如果捐"义谷"数量超过八百石以上者，则要上报皇帝在乡里树立功德碑。"此外若输粟八百石以上者，申请两院，照例奏请，竖房表里。"②

与明代不同，清代不分捐"义谷"的多寡都予以公开表彰，最大限度地将其善行予以传播。据乾隆时期《社长捐谷奖励定例》，如果"士民捐至十石以上者"，则"州县给以花红鼓乐道送"；如果超过三十石以上，除举行相关仪式之外，还按照捐"义谷"数量，由不同等级官员予以"给匾"："三十石以上者，州县给匾；五十石以上者，知府给匾；八十石以上者，巡道给匾；一百石以上者，布政司给匾；一百五十石以上者，巡抚给匾"。③如果捐输数量达到三百石以上，则给予一定官职待遇，"如有好善不倦，捐数多至三四百石，照例题给八品顶带荣身"。如果捐输数量达到千石以上的官员，则"分别职衔大小，酌量议叙"。④如果单次捐"义谷"不够奖励标准，还可以进行累计，待达到相应标准后，予以奖励。"原议捐谷不拘升斗，而奖励起自十石以上，倘有所捐不及十石者，亦应并请以好义记名，年久汇奖。"⑤乾隆时期的《大清会典》也对捐"义谷"行为进行了奖励规定：

①从某种意义上来说，"冠带"表明了捐谷者的特定身份。比如，明代"官员冠带"具有明确的规格要求："……"参见《中国珍稀法律典籍续编》"明代法律文献"，第三册（上），黑龙江人民出版社2002年版，第383页。

②《汪道亭修举社仓事宜》，载于佑虞：《中国仓储制度考》，山西人民出版社2014年版，第109页。

③《中国珍稀法律典籍续编》，第七册，黑龙江人民出版社2002年版，第41页。

④《浙江巡抚杨廷璋为陈酌筹修举社仓管见事奏折》，载《历史档案》2015年第1期。

⑤《署理福建巡抚王士任为原议未及社仓捐输奖励之条请旨定例各省通行事奏折》，载《历史档案》2014年第3期。

"有好义能捐十石至百石以上者，旌奖有差。"① 历代政权这种明确的政府正向激励方式无疑有助于良好家风民风的形成，有助于中华民族传统美德的传承，有助于社会的稳定和发展。

（四）罚谷

罚谷充作社仓粮源出现在明朝中后期。蔡懋德《修复社仓议》中有关"裕仓本"的措施之一就是罚谷。据该资料，对于"本乡绝产为奸里影占者"，可以把他们的财物没收作为社仓谷本；对于"罪外批加刑责及例重情轻者"，允许通过向社仓缴纳一定量的粮食从而"从轻有免"；作为一种扬善惩恶措施，对于"一约中人户富而好义者"，如果能够向社仓"输谷若干石"，则将其善举"与孝子悌弟辈一体载纪善簿"，如果"犯罪应记惩钉匾而知悔改者"向社仓"输谷若干石"，则可以"免载惩恶簿"。当然，如果"再犯不悛"，则再"载簿钉匾其门"。

汪道亭《修举社仓事宜》中也有关于罚谷的记载。为便于原汁原味地理解社仓的这一粮源，特将此资料原文摘录于此："议罚谷　凡官司自理赎谷，除照旧人预备官仓外，其各社有乡约演礼不到保甲、直牌怠玩及一切违犯稍轻者，听约正副处酌罚谷；其有本社小事口诉不平者，听约正副量剖曲直罚谷，使之平息，以省赴告及株连干证之费；或赴告而自愿和息者，该有司酌量罚谷，输之该社，取具仓收免罪。情轻者，批约正副查处量罚，是为罚谷，登簿备查。"如果管理人员出现失误，也要被处以罚谷。比如，在明代，如果社仓有空仓现象，社首则要被罚谷，"仓虚，罚社首出一岁之米"。②

四、社仓的日常运行制度

社仓制度建立的方式和目的，在隋代长孙平有关建议中即有明确的记载："民间每秋家出粟麦一石已下，贫富差等，储之间巷，以备凶年。"③ 北

---

① （清）允祹等编纂，杨一凡、宋北平主编：《大清会典（乾隆朝）》，李春光点校，凤凰出版社2018 年版，第 76 页。

②《明史·食货三》，中华书局 2000 年版，第 1284 页。

③《隋书·长孙平传》，中华书局 2000 年版，第 838 页。

宋大臣钱顗在给宋神宗乞天下置社仓书中首先评价此举是"行于当时，民无饥馑"之良策，随后建议天下州县"逐乡村各令依旧置社仓"。关于社仓制度的日常运行办法，该大臣较为详细地进行了介绍："当丰年秋成之时，只于上三等有田人户量出斛斗，以备赈济。第一等不过三石，第二等不过二石，第三等不过一石。或以乡或以村为额，仍令众人选择有物力一户，充社仓甲头。一年一替，以所聚斛斗藏置其家，即具众户实数申报所属官司，判押为据。或有损失，亦迎甲头陪填，贵免侵欺之弊。若遇荒歉，即尽数俵借于下等贫民，听将来岁稔日，官为索还，依前人社仓收贮。"①虽然该建议未被采纳，但其有关社仓日常运行办法被后世继承与发展。本书以此为基础，并结合后世政权有关社仓制度及其实践予以介绍和阐释。

（一）摸清民情

摸清社仓保障对象情况，便于实行多家联保，有利于降低社本的风险，这是社仓制度有效实施的前提要求，也是有效监管的内在要求。朱熹在其《社仓事目》中规定了两类不能赈贷的对象："产钱六百文以上及自有营运，衣食不缺，不得请贷"；"停藏逃军及作过无行止之人"不实施救助。②这两类对象的发现都有赖于稽查户口。根据沈鲤《社仓条议》，社仓管理人员及各居民点负责人要逐户排查，详细记录社区每户居民的住所、所住房屋是自有还是典租、户主年龄及男女人数、共同居住的其他人员、以何职业谋生、家里是否有高龄老人、是否有孤寡残疾之人等情况。在此基础上，又将辖区内居民的生活情况分为仁义礼智四类："仁"，代表衣食充足者；"义"，代表衣食仅足者；"礼"，代表衣食拮据者；"智"，代表衣食不足者。这样分类的目的是为日后偏于"平籴张本"。③

《翼富仓条例》也说明了查清保障对象情况旨在保证社仓保障功能的实现。与沈鲤《社仓条议》不同，该条例将所在社区居民分为上中下极四等，用于代表保障对象的生活状况。该条例提到，在社仓实施之前，同辖区居民因等级不同而有不同待遇，"上户不听籴，中户六日一籴，下、极户三日

①《历代名称奏议》，上海古籍出版社 2012 年版，第 3210 页。

②《朱子全书》(26)，曾抗美、徐德明点校，上海古籍出版社 2022 年版，第 4596-4597 页。

③李文海、夏明方主编：《中国荒政全书》(第 2 辑)，北京古籍出版社 2003 年版，第 118 页。

一籴，极户仍减平籴价什之二"。每人日均粮食"五合"，[①] 年初由于粮食较少，可能"只三合"。在粮价上涨时，辖区居民"分二等，次贫平籴，极贫给赈"。社仓制度实施以后，不再区分"籴赈"，只是"减价示优"，实现了"岁岁平籴"的理想局面。当然，这是正常年景下的运行情况。如果遇到非正常年景，就又另当别论了。"若有非常，又非此论"。[②] 从监管工作角度来看，社仓制度的保障对象是非常明确的，如果有违规操作的话，很容易被发现和查处的。

（二）汇聚社本

社仓运行的根本在于有社本，这是社仓制度得以正常运行的首要环节。社本的最初来源就是上文所说的"本谷"，其次才是息谷、义谷和罚谷。按照钱顗所述，社仓在丰收年份汇聚谷本，以乡或者村为单位，由辖区内富民根据田亩数量分别交纳"三石""二石""一石"。在后世社仓制度实践过程中，交纳谷本范围从富民拓宽到广大平民，所属辖区单位以及本谷数量上的交纳变化或者减免。比如，按照嘉靖年间的法令，社仓"别户上中下，出米四斗至一斗有差"。[③]

当然，如果遇到连年甚至多年丰收，社仓的借贷压力就可能比较轻，进而会使社本越聚越多。那么，如何看待与处理社本越聚越多的问题呢？钱顗这样解释，经过多年积累，"或无水旱，即具存留，所贵常有三年之备"，并且"谷有贵贱，岁有凶丰"，大家所交谷本较少，而将来所赈济的范围却较为广泛，因此"岁月稍久，蓄积亦多"，对于防范水旱之灾就可以起到较大作用，实现"免致流亡之患"的目标。[④] 关于如何看待粮食多与少的问题，习近平总书记曾这样指出："在我们这样一个13亿多人口的大国，粮食多了是问题，少了也是问题，但这是两种不同性质的问题。多了是库存压力，是财政压力；少了是社会压力，是整个大局的压力。对粮食问题，

---

① 这里的"合"，读音为 gě。根据《现代汉语词典》解释：一是容量单位，10 勺等于 1 合，10 合等于 1 升；二是量粮食的器具，容量是 1 合，方形或圆筒形，多用木头或竹筒制成。

② 李文海、夏明方主编：《中国荒政全书》（第 2 辑），北京古籍出版社 2003 年版，第 124 页。

③《明史·食货三》中华书局 2000 年版，第 1284 页。

④《历代名称奏议》，上海古籍出版社 2012 年版，第 3210 页。

要从战略上看，看得深一点、远一点。"① 实际上，当社本多了以后，社仓制度的其他功能就逐渐显现出来，比如会办义学或者其他乡村公益活动。

（三）春借秋还

社仓制度持续实施的基础在于有进有出，为此就要解决社仓粮食总量不够以及如何分配问题。淳熙八年（1181年），朱熹上书皇帝，奏报自己举办社仓事宜，按照春夏借出、秋冬纳还之原则进行运转，实现了官粮既不亏损，民间又可以较为平稳地度过青黄不接时段。具体来说，朱子社仓的"春借秋还"规则有如下几个关键点：

第一，清查人口，保证赈贷对象均为辖区内居民。每年农历十二月份，"分委诸部社首、保正副将旧保簿重行编排"；如果发现"有停藏逃军及作过无行止之人隐匿在内"的情形，仰仗"社首队长觉察，申报尉司追捉"，押到官府治罪，并"根究其引致之家，亦乞一例断罪。"截至次年三月，"诸部社首、保正副"将重新编排的"保簿"交纳给乡官，由乡官当面点检，"如有漏落及妄有增添一户一口不实"的情况，则允许告发。官府要进行核实清楚，"乞行根治"。"如无欺弊"情形，即按照该"保簿"登记的人口，区分大人、小孩而"指定米数"。为了更为精准赈贷，届时借户需要填写"请米状"（类似于"借条"），由借户、大保长、队长、保长、社首逐一签名，在"候支贷日"，由"监官依状支散"。②

第二，春日赈贷，按照"保簿"登记名单支取。每年农历五月下旬，"新陈未接之际"，根据借户提出的"依例给贷"申请，由县里选派官员"与乡官同共支贷"。支取日期确定以后，张榜"晓示人户"，"先远后近，一日一都"，由借户按照"日限"前往支取。借户前来支取时，仍然需要社首、保正副、队长、大保长前往仓库确认是否为借户本人，"照对保簿，如无伪冒重叠，即与签押保明"。当日，由监官同乡官"入仓，据状依次支散"。如有徇私舞弊者，则"许人告首，随事施行"。当日，如果不愿意借

① 《走中国特色社会主义乡村振兴道路》（2017年12月28日），《习近平关于"三农"工作论述摘编》，中央文献出版社2019年版，第87页。
② 《朱子全书》(26)，曾抗美、徐德明点校，上海古籍出版社2022年版，第4596页。

粮者，朱熹规定"如人户不愿请贷，亦不得妄有抑勒。"[1]

第三，秋后纳还，社仓管理人员依例"公共受纳"。每户借贷的粮食，要在当年秋冬季节"纳还"，最迟"不得过十一月下旬"。"纳还"的程序：①借户于农历十月上旬提出申请，要求社仓管理人员择日"前来公共受纳，两平交量"。②"受纳"日期确定以后，"即一面出榜，排定日分，分都交纳"，顺序依旧是"先远后近，一日一都"。③由社首、队长通知保头，再由保头通知借户"赴仓交纳"。如果借户不能足额"纳还"，社仓规定"未足不得交纳"。④到了"纳还"之日，"监官、乡官、吏头等至日赴仓受纳，不得妄有阻节，及过数多取"。如果还有其他情况，则"其余并依给米约束施行"。[2]

南宋以后的社仓，基本遵循了朱子社仓"春借秋还"规则，所不同的是，在社仓增加了民间管理人员，进一步摆脱了官府参与的成分。当然，如果还贷有困难时，社仓也有一些较为人道的制度设计。比如，在明代，"年饥，上户不足者量贷，稔岁还仓。中下户酌量振给，不还仓"。[3]

（四）加收息米

我国古代很早就重视对粮食损耗的防范与化解。据《新唐书·百官志三》记载，地方监察官员重要职责之一就是"察农桑不勤，仓库减耗"。[4]从《朱子全集》有关"社仓"的记载来看，都有以加收息米方式来冲抵粮食的损耗以及日常管理支出的制度设计。比如，在朱子社仓设立之初，正常年景"每石量收息米二斗"；如果"遇小歉"，则"蠲其息之半"；如果"大饥"，则"即尽蠲之"。在社仓正常化运营以后，"更不收息，每石只收耗米三升"。虽然"每石量收息米二斗"的利息并不算低，但与高利贷息以及被迫背井离乡相比还是要好得多。因此，该加收息米的办法后来得到中央政府的支持，颁行全国施行。

元明清时期的社仓继受了加收"息米"的办法。比如，元代跋鱼山李

---

① 《朱子全书》（26），曾抗美、徐德明点校，上海古籍出版社 2022 年版，第 4597—4598 页。
② 《朱子全书》（26），曾抗美、徐德明点校，上海古籍出版社 2022 年版，第 4596—4597 页。
③ 《明史·食货三》，中华书局 2000 年版，第 1284 页。
④ 《新唐书·百官三》，中华书局 2000 年版，第 814 页。

氏社仓收息标准为"硕收息三斗"。①嘉靖年间，国家法令规定社仓"斗加耗五合"。②崇祯末年，大臣蔡懋德建议修复社仓时提出"收时量加息谷，以补耗减"。③康熙年间的规定是，社仓"每石取息一斗"。至于加收"息米"的成效，或许雍正年间河南巡抚田文镜的一份奏折从侧面说明其重要性。田文镜在《为报各属捐贮社仓谷石并设立社仓数目等事奏折》中报告：所辖河南各州县共"盈余谷四十六石二斗一升五合。出借加息谷九百三十四石五斗八升二合"，加上"劝捐谷"，"三年共本息劝捐麦谷十万九千七百六十七石五斗三合九勺，分立社仓七百九十八座"。④当"息米"达到一定的量时，就有了诸多限制，比如云南社仓此时"止收耗米三升"，广东社仓则将"息米""备本地赈济之用"。⑤在社仓实践中，还有免除所欠社本的事例。乾隆四十四年（1779年），"冬十月壬戌，免陕西延安等三府州属乾隆二十年至三十七年（1755~1772年）民欠社仓谷。"⑥究其原因，依旧与彰显皇帝的恩德有关。

关于"息米"如何支配，历代社仓规定大同小异。"息米"的用途，一般以年为单位进行计算，按照三七开的标准进行分配，七成"息米"作为社本归于社仓，三成"息米"用于社仓管理所需办公纸张笔墨以及管理人员工作餐、仓廒的日常修缮等用途。如果还有剩余的话，以为"民田水利及抚恤之用。"⑦

五、社首的任职管理制度

社首是社仓的主要管理人员，其称呼有社长、副社长、仓正、仓副、甲头、掌仓等多种。本书中"社首"称呼取自朱熹的《社仓事目》。"干部工

---

①元《程雪楼集·跋鱼山李氏社仓事后》。载《永乐大典》（6），线装书局 2021 年版，第 2498 页。

②《明史·食货三》，中华书局 2000 年版，第 1284 页。

③《蔡懋德通积备荒议》。

④《河南巡抚田文镜为报各属捐贮社仓谷石并设立社仓数目等事奏折》，载《历史档案》2004 年第 2 期。

⑤⑦于佑虞：《中国仓储制度考》，山西人民出版社 2014 年版，第 105 页。

⑥《清史稿·高宗本纪》，中华书局 1977 年版，第 515 页。

作也好，人才工作也好，本质上都是用人问题。"① 作为封建社会一种重要的赈灾救荒制度，社仓制度成功实施的关键在于有一个称职的社首，甚而有时能否遴选合适之人担任社首是社仓制度实施的前提。

（一）本人品行端方

在朱熹看来，担任社首一职并非随便一个人即可胜任。在他心目中，社首作为社仓的关键人物，其品行无私公正是首要条件。那么，什么样的人符合这种条件呢？朱熹给出了心中的社首榜样："然不知元履之言虽疏，而其忠厚恳恻之意，蔼然有三代王政之余风。"这个人就是社仓先行者魏掞之。魏掞之设立的社仓最终归于失败，"粟腐于仓，而民饥于室，或将发之，则上下请赇，为费已不费矣"，朱熹在总结原因时说，接替魏掞之职位者"不能勤劳恭恪如元履之为"。② 归根结底，魏掞之设立的社仓在初期之所以成功，关键因素是有魏掞之这个称职的社首；其去世后社仓之所以失败，关键因素是其继任者不能担负起社仓管理者的职责。故而，在朱熹随后的社仓实践中，与前来监督的本县官员一起敛散粮食者，是"本乡土居官员士人有行义者"。③ 朱熹看重社首的品行要求，有时抱病还会接受撰记邀请，对社首品行进行详细记述："是仓之立，君师之教，祖考之泽，而乡邻之助也，吾何力之有哉。且今虽幸及于有成，而吾子孙之贤否不可知，异时脱有不能如今日之志，以失信于乡人者，则愿一二父兄为我教之。教之一再而不能从，则已非复吾子孙矣，盍亦相与言之有司，请正其罪，庶其惧而有改，其亦可也。"④ 为了警醒主管社仓的"乡官士人"，朱熹还曾专门作诗《题米仓壁》："度量无私本至公，寸心贪得意何穷？若教老子庄周见，剖斗除衡付一空。"⑤

如果社首品行不端结果会怎样？元代有则史料表明，其结果是"民间

① 习近平：《贯彻落实新时代党的组织路线不断把党建设得更加坚强有力》，载《求是》2020 年第 15 期。

② 《朱子全书》（25），曾抗美、徐德明点校，上海古籍出版社 2022 年版，第 3779 页。

③ 《朱子全书》（26），曾抗美、徐德明点校，上海古籍出版社 2022 年版，第 4601 页。

④ 《朱子全书》（25），曾抗美、徐德明点校，上海古籍出版社 2022 年版，第 3815 页。

⑤ 《朱子全书》（26），上海古籍出版社，2022 年版，第 4791 页。

但见其害而不见其利，凶年饥岁而民不免于流离死亡"，究其原因，就是"有司任法而不任人，法出而奸生，令行而弊起"。①嘉靖年间设置的社仓，社首的选择条件之一是"有行义者"，并且"处事公平者"方可为社正。②康熙帝认为"凡建设社仓，务须选择地方敦实之人董率其事"，因为"此人并非官吏"，在从事催纳所出之米、社仓日常管理等事务时对其品行要求就特别高。③乾隆时期的云南社仓，社首通常由"绅士耆民中选充，尽足管理社仓事务"。④在江西，社首"令地方乡约公择殷实老成之人，报明有司充补，现今奉行已久"。⑤在福建，社首"如有阙额，公择端方有品之人即行充补"。⑥

（二）家道殷实良善

社首品行端方，表明他平时处事公道，能够为人所信赖。就人性而言，当管理粮仓等事务会面临不少诱惑与较大挑战，与经济条件较好者相比，经济条件较弱者的社首渎职受贿风险相对可能会大些。法律的目的在于最大限度地抑制和防范人性中恶的一面，激发和弘扬美好的一面，从而使经济社会有秩序地稳定发展。故而在相关制度设计时，既要有对违反制度的惩戒规定，又要有对遵守制度的奖励规定。当然，任何制度的设计都以预防为主，而非以惩治为目的。作为赈灾救荒的制度设计，社仓制度设计者在重新兴起伊始，即认识到人情不能无公私之分，对于社首必须从经济条件予以限制，于是几乎从南宋朱子社仓至明清时期，对担任社首者都有家道殷实的要求。

例如，在明代，"嘉靖八年乃令各抚、按设社仓。令民二三十家为一社，择家殷实而有行义者一人为社首，处事公平者一人为社正，能书算者一人为社副"。⑦又如，汪道亨《修举社仓事宜》即明确社首"以本处齿行俱优

①李文海、夏明方主编：《中国荒政全书》（第2辑），北京古籍出版社2003年版，第105页。
②《明史·食货三》，中华书局2000年版，第1284页。
③《清史稿·食货一》，中华书局1976年版，第3559页。
④《云南总督庆复等为遵旨详议社仓事目事奏折》，载《历史档案》2014年第3期。
⑤《江西巡抚岳浚为遵旨详议社仓事目事奏折》，载《历史档案》2014年第3期。
⑥《闽浙总督德沛为遵旨详议社仓事目事奏折》，载《历史档案》2014年第3期。
⑦《明史》，中华书局2000年版，第1284页。

者为主"，如果"更兼家资殷实者为之更妙"。雍正时期的岳钟琪所列社仓条约即要求"公举殷实良善素不多事之人"担任社首。[1]乾隆年间依旧强调担任社首者需要家境殷实。再如，江西巡抚岳浚在举办社仓时就报告，"至于经管社仓，已选有殷实老成之人充为社正、社副"。[2]署理湖广总督史贻直在给乾隆的奏折中提到，"臣查雍正二年部议内开，正、副社长务选品行端方、家道殷实之人"。[3]乾隆时期的《大清会典》还明确规定了社首的任职条件："公举殷实有行谊者一人，为社长。"[4]由此不难看出，社首的理想人选是既家境殷实又个人品行端方，但在实践中其实很难做出选择，尤其是封建社会后期往往更倾向于家境殷实者，这也是诸多社仓最终走向失败的重要原因。比如光绪末年，新津县兴义乡社济仓推举杨映宽担任新社首，着重强调的条件是"伊等均为殷实大粮，堪充此任，且杨映宽下有二子，力能充当"。[5]

（三）权责分工相制

社首职责内容可以概括为"善劝输、择社长、酌收息、公斗斛、严簿籍、禁那借"，[6]但其并非包揽社仓一切事务，而是与其他人员一起有着明确的分工，这也有利于保证社本的安全。在朱熹的《社仓事目》有这样规定："簿书锁钥，乡官公共分掌。其大项收支，须监临官签押。其余零碎出纳，即委乡官公共掌管，务要均平，不得徇私容情，别生奸弊。"[7]这说明，在朱熹进行社仓制度相关设计时，已对社首与其他管理人员进行了明确分工，以便相互制约，确保社本的安全，甚至请官府进行相应监督。《清

①《宁远大将军岳钟琪所拟社仓收放稽查条约》，载《历史档案》2004 年第 3 期。

②《江西巡抚岳浚为遵旨详议社仓事目事奏折》，载《历史档案》2014 年第 3 期。

③《署理湖广总督史贻直为遵旨查议湖北社仓谷石事奏折》，载《历史档案》2014 年第 3 期。

④（清）允祹等编纂，杨一凡、宋北平主编：《大清会典（乾隆朝）》，李春光点校，凤凰出版社 2018 年版，第 76 页。

⑤《社济仓三乡佃约卷》，全宗号 001，案卷号 88，新津县档案馆藏，第 15 页。转引自李德英、冯帆：《清末社仓经首选任与乡村社会》，载《四川大学学报》2014 年第 4 期。

⑥《川陕总督鄂弥达等为遵旨详议社仓事目陕省系动用官项采买谷石事奏折》，载《历史档案》2004 年第 3 期。

⑦《朱子全书》（26），曾抗美、徐德明点校，上海古籍出版社 2022 年版，第 4600 页。

江县社仓规约》中也有类似分工记载："仓中事务并委乡官掌管，但差使保正、编排人户、磨对簿历、弹压敛散、踏逐仓、追断通负之类，须官司行遣。"① 到了明代，"处事公平者一人为社正，能书算者一人为社副"。② 这种权责分工相制方式一直持续到清代。

在清代乾隆时期，江西巡抚岳浚在给乾隆的奏折中直接提出参照朱熹所提人员分工办法执行："朱子所议簿书锁钥乡官公共分管一条。臣查江省社仓事宜俱系正、副社长轮流收管，其社簿设立二本，一本社长收执，一本缴县存查。至于锁钥，即交正、副社长公同分管，以便查看，不时启闭，现在奉行，毋庸另议。"③ 在清代法典中，社首与其他管理人员之间的分工也有相关规定。根据乾隆时期的《大清会典》规定，社首对外代表社仓，其条件要求本人品行端方、家道殷实，社副的条件要求则是"能书者"，二人"共领其事，按保甲印牌"。由此可见，从社首选拔时，就对标社首与社副按职责由不同能力的人员担任。究其两人职责，则是"社长、社副执簿校验，岁以谷数呈官，经理出纳惟民所便"，"丰年劝捐社谷，在顺民情"。④

（四）奖惩待遇明确

有权必有责，用权受监督，侵权要赔偿。社首及其他从事社仓管理事务的人都有一定报酬，根据朱熹《社仓事目》，每个参与社仓事务人员的标准不一，"每遇支散交纳日，本县差到人吏一名，斗子一名，社仓算交司一名，仓子两名，每名日支饭米一斗。发遣裹足米二石，共计米一十七石五斗。又贴书一名，贴斗一名，各日支饭米一斗。发遣裹足米六斗，共计四石二斗。县官人从七名，乡官人从共一十名，每名日支饭米五升，共计米八石五斗。"⑤ 在清代雍正时期的社仓条约中规定，仓正、仓副"应在息谷内每年每人给十二京石供其饭米"。岳钟琪对此解释说："仓正、仓副既专管

① 李文海、夏明方主编：《中国荒政全书》（第 2 辑），北京古籍出版社 2003 年版，第 99 页。

② 《明史》，中华书局 2000 年版，第 1284 页。

③ 《江西巡抚岳浚为遵旨详议社仓事目事奏折》，载《历史档案》2014 年第 3 期。

④ （清）允裪等编纂，杨一凡、宋北平主编：《大清会典（乾隆朝）》，李春光点校，凤凰出版社 2018 年版，第 76 页。

⑤ 《朱子全书》（26），曾抗美、徐德明点校，上海古籍出版社 2022 年版，第 4598 页。

社仓之事，若不给以养廉，岂可责其尽心竭力。"如果工作出色，还有一定的奖励，"仓正、仓副出入公平众人输服修仓勤而贮粮谨者，应分别犒赏，以便鼓励"。这些额外的奖励，主要形式有"赏息谷一京石代花红""赏息谷三京石代羊酒""赏息谷五京石代旗匾""给予九品顶带"等。①乾隆时期的《大清会典》对此也有明确规定，"社长、社副经理有方者，按年给奖，仍以息谷酌酬劳功"。②

如果工作有过失或者其他瑕疵，也是要受一定惩罚的，除不能继续担任社首外，还要受一定的经济处罚，比如前文提到的"罚谷"即此种情况。清代雍正时期的社仓条约对此的规定："如仓正、仓副有瞻徇情面滥借与不应借之人，或滥收湿恶不实之谷，或仓廒不修以致谷有霉烂短少，将仓正、仓副革退，并将未还之谷及霉烂短少之数，于革退之仓正、仓副名下追补还仓。"③如果属于故意而破坏社仓制度的则可能要受到刑事处罚，"如社长、副有浮收索费及诡名冒借转贩射利等事，或经同社之人告发，或经官访出，提审究拟"。④

六、社仓制度的当代新生

作为中国传统社会的一种救灾赈济制度，社仓制度赖以存在的经济基础是以私有制为基础的自给自足小农经济。它创始于隋代，复兴于南宋，发展绵延于元明清以至民国末年。在其长达一千多年的历史长河中，它不仅发挥了救灾赈济之功能，还实际上起到了社会保障功能，对于保证中国社会的健康发展和社会稳定起到了重要作用。中华人民共和国成立以后，尤其是进入社会主义社会以后，公有制已经成为我国的经济基础，但"民以食为天"依旧是最客观的现实，如何防范饥荒依旧是执政者必须考虑的首要问题，这些因素决定了如何传承民间储粮防饥荒传统、使社仓制度实现新生成为值得研究的社会问题。

---

①③《宁远大将军岳钟琪所拟社仓收放稽查条约》，载《历史档案》2004 年第 3 期。

②（清）允裪等编纂，杨一凡、宋北平主编：《大清会典（乾隆朝）》，李春光点校，凤凰出版社2018 年版，第 76 页。

④《江苏按察使陈弘谋为谨陈社仓等仓存贮未尽事宜事奏折》，载《历史档案》2004 年第 3 期。

（一）中华人民共和国成立初期重建农村民间储粮备荒制度

国民经济恢复时期，我国不少地区遭遇连年灾荒，救灾的根本问题是粮食问题。党和政府对此高度重视，在 1949 年 12 月《关于生产救灾的指示》中明确提出："生产救灾是关系到几百万人的生死问题，是新民主主义政权在灾区巩固存在的问题，是开展明年大生产运动、建设新中国的关键问题"，并要求"各地人民政府应给予灾民或合作社一部分贷款，并拨出一部救济粮扶助灾民生产自救"。次年 4 月通过的《中国人民救济总会章程》，即在第二条明确其性质为在中央政府领导下的群众性的救济组织，团结并领导全国从事救济福利事业之团体及个人协助政府组织群众进行生产节约、劳动互助，以推进人民大众的救济福利事业。当年召开的第一次全国民政工作会议也确立了"生产自救，节约度荒，群众互助，以工代赈，并辅之以必要的救济"的灾害救济方针。由此不难看出，社仓制度中的民间"互助"精神继续在新民主主义政权救荒制度设计和实践中得到体现，同时也启示我们，救灾的基础在于广大民众的自觉互助，政府的"必要救济"仅应成为辅助手段。

之后，新中国提出了"一化三改"的过渡时期总路线，开展了大规模的经济建设，城镇人口和职工随之大幅增加，粮食需求量也随之大增，由此国家不得不实行粮食统购统销政策，并被迫长期执行与延续。根据1956 年 6 月通过的《高级农业生产合作社示范章程》，农业生产合作社全年收入的实物和现金，在依照国家规定纳税以后，根据既能使社员的个人收入逐年有所增加，又能增加合作社的公共积累的原则，可以从扣除消耗以后所留下的收入中，留出一定比例的公积金和公益金；如果遇到荒年，公积金可以少留或者不留；遇到丰年，则可以酌量多留。尽管这时候土地所有制性质发生了根本变化，但该方式与古代社仓的有关规定惊人地相似，备荒方面的功能依然被放在重要地位。例如，在 1957 年 9 月《国务院关于进一步做好救灾工作的决定》中就提出"巩固农业生产合作社是战胜灾荒的有力保证"；1958 年 5 月《粮食部关于夏粮征购工作的指示》提出："农业社在完成国家夏粮征购任务，分配给社员必需的口粮以后，仍有余粮的，应当适当地储存一部分。以备应付灾荒和其他临时调剂的需要。"

（二）建立健全农村队社集体粮食储备制度

农村队社集体粮食储备制度是在继受社仓制度有益经验基础上，在"备战、备荒、为人民"战略口号下建立的，其本质是通过藏粮于民维护国家安全。20 世纪 50 年代末期至 60 年代初期，中国所面临的国内外形势特别复杂，在此大背景下，党中央提出了"备战、备荒、为人民"的战略口号。1966 年 3 月，毛泽东对该口号进行了具体解释："第一是备战，人民和军队总得先有饭吃有衣穿，才能打仗，否则虽有枪炮，无所用之。第二是备荒，遇到荒年，地方无粮棉油等储蓄，仰赖外省接济，总不是长久之计。一遇战争，困难更大。而局部地区的荒年，无论哪一个省常常是不可避免的。几个省合起来看，就更加不可避免。第三是国家积累不可太多，要为一部分人至今口粮还不够吃、衣被甚少着想；再则要为全体人民分散储备以为备战备荒之用着想；三则更加要为地方积累资金用之于扩大再生产着想。"[1] 从该解释来看，其核心思想是分散储备、藏粮于民、备战备荒，社仓制度有了更为广泛的新生空间。

在实践中，该思想已经在 20 世纪 60 年代初期开始落实到具体工作中。1962 年 9 月，中共中央在《关于粮食工作的决定》中明确指出要建立社队储备粮，"从今年秋后开始，取消公社、生产大队提取机动粮、自筹粮的办法，以减轻生产队和社员的负担，更好地完成国家征购任务。生产队本身允许保留一定比例的储备粮。以生产大队为基本核算单位的，或者以公社为基本核算单位的，它们也都可以保留一定比例的储备粮。储备粮的提取和使用，应当经过生产队社员大会或者生产大队、公社社员代表会讨论确定"。[2] 10 月，中共中央在《关于粮食工作的指示》中强调要逐步增加国家的粮食库存和集体、个人的粮食储备，逐步做到国有余粮、队有余粮、户有余粮。如果保管有困难的，生产队可以委托粮食部门代为保管，也可以存粮时由粮食部门按价付款，取粮时再交换价款。为此，国家还在全国范围内开展了计划用粮、节约用粮、藏粮于民、备战备荒的宣传教育，积极

---

① 《毛泽东年谱》（5），中央文献出版社 2013 年版，第 564-565 页。
② 《中共中央关于粮食工作的决定》，载《建国以来重要文献选编》（第 15 册），中央文献出版社 2011 年版，第 481 页。

推动集体和个人储备粮食。1965年10月，中共中央、国务院还明确指示粮食部门积极地指导和帮助生产队建立储备粮的管理制度，传授保粮技术。此后，粮食部就农村队社集体粮食储备的提留、管理和使用提出了意见。农村队社集体粮食储备制度至此基本建立，逐步做到队队有仓库、队队有储备、户户有余粮。到1965年，全国各地粮食部门代生产队保管的原粮储备总数达到45.7亿斤；1979年增加到193.2亿斤。① 由此可见，社仓制度在"三级所有、队为基础"体制下已经成功转换成一种新的形式，成为夯实国家安全根基的基本方式。

（三）家庭联产承包责任制之"留足集体的"

20世纪70年代末80年代初，我国农村改变了"三级所有、队为基础"的农业组织形式，广泛实行家庭联产承包责任制，把以"工分"来衡量劳动贡献和计算报酬的方式转变为根据承包的土地面积、实行"多劳多得"分配原则，农产品分配领域的国家、集体和个人关系被形象化地概括为"交够国家的、留足集体的、剩下的都是自己的"。"农民创造的国民收入分配过程就是农业财政收入、村提留、乡统筹以及农民收入的形成过程。国家财政参与农业国民收入分配的主要形式是农业税。集体参与农业国民收入分配主要采取提留、统筹及摊派等形式。"②

那么，"留足集体的"究竟包含哪些内容呢？根据1991年发布的《农民承担费用和劳务管理条例》，农民除缴纳税金，完成国家农产品定购任务外，承担的村（包括村民小组）提留、乡镇统筹费、劳务（农村义务工和劳动积累工）以及其他费用是农民应尽的义务。不难看出，农民承担的该类义务是"留足集体的"全部内涵，其与社仓制度中农民缴纳的"本谷"具有同类性质，带有一定的强制性，否则不能享受在该集体的相应权利。当然，这里所涉及的"集体"，与社仓制度所涉及的"乡里"在本质上也是相同的，都是中国社会基层治理体系的有机组成部分。根据《农民承担费用和劳务管理条例》精神，"集体"共涉及三类主体，即乡镇合作经济组织、

① 赵发生：《当代中国的粮食工作》，中国社会科学出版社1988年版，第290页。

② 赖睦、盛剑锋、冯生：《交够国家的 留足集体的 剩下都是自己的——论国家与农民之间的分配关系》，载《湖北财税》1998年第11期。

村级集体经济组织以及村民小组。

（四）新时代农民合作社之"社仓"新形式

我们可以在"天眼查"以"社仓"为关键词进行查询，发现有些农民专业合作社在注册时将"社仓"融入其名称，如浏阳市社仓种养专业合作社、济宁市高新区社仓种植农民专业合作社、武夷山朱子社仓现代农业农民专业合作社等。这种现象表明，在部分农民心目中，农民专业合作社与古代社仓有某些相通之处，可以理解为农民专业合作社是古代社仓在当代的新形式。

我们认为，这种理解带有很朴素的传承传统文化的意识，可以从《中华人民共和国农民专业合作社法》找到一些依据：一是性质相近，服务对象相似。比如，该法第二条规定农民专业合作社是一种互助性经济组织，它的参加主体是农产品的生产经营者或者农业生产经营服务的提供者、利用者，此类组织成立的基础是自愿联合、民主管理；第三条则规定以其成员为主要服务对象。经与社仓制度对比，两者性质、参加主体以及服务对象极为相似。二是业务相近。社仓主要功能是"储粮备荒"，而该法规定农民专业合作社开展的业务内容之一就是"农产品的生产、销售、加工、运输、贮藏及其他相关服务。"三是禁止参加对象相似。从前文分析，我们知道历代政权在设立社仓时大多都限制介入社仓具体事务和日常管理。《中华人民共和国农民专业合作社法》第十九条明确规定"具有管理公共事务职能的单位不得加入农民专业合作社。"

七、社仓制度的若干启示

作为一种制度，社仓制度已经在民国末年随着以私有制为基础的政权覆灭而成为历史；作为一种文化，社仓制度在以公有制为基础的共和国时代一直演绎至今。甚至可以断言，只要认可"民以食为天"这种论断，便捷而高效地为广大民众提供备荒救灾措施必然是各类执政者的追求，否则损害的只能是其执政根基。从这个意义上来说，社仓制度于当今中国做好粮食安全保障工作意义重大。为此，结合如何发展农民专业合作社这一新型经营主体，我们谨慎建议如下，供商榷。

（一）重视传承社仓文化，筑牢粮食安全第一道防线

有学者主张，科学确定储备规模，优化储备品种规模和结构布局，加强协同运作，充分发挥中央储备粮"压舱石"和地方储备粮"第一道防线"作用。我们基本赞同该主张，认为中央储备粮"压舱石"功能定位准确，有益于进一步强化中央储备粮工作。但是，我们认为，将地方储备粮作为"第一道防线"的定位有待商榷。其产生的直接原因是对战争、连年自然灾害的历史教训汲取不足，对历史经验借鉴不够。

"先事而计，庸人皆可以奏功；事至而谋，奇人不能以速效。"雍正即位之初，詹事鄂尔奇就路过山西平定等州县遇到的奇怪状况奏报皇帝："百姓饥荒屡烦蠲赈，然所历市镇，米豆杂列，询之土人，则富民藏粟犹有至数千斛者。"他慨叹："今其地之粟本足，拯其地之民不过一转移变通便可无虞，而竟至数劳圣虑者，则以府县诸臣未能预为之计也。"他建议"仿古常平社仓之制"，稍加变通即可避免百姓流亡现象的出现。[①] 该项史实说明，在防灾救灾问题上第一道防线实际是民防，而非"官防"。在 1957 年 9 月《国务院关于进一步做好救灾工作的决定》中，中央政府肯定了农民生产合作社在抢救、补种阶段发挥的积极作用，还强调救济款应当用在最需要的时候和必须救济的灾民身上，其原因并非仅仅是物资不足，而主要是以免助长灾民依赖思想，减弱生产积极性。该文件同样强调"民防"才是防灾减灾的第一道防线。为此，我们建议借鉴传承社仓文化，把粮食安全的第一道防线放在"民防"，支持农民专业合作社等民间力量做好民间粮食储备工作。

（二）防范粮仓集中风险，健全多元化粮食储备体系

社仓仓库选址以"社"为原则，一方面有利于民众用粮，"乏食贫民藉以就近接济，与民生大有裨益"；[②] 另一方面也有利于防盗防兵火，同时也便于军队就近取粮以解燃眉之急。社仓的这项功能实际上把粮食集中的风险分散开来，化解了"鸟巢之粮"可能集中被毁的风险，有效地与常平仓

① 《詹事府詹事鄂尔奇为仿古制设立社仓事奏折》，载《历史档案》2004 年第 2 期。
② 《河南总督田文镜为报雍正四年社仓谷石数目事奏折》，载《历史档案》2004 年第 3 期。

形成了互补性极强的粮食储备体系。

在当代，我们在为一座座现代化"大国粮仓"屹立于中华大地而欢欣鼓舞之时，也在忧心粮食储备过于集中的风险已经悄然来临。职责有分工，救助有策略。一般来说，正常的策略应首先就近动用民用储备自救。然后，才是地方储备和中央储备分别依次跟进。为此，建议参考社仓制度，重新审视"藏粮于民"思想，建立健全政府、企业、民间等多元化粮食储备体系，特别是扎实做好以农民专业合作社为重点的民间储备工作。

（三）采取多种措施，促进农民专业合作社发展

社仓系"贮蓄于丰年，取资于歉岁"，为民生经画久远之计，"社仓积谷实属地方要务"。① 为此，从魏掞之尝试社仓之初，社仓即得到官府的大力支持。朱子社仓也是依靠"常平米六百石"启动运行，运转数年之后，朱熹如数归还所借之粮。后代政权也给予社仓不同程度的支持措施。比如，清代云南布政使陈弘谋针对云南社仓"土田瘠薄，出产无多，所捐终属有限"的实际情况，向雍正帝奏报"各属俱有常平仓及官庄等谷，除每年存七粜三外，存贮尚多"，建议从常平仓及官庄"可以酌量暂拨，以作社本。"② 由此可见，历代政权实际上将以"民办民营"为主要特征的社仓作为执政根基来看待，其实际功能丝毫不亚于常平仓。

作为"社仓"形式的农民专业合作社，在农业农村现代化进程中正在发挥着愈来愈大的作用，我们建议采取财政支持、税收优惠和金融、科技、人才的扶持以及产业政策引导等措施，鼓励和支持国民、法人和其他组织为农民专业合作社提供帮助和服务，以全方位的综合性措施支持农业专业合作社民间粮食储备的发展，特别是对于革命老区、民族地区、边疆地区和不发达地区的农民专业合作社给予优先扶助。

（四）强化全链条监管，牢牢守住库存粮食的底线

在朱熹看来，魏掞之推行的社仓最终在其过世以后归于失败，关键在于继任者未能如魏掞之一样恪尽职守。故而在选择社首时，不仅要求本

---

① 《湖广总督迈柱为请奖励倡捐社仓谷石官员等事奏折》，载《历史档案》2004 年第 4 期。

② 《云南布政使陈弘谋为酌通社仓借本以资接济事奏折》，载《历史档案》2004 年第 4 期。

人品行端方、家道殷实良善，而且还在制度上进行了权责分工相制、奖惩等方面的设计。"一切有权力的人都容易滥用权力，这是万古不易的一条经验。有权力的人使用权力一直到遇有界限的地方才休止。"[1] 权力必须有监督，没有监督的权力最终必然会滋生腐败，这是人性使然。中国古代历代政权都强调官府对社仓的监督管理，认为社仓"稽查在官，民难侵蚀"，才能实现"为民储备、水旱无虞之至意"。[2] 宁远大将军岳钟琪所立社仓条约也强调了官府监督社仓的必要性，"社仓民间管理，虽不许地方官经手，但无查考之法恐仓正、仓副收放不公，或百姓借出不还，又还时杂掺灰土等弊……今定每年著官查核一次"。[3]

为此，建议在国家支持农民专业合作社发展的同时，还必须采取措施对其加强监管：一是应当依法加强对财政补助资金使用情况的监督；二是农民专业合作社在依法向有关主管部门提供的财务报告等材料中，如虚假记载或者隐瞒重要事实的，必须依法追究法律责任；三是加强农民专业合作社对粮食的生产、购销、加工、物流、库存、消费等全链条监管，确保粮食数量真实、质量良好、储存安全，保护农民专业合作社及其成员的合法权益。

---

[1] 孟德斯鸠：《论法的精神》，商务印书馆 1982 年版，第 155 页。

[2]《河东河道总督王士俊为报雍正十二年各属社仓积贮数目事奏折》，载《历史档案》2004 年第 4 期。

[3]《宁远大将军岳钟琪所拟社仓收放稽查条约》，载《历史档案》2004 年第 3 期。

第八章

物资储备

建立国家储备治理体系亟待解决的若干问题

宋红旭　国家粮食和物资储备局原督查专员

国家储备作为国家安全战略的重要组成部分，是确保国家安全的重要物质基础。建立国家储备治理体系，对于全面推进国家储备治理能力现代化，有效发挥储备抵御重大风险、应对突发事件、参与宏观调控、助力全球治理等具有重要的理论和实践意义。

一、储备体系

储备体系和储备治理体系是储备实践和理论研究无法回避的两个概念。

体系（System）是一个科学术语，泛指相同或同类的事物按照一定秩序和内部联系组合而成的整体。在不同语境下国家储备体系存在两种不同解释，一种是作为政治话语的储备体系，多用于阐述某种思想理念和政策导向，如"建立重要矿产资源储备体系"①，"建立中央储备与地方储备、政府储备与商业储备相结合的商品应急储备体系"②或者用于阐述储备政策具体内容，"建立稀土战略储备体系。按照国家储备与企业（商业）储备、实物储备和资源（地）储备相结合的方式，建立稀土战略储备"。③ "通过协议储备、依托企业代储、生产能力储备和家庭储备等多种方式，构建多元救灾物资储备体系"④，"加快形成政府储备、企业社会责任储备和生产经营库存

---

① 参见《中华人民共和国国民经济和社会发展第十二个五年规划纲要》（2011 年 3 月 14 日第十一届全国人大四次会议批准）。

② 参见《国务院关于推进国内贸易流通现代化建设法治化营商环境的意见》（国发〔2015〕49 号，2015 年 8 月 26 日）。

③ 参见《国务院关于促进稀土行业持续健康发展的若干意见》（国发〔2011〕12 号，2011 年 5 月 10 日）。

④ 参见《国务院办公厅关于印发国家综合防灾减灾规划（2016—2020 年）的通知》（国办发〔2016〕104 号，2016 年 12 月 29 日）。

有机结合、互为补充，实物储备、产能储备和其他储备方式相结合的石油储备体系。健全煤炭产品、产能储备和应急储备制度，完善应急调峰产能、可调节库存和重点电厂煤炭储备机制，建立以企业为主体、市场化运作的煤炭应急储备体系"①，这些表述均属于政治话语语境下的储备体系概念。

储备体系的另一种解释是学术话语。在储备属于公共产品这一假定前提下，储备体系是指这种公共产品的提供、运行和监管按一定秩序形成的有机整体，其中将提供称为供给体系、运行称为生产体系、监管称为监管体系，通常所说的储备体系就是指供给体系、生产体系和监管体系组成的有机整体。

供给体系是指这种公共产品的提供主体（主要提供者），即政府、企业和其他社会组织乃至公民个人等所有提供者的集合。例如，石油储备提供主体包括政府（通常为中央政府）和石油企业；黄金储备提供主体为一国中央银行；医药储备提供主体既包括政府，又包括医药生产企业以及医疗卫生机构等。提供主体数量因储备对象不同而各异，有的储备可能存在多个提供主体，有的储备由于特殊可能只有一个提供主体，黄金储备就是如此。

生产体系是指在政府储备情形下，以何种方式向社会提供这种公共产品。具体是指指涉对象（储备客体）收储投放和日常储存管理等所有活动由谁组织以及如何组织。将公共产品供给与生产两者分开是公共管理理论的一大突破，也是几十年来各个领域公共服务的普遍做法。在公共管理语境下，这些具体承担或组织者被称为公共产品生产者，生产体系就是这些生产者的集合。生产者可以是政府机关自身、政府出资设立并管理的非营利机构、公益性组织以及社会中介组织、慈善机构如红十字会等。政府储备生产市场化是普遍趋势，即政府委托企业等市场主体承担政府储备采购、储存、销售等业务，政府向这些市场主体支付服务费用，就是通常所说的"外包"。

监管体系是指对储备所有活动——从公共产品提供的主体责任到具体的采购销售及日常管理等所有行为施加影响的一个整套机制和组织结构的

---

① 参见中国新闻网 2020 年 2 月 10 日发布的《两部门：健全能源供应保障和储备应急体系》。

总和，以确保公共产品被有效提供①。监管体系涉及体系的参与者以及如何进行监管两个基本要素，具体包括监管机构组织、构成、职权以及作用机制、监管理念、监管工作流程等。

任何一种储备都是由供给主体、生产方式、监管机构三个基本要素构成，三者缺一不可。我国粮食储备至少存在中央政府（中央储备粮）、地方政府（地方储备粮）、大型粮食企业储备、农户储备四个供给主体，政府储备生产方式包括政府直接出资建设储备粮库储存和租用企业闲置仓容储存两种方式。储备管理机构依据有关规定具体履行监管职责②，以确保监管客体和对象——各类储备运营规范、权属清晰、安全高效。有关重要会议要求"要加大国家储备监管力度，发挥专业监管、行业监管、属地监管合力。"③虽然任何一种储备体系都由供给体系、生产体系、监管体系三部分组成，但对于不同品类而言具体内涵各不相同，进而形成各具特色的品类储备体系，如石油储备体系（见图 8-1）。厘清供给体系、生产体系和监

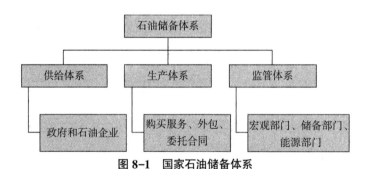

图 8-1　国家石油储备体系

资料来源：笔者整理。

---

①关于监管概念定义，学者马英娟曾有一段值得思考的论述，她指出："监管是一个呈放射状的概念，不仅存在监管主体、监管范围、监管方式等多个维度，而且基于下定义者秉持理念的不同、所处国家国情的差异以及社会现实的变迁，不同纬度上又各有不同的主张，从而呈现出交叉重叠、错综复杂的现象。"这段文字对于我们理解把握监管的科学内涵、本质特征、实践要求都具有重要的借鉴意义。

②国家粮食和物资储备局的主要职责：管理国家粮食、棉花和食糖储备，负责中央储备粮棉行政管理。依法对中储粮公司承储的中央事权粮棉政策执行和中央储备粮棉管理情况实施监督检查和年度考核。

③2021 年 8 月 30 日，习近平主持召开中央全面深化改革委员会第二十一次会议，审议通过《关于改革完善体制机制加强战略和应急物资储备安全管理的若干意见》。

管体系等储备体系概念，有助于在制定相关法律法规时准确界定概念内涵和外延。

二、储备治理体系

"储备治理"与"储备管理"虽然只有一字之差，但内涵却大相径庭。以"储备治理"替代长期使用的"储备管理"，不仅是思想观念的重大转变，同时也是经济社会发展和推进国家治理体系和治理能力现代化的必然要求。但就"储备治理"术语本身而言，目前概念界定少之又少，鲜见于重要文献和学术文章，虽然个别文章在标题上标有"治理"字样，但在内容上与储备管理并无本质上的差别[①]。至于粮食储备治理、能源储备治理等更是难见踪影，很难从公开发表的文献和学术文章中找到储备治理概念的内涵与外延。由此可见，准确界定储备治理概念具有重大学术价值和实践意义。为此，本文基于有关治理理论定义储备治理。

所谓储备治理，是指政府部门、经济实体或非经济实体以及社会公众等围绕有效发挥储备作用，在同一规则引导和制约下共同开展的群体活动或行动。

这个定义包含以下含义：

1.储备治理客体是群体活动或行动。这些活动或行动涵盖诸如储备立法过程、政策制定和规划计划编制，储备信息发布，特定对象采购、投放和处置以及日常维护，基础设施建设等。在储备管理语境下，管理客体一般是指个体及个体活动，侧重于对个体和过程的控制。虽然治理与管理存在相似乃至相同之处，但区别还是显而易见的。

2.储备治理主体多元化。参与治理的行为主体既包括政府，又包括经济实体、社会组织以及公众等，带有明显的多方参与色彩，这与以往政府主导乃至政府包办形成鲜明对照，政府主导还是多方参与是区分管理与治理的标准。

---

① 孙翊、吴静、刘昌新等：《加快推进我国应急物资储备治理体系现代化建设》，载《中国科学院院刊》，2020年第6期。

3.储备治理模式规则化①。参与治理的主体必须遵循统一规则和程序，无论是政府还是其他参与者，都毫无例外接受统一规则和程序的约束，在这一点上参与各方在身份上是平等的。执行规则和程序是治理的显著标志，没有规则和程序的治理是不存在的。

4.储备治理以结果为导向。与以往控制个体行为等过程为导向的储备管理相比，储备治理更侧重于将储备活动产生的效应引向预先设定的目标，而不是单纯控制个体活动本身。

总之，实现储备从"管理型"向"治理型"转变，意味着主体、客体、机制和价值取向等多方面的深刻变革。"储备治理"与"储备管理"主要区别如表 8-1 所示。

表 8-1　储备治理与储备管理的差异

	储备治理	储备管理
客体	群体活动	个体及个体活动
主体	多元	相对单一
机制	执行规则	执行命令
价值取向	控制结果	控制过程

资料来源：笔者整理。

学术话语下的储备治理可能烦琐，以下权威论述对于理解储备治理概念无疑具有重要的指导性意义。

我国是大国，必须具备同大国地位相符的国家储备实力和应急能力。要统筹解决好"储什么""谁来储""怎样储"的问题，系统规划、科学优化储备的品类、规模、结构，加快补齐补足关键品类物资短板。②

储备治理体系是一个值得商榷的概念。重要文献和学术文章至今尚未形成权威的国家储备治理体系概念，鉴于这个概念在整个储备话语体系中具有支撑性作用，对其内涵和外延作出准确界定就显得尤为必要。在学术

---

① 规则化是指按照一套规则结构（也称为"制度"或是"机制"）来组织集体行动。

② 中央全面深化改革委员会第二十一次会议。

话语语境下，国家储备治理体系概念可以定义为：所谓储备治理体系，是指充分反映储备治理要求的国家储备法律体系和体制机制等一系列制度性安排。

这个定义包含以下含义：

首先，储备治理体系就是规范储备相关者各自权力运行以及确保储备作用有效发挥的一系列制度性安排，它既包括规范行政行为，又规范市场主体行为以及社会组织行为。制度本身内含法律和体制双重含义，当论及规则程序时指的是法律，论及体制机制时通常表述为机构设置和职能配置等。

其次，储备法律体系是储备治理体系的核心和精神支柱。从法律到行政法规再到部门规章环环相扣逐级递进，把所有储备活动或行动全部纳入法律框架体系之下，与此同时治理含义的法律体系要求在每个层级都能充分体现反映治理本质特征，如果做不到这一点，在实践上只能表现为储备管理而不是储备治理。也就是说，法律体系及其条文变革是储备治理得以实施的前提之一，无论是修订现有法律还是制定新的法律，都应体现储备治理理念。

再次，体制机制（通常是指储备管理体制和运行机制）是储备治理体系的物质性表现形式，包括行政体制、领导体制、财务预算体制等，以及驱动储备运行过程中各种要素之间的相互联系、作用和制约关系等。

最后，储备治理体系的精髓是共商共建共治。如同协商是治理的精髓一样，储备治理体系深层含义包括政府、市场主体和其他社会组织，围绕承担储备义务和有效发挥储备而展开的经常性协商、协同行动以及相关监管活动。

在价值观、权力主体、法律特征等诸多方面，储备治理体系与储备管理体系之间都存在显著差异（见表8-2）。

表8-2 储备治理体系与储备管理体系差异

	储备治理体系	储备管理体系
价值观	储备制度是国家治理工具	储备制度是国家制度的重要组成部分
权力主体	政府和市场主体等	政府或其他公共权力

	储备治理体系	储备管理体系
法律特征	体现治理理念	体现管理理念
边界范围	所有储备领域	政府权力所及储备领域
主要依据	法律及非强制性契约	强制性的国家法律
管理体制	扁平化、柔性化	高度集中统一
运行机制	紧密型的要素分布	分散型的要素分布
价值取向	关注整体效果	关注具体过程

资料来源：笔者整理。

储备治理体系具有丰富内涵，主要由治理主体、治理层次、治理内容、治理要素、治理环节和治理运行诸多单元组成。

治理主体：包括政府、企业、社会其他组织以及公民等，基本要求是各主体之间共商共建共治。

治理层次：主要是指中央层面的宏观治理、储备主体层面的中观治理和基层层面的微观治理，基本要求是各层次之间良性互动，合作共治。

治理内容：主要包括重大方针政策制定、重大体制机制改革方案实施、基础设施工程项目、重大收储投放活动等，各个方面既相对独立又相互联系。

治理要素：主要包括治理理念、治理制度、治理机制、治理工具等要素，各要素之间应有机结合、协同生效。

治理环节：大致分为路线方针政策制定、国家意志执行、过程监管、治理效果评估等环节，各环节之间应紧密衔接，有序推进。

治理运行：主要通过各种制度与部门之间的协调协同，合理配置公共权力，妥善处理各种储备事务。

三、储备法律体系

储备法律体系是储备治理体系的灵魂和核心，是指为提升储备治理效能、规范储备活动或行动参与者行为而形成的一系列制度的集合。

在现有法律话语语境下，储备法律体系由国家法律、行政法规和部门规章组成，是储备活动或行动参与者必须遵守的共同准则。这一系列制度或者共同准则，主要是对治理内容和诸多单元作出具有法律效力的规范，主要包括：

1. 如何分享储备收益①。亦即以什么原则和标准确定储备品类清单，哪些需要进行储备，哪些不宜进行储备。因为列入储备清单者可使社会某些方面或某些领域乃至群体分享到储备利益，如成品油列入储备清单，可使众多家庭和运输企业等分享供应稳定和油价等方面的好处。若将大豆列入储备清单可使国内大豆种植者和消费者受到价格保护等。由于受财政等资源约束，储备不可能覆盖所有经济社会领域，这样储备品类清单就成为需要广泛讨论的重大议题。以法律形式确定储备品类清单代表着最广泛的公共利益和公众高度认同。因此，宜以法律形式定义储备概念、明确储备品类清单确定原则、选择标准和主要作用等，以彰显储备权威性和公平性。

2. 储备规模多大才算合适。在储备品类清单给定下，需要将多少财政等资源配置到储备上是合适的，亦即公共资源配置总体效率问题。这里存在两个重要议题需要探讨，一是是否存在理论上的最佳储备规模，如国际能源署确定的90天石油储备规模是否是最佳储备规模，是否意味着超过这个规模是资源浪费，低于这个规模则难以发挥有效作用。在重要农产品、战略性矿产等领域也都存在类似问题。二是如何将有限的财政等资源在不同品类间进行分配，以实现总体效率最大化。在福利经济学含义下，储备运用应遵循帕累托原则，实现生产者剩余与消费者剩余之和最大化。为了避免财政等资源配置中的部门利益等因素干扰和影响，以法律形式规定各品类储备规模及目标可能是恰当的。

3. 如何分担储备成本。储备需要大量财力物力投入，而且还要做好出现巨额损失的思想和心理准备。为确保储备正常运营和管理需要大量投入，包括资金成本、基础设施投入和日常维护费用等。这些投入按什么原则，以什么样的比例在政府、企业和社会其他组织之间进行分担，不同品种储备是否采取相同分担方式等，这也是世界各国在建立储备过程中普遍遇到的重大问题。以石油储备为例，经济合作与发展组织成员国采取中央政府

---

① 所谓储备收益，是指公共管理视角下实施储备带来的社会效益。

283

与石油企业共担方式①，俄罗斯基本全部由中央政府承担。在我国，应在总结经验做法基础上，以法律形式进一步明确各类储备主体构成以及各主体之间应承担的具体份额。例如，明确国家石油储备提供主体是由中央政府和石油企业共同承担，储备数量应等于或大于上年度净进口量的1/4，其中政府和企业各承担一半等。

4. 政府储备采用何种生产方式。在政府提供这种公共产品情形下，是由政府及其所属机构直接管理运营，还是采取购买服务方式委托相关企业或专业机构管理运营，在效能与安全之间如何取舍也是需要广泛讨论的议题。虽然政府购买服务方式越来越被各国政府广泛采用，但对政府储备也采用这种方式还存在诸多顾虑。

5. 储备运营过程中的财务处置原则和办法。包括购置资金来源、运营费用和盈亏处置等，政府储备会计核算规则。

6. 谁对上述事项进行决策。在管理理念下政府是决策主体乃至唯一决策者，在治理理念下情况完全不同，行政机构不再独占话语权，经济实体和社会中介组织、媒体等都具有不同程度的话语权。

7. 如何建立科学的储备保障体系。除去仓储设施、港口等基础设施这些"硬件"外，储备高效运营还需要组织机构、法律法规、发展战略、政策措施和理论研究等软件保障。由于涉及组织机构、厘定部门职责分工、政府与企业以及其他社会组织权利义务等诸多问题，因此储备"软件"建设远比"硬件"建设更为复杂艰巨。

与此同时，还要对治理主体、治理层次、治理内容、治理要素和治理环节作出规范。

储备治理事项和储备治理体系诸单元，基本涵盖了储备治理的全部内容，将这些内容按照不同层次和方式系统化标准化，构成储备立法的基本任务。以何种方式进行系统化标准化，无疑是储备实际工作部门和立法者难以回避的重大问题。按照中国立法实践和通常做法，大致有三种不同立法思路可供选择。

---

① 美国战略石油储备由联邦政府建立，石油企业不承担储备义务。

思路一：遵循法律—法规—规章逻辑，首先制定一部涵盖所有储备类别的国家法律——国家储备基本法，由全国人民代表大会常务委员会审议通过；其次是依据这部基本法制定行政法规——国家储备条例，由国务院发布；最后是有关工作部门再根据法律和法规制定印发有关国家储备实施办法部门规章。如果按照这一思路，整个立法过程将耗时很久，可能持续十几年甚至更长时间。在我国现有法律体系中与这种情形比较相近的是《中华人民共和国生物安全法》①，鲜见在某一领域具有完备法律、法规和部门规章的法律体系。因此，制定一部包罗万象的国家储备基本法以及配套的法规和部门规章，可能是过于理想化和难以完成的艰巨任务。

思路二：按品类制定储备行政法规，如已处于公开征求意见状态的《粮食储备安全管理条例（征求意见稿）》《国家石油储备条例（征求意见稿）》，以及战略性矿产储备条例等。相对于将所有储备纳入同一法律或法规进行规范而言，制定分类别储备行政法规可能更简便易行。

思路三：采用肉类、化肥、医药等通常做法，以部门规章形式规范各类储备。

无论秉承何种思路和采何种方式，都应在文本中体现储备治理效能特征，至少包括四个维度。

公平性——储备投入公平分担程度。主要是指政府、企业以及其他社会组织乃至居民家庭，按照一定比例分担储备投入，承担储备责任和义务。对于不同品类而言，储备主体及分担份额各不相同，并非所有储备主体都是千篇一律，国家黄金储备主体只能是中央银行，同样贵金属以及对国防军工具有重大意义的稀贵金属储备，只能由中央政府承担，居民生活类物资的储备主体，既包括政府和商业企业，又包括居民家庭本身等。如何确定储备主体以及各自的分担份额，是衡量公平性的主要指标。

系统性——储备治理的统筹协调兼顾程度。储备治理是一个复杂的系统工程，牵一发而动全身。系统性的储备治理是将系统观念、系统思维和系统方法运用于储备治理实践，使得储备治理的各层次、各方面、各要

---

① 2020 年 10 月，《中华人民共和国生物安全法》通过，自 2021 年 4 月 15 日起施行。

素、各环节、各主体能够统筹兼顾、协调有度，促进国家储备治理体系良性互动、全面发展。

创新性——储备与时俱进的变革程度。国家储备治理创新要求破除一切不合时宜的思想观念和体制机制弊端，突破部门单位利益固化的藩篱，吸收其他领域与时俱进的有益成果。通过创新不断优化治理结构、治理体系、治理工具、治理制度、治理机制等要素。其中储备治理结构是治理体系的支撑，结构创新重在重塑部门之间和内部关系结构、政府与企业及社会组织关系结构。储备治理制度是治理体系的基石，坚持从基本国情出发，及时总结各品类储备治理经验，持续推进制度创新，加强制度供给，全面提升制度边际收益，为高效能的国家储备治理奠定基础。储备治理机制是治理的方式和方法，治理机制创新要求所有治理行动始终适应新环境新要求新任务。储备治理工具是治理的手段，是实现国家储备治理效能的重要媒介，治理工具创新要求在治理过程中善于运用新的治理工具提升治理效能。

安全性——储备安全运行的程度。储备运行安全包括资产财产安全、储备基础设施生产安全、采购销售活动重大风险防范等，需要过硬的风险规制能力和应急管理能力，以防范和化解储备自身的重大风险。

附 录

出席会议的领导和嘉宾

刘焕鑫　国家发展和改革委员会党组成员，国家粮食和物资储备局党组书记、局长

聂振邦　中国粮食经济学会第七届理事会会长，原国家粮食局首任党组书记、局长

卢景波　国家粮食和物资储备局党组成员、副局长

韩卫江　国家粮食和物资储备局原党组成员、副局长

方　进　国家粮食和物资储备局办公室主任

刘翔宜　国家粮食和物资储备局财务审计司司长

廖小平　国家粮食和物资储备局人事司司长

金　贤　国家粮食和物资储备局离退休干部办公室主任

贺海燕　国家粮食和物资储备局离退休干部办公室中管干部服务处处长

田　临　国家粮食和物资储备局宣传教育中心副主任

张成志　中国粮油学会副理事长兼秘书长

任　智　中国粮食行业协会副会长兼秘书长

胡新明　湖北省粮食科技与经济学会会长，湖北省粮食局原党组书记、局长

张耀和　福建省粮食和物资储备局原党组成员、副局长

中国粮食经济学会第八届第一次会员代表大会会员代表名单

（237人，按行政区划排序）

（略）

中国粮食经济学会简介

中国粮食经济学会（以下简称"学会"）自 1987 年 2 月 16 日成立以来，坚持以马克思列宁主义、毛泽东思想、邓小平理论、"三个代表"重要思想、科学发展观、习近平新时代中国特色社会主义思想为指导，在学会第一届（1987 年 2 月至 1991 年 11 月）理事会会长，原粮食部党组副书记、副部长赵发生；学会第二届至第六届（1991 年 11 月至 2013 年 8 月）理事会会长，原商业部党组成员、副部长，原国内贸易部党组副书记、副部长，兼任原国家粮食储备局首任党组书记、局长白美清；学会第七届（2013 年 8 月至 2023 年 10 月）理事会会长，原国家粮食局首任党组书记、局长聂振邦；学会党支部书记（2022 年 3 月至 2023 年 4 月）肖春阳的带领下，组织会员调查研究，探讨粮食经济理论、粮食政策和粮食产业发展等问题，积极建言献策，形成了一批科研成果。学会已经成为粮食行业专家学者激发智慧、凝聚共识、贡献力量的重要平台和纽带，发挥了国家智库的参谋作用。

当前，学会第八届（2023 年 10 月至今）理事会会长是国家粮食和物资储备局原党组成员、副局长韩卫江。业务主管单位是国家粮食和物资储备局；社团登记管理机关是民政部。参照中央事业单位管理，会长和部分副会长是中央管理的干部。主要职责：开展学术交流，编辑书籍刊物，提供咨询培训，进行国际合作。内设机构：综合部、学术交流部、书刊编辑部、咨询培训部、稻谷事业部、国际合作部 6 个部门。人员编制：工作人员岗位 35 名。《中国粮食经济》杂志是国家粮食和物资储备局机关刊物，同时是学会会刊。办公地址，北京市西城区复兴门内大街 45 号。

中国粮食经济学会

2024 年 7 月 18 日